U0591150

CHANGXIANG KEGAI

畅享课改

中学历史教师专业成长路径
ZHONGXUE LISHI JIAOSHI ZHUANYE CHENGZHANG LUJING

谭方亮 ◎ 著

江西高校出版社
JIANGXI UNIVERSITIES AND COLLEGES PRESS

图书在版编目（CIP）数据

畅享课改：中学历史教师专业成长路径 / 谭方亮著. --
南昌：江西高校出版社，2021.8

ISBN 978-7-5493-9231-5

Ⅰ.①畅… Ⅱ.①谭… Ⅲ.①中学历史课—教学研究
Ⅳ.①G633.512

中国版本图书馆CIP数据核字（2019）第263745号

出 版 发 行	江西高校出版社
社　　　　址	江西省南昌市洪都北大道96号
总编室电话	（0791）88504319
销 售 电 话	（0791）88517295
网　　　　址	www.juacp.com
印　　　　刷	北京虎彩文化传播有限公司
经　　　　销	全国新华书店
开　　　　本	700 mm×1000 mm　1/16
印　　　　张	15
字　　　　数	270千字
版　　　　次	2021年8月第1版
印　　　　次	2021年8月第1次印刷
书　　　　号	ISBN 978-7-5493-9231-5
定　　　　价	45.00元

赣版权登字-07-2019-1023

为教师专业成长"加码"

　　2016年9月，《中国学生发展核心素养》研究成果正式发布，基于核心素养的新一轮基础教育课程改革全面铺开。基础教育所面临的重大改革，对一线教师的能力和素质提出了全新的要求和挑战。从历史教学来看，教师的专业性与学术性不断提高，要求历史教师在提升教学能力的同时，要重视史学理论的研修、史学前沿的关注、课程研发能力的增强。笔者曾撰写《论中学历史教师的专业内涵与成长路径》一文，文中认为，历史教师的成长是多元的、复杂的，每位教师都能找到适合自己的发展方向。复杂是指历史教学的专业一点也不比历史研究的专业来得轻松，除了跟学科打交道外，历史教学更多的是跟同行和学生打交道，这也是由历史教学的专业特性所决定的。但不少教师在日常工作之余，钻研、进修、充电不足，与同行和学生打交道不够，以至于教师普遍出现系统的专业学习和知识更新中断的情况。因此，中学历史教师专业成长极其关键，这已经成为历史教育界的共识。

　　《畅享课改——中学历史教师专业成长路径》就是在这种教育大环境下的探索成果。谭方亮老师是我的老朋友，我们有着多年的交情。谭老师是广东仲元中学的特级教师、正高级教师，其事迹入选《传递文明火炬的使者——广州地区高中教学名人录》，目前也是华南师范大学历史文化学院的兼职教育硕士导师。美国著名心理学家波斯纳在谈到教师专业成长时讲道，没有反思的经验是狭隘的经验，至多只能形成肤浅的知识。如果教师仅仅满足于获得经验而不对经验进行深入思考，那么20年的教学经验，也许只是一年工作的

20次重复。谭方亮老师就是反思型教师的典型代表，他不断对自己的教育教学进行反思和总结。近三年他相继出版了《唱响课堂——中学历史有效教学实践研究》《亲历芬兰教育》等专著。同时，他还笔耕不辍，发表了100多篇文章。他对工作的勤奋、对专业的忠贞、对事业的执着体现了一个历史"教育人"孜孜不倦的探索精神，既成就了学生，也幸福了自己。谭老师的成长历程就是一个教师专业发展的成功案例。

笔者曾把中学历史教师的专业成长路径归纳为自主发展、增加阅历、系统阅读、专注德育、扎根课堂、成长记录、教学反思、执着研究、跨界行走、陶冶情趣、善用技术、收藏积累、团队互助、培训研修，共14种路径。谭方亮老师这本书就体现了对多种成长路径的实践和总结。本书聚焦于新课程改革，汇聚了谭老师多年的思考和研究。全书由六个篇章组成，分别涉及中国学生发展核心素养之人文底蕴解读、名师名家对课程改革的论述、芬兰教育经验、课堂教学、高考备考、德育校本课程六个方面。在首篇中，谭方亮老师结合中国学生发展核心素养之人文底蕴的相关要求，提出了对人文积淀、人文情怀、审美情趣的提升策略、培养方式，对中小学一线教师非常关注的几个热点问题进行了阐述。第二篇，谭老师分享了他参加上海研修、北京研修的总结，记录了多位专家对"教师专业成长多样化路径"以及"深化新课程改革的理论与实践"的揭示，字里行间既有上海、北京等地基础教育的改革路径、学校的操作方式、名师的成长经验，也有谭老师对待各种培训所秉持的态度和思考。第三篇，作者通过分享"中芬基础教育思想与实践比较研修"的心得，对芬兰的课程体系、评价体系、校长领导力、教师培训、现象教学、学习空间设计、通识教育、艺术教育等内容进行了介绍，阐述了作者对芬兰基础教育课程改革的思考和启示，介绍了芬兰通过层层选拔、联合培养、严格实践、规范培训等方式，确保了一支有满腔热情、有专业素养、有学术潜力的高素质教师队伍的教育界情况。第四、五篇是作者的教学操作活动的经验汇总。作者围绕"基于核心素养的历史课堂"，从教学设计、教学策略、高考真题、复习方法、心理教育、教材使用、试题研究、命题探索等方面进行了论述。第六篇是作者作为学校管理者对学校特色课程开发、德育活动课程的构建、示范性高中的发展等方面的思考和体会，这也是教师专业成长的一个阵地。本书既有中学历史课堂教学、试题研究、复习备考方面的实践探索，也有教师专业成长的路径、方法、策略方面的心得体会；既对中学历史教育教学有启发作用，可用于中学历史教师备课参考，亦对中小学教师专业成长颇具现实意义，特别适合于中青年教师克服职业倦怠、快速提升之用。

朱永新教授说："一般教师，是依然沉睡着的生命，而榜样教师是苏醒过来的生命。"衷心希望谭方亮老师的这本书，在总结和展示他的探索成果的同时，也能够在某一篇章、某一段落引起大家的共鸣，对广大教师有所启发。

"教师专业成长"是一个非常有意义、非常有难度、非常有前景的话题，影响到教师成长的因素非常多，非常复杂。教师成长要善于发现问题、思考问题、研究问题、解决问题、总结问题。我们期待着谭方亮老师继续努力，能够奉献出更多、更好的研究成果，在专业发展的道路上取得更大的成就；也期待越来越多的教师积极参与、主动思考这个话题，不断地发现、补充、完善、创新这个话题。

是为序。

黄牧航

2019年6月于华南师范大学

教师要有点"野心"

"野心"多为贬义词，指不可驯服或心怀叛离之心，不安本分。但当它表示闲散恬淡的性情时，属于褒义词。即使是贬义，在实践之中，它似乎也可泛指对待工作、对待事情的批判思维、逆向思维。这是一种难能可贵的品质。当然，人要有"野心"，但不能当"野心家"。因为"野心家"往往因野心过于强烈，专注出人头地而忽略其他人格方面的修养，他们不择手段：或卑鄙，或残忍。

马云说："你穷，是因为你没有野心。"我想说，人是要有一点"野心"的，没有"野心"就没有进取心，"野心"是促使人向前的重要动力。作为教师，在专业成长的过程中，"野心"尤为重要。

一是教师要有成就事业的"野心"

教师这个工作是一门职业，但更应该当作事业来经营。职业是个人在社会中所从事的作为主要生活来源的工作，其成就感主要来源于物质层面。事业是人所从事的，具有一定目标、规模和系统而对社会发展有影响的经常性活动，其成就感主要来源于精神层面。有时，职业只是事业的初级阶段，但只停留在这个阶段是远远不够的。只有把工作当事业来做，才会有激情，才能取得更好的成绩。把工作当事业，那么自然而然地就会高标准严要求，这样工作才能越做越有味，才会越做越有成就感。作为教师就是要充分认识到自己这份工作的价值和意义，要努力通过自己的工作，给他人留下一点东西。

二是教师要有成为名师的"野心"

按照成就事业的成绩来划分，教师应该有几个层次：好教师、名教师、大师。2014年9月，习近平总书记视察北京师范大学时强调，要打造一支有理想信念、有道德情操、有扎实学识、有仁爱之心的"四有"好老师队伍。好教师是教师的底线，所有教师都应该成为好教师。名教师就是有名望、有声誉的好教师。对于名教师，国家并没有出台统一的标准，但各地评定出来的名教师往往都有一些共同的特征，如师德的表率、育人的模范、教学的能手、教研的专家。大师则是指造诣深，享有盛誉的学者、专家等。大师寥寥无几，极其稀罕，不是每个人都可以达到的。但名教师是可望也可即的。因而，教师都应该有成为名师的"野心"。多投入、多积累、多思考，脚踏实地地工作，随时随地地努力，你必会收获一席之地。

三是教师要有成文成书的"野心"

博观而约取，厚积而薄发。作为教师，广泛阅读是必须的，常读书、多读书、读好书比什么都有用，阅读应成为教师的标配。读书就是不断地吸收知识，广泛地占有知识。吸收多了，占有多了，肚子就满了；肚子满了，自然就要释放，要流露。这个时候，成文成书也就水到渠成了。教师不能仅仅满足于"教"，停留在"教书"的层面；教师的工作重心不仅仅是课堂、学生，更多的应该要不断地反思、系统地总结、习惯性地对比、不知足地提升。譬如，在教学之余，教师应该坚持写写教学后记，坚持记记教学故事，坚持做做教育叙事。长此以往，自身的写作能力会节节提升，成文成书是完全可以的。

实际上，每一位教师都是这么走过来的。今天的课，上得不太好，可以再优化；昨天的事，有些不妥当，可以再完善；这篇文章，似乎不太令人满意，可以再给自己一些时间修改；这种不好的事情，无论如何以后都不会再出现了。实践、检思、修订、完善，这样的过程不正是"野心"的流露吗？从初出茅庐的"菜鸟教师"，到站稳讲台的"风趣教师"，到人见人爱的"四好教师"，再到颇有特色的"风格教师"，这样的"成长"不正是"野心"的驱使吗？因而，"野心"能使自己不断走向成熟、走向完美。

坚持立德树人、推进教育公平、培育核心素养、促进全面而有个性的发展，这是新一轮课程改革的基本理念和培养目标。立足课堂教学实践、传承历史学科特色、坚持教师专业成长，是每一位历史"教育人"的追求。对此，每一位教师要有足够清醒的认识。过去，不少教师是在实践中走来、在经验中成长、在反思中感悟。但面对新一轮的课程改革，这样单一的专业成长方式是远远不够的。教育理念不断深化、教育手段不断优化、教学技能不断强化，学生越来越个性化、教育越来越多元化、社会对人才的要求越来越多样化。这就要求教师相应地能够"万能化""从容化"。为此，必须拓展教师专业成长的路径，提升教师专业成长的效率。研修、培训、阅读、借鉴等"充电"方式要多样，专家、同伴、学生、跨界等"借鉴"对象要广泛，教育、教学、教研、科研等"活动"内容要丰富。所有专业成长的路径都应指向教师本身的内在需求。没有需求，就没有发展；没有"野心"，就没有成长！

本书主要收录了个人在 2016 至 2018 年间的一些文章。此间，作为广州市"百千万人才培养工程"第三批教育专家培养对象，我有了不少的学习、培训、研修的机会，接触了不少理论高人、学术大师，提升了自己的理论水准。我还走访了芬兰和我国上海、北京等地，亲身经历了日新月异、持续发展的教育大势，坚定了自己的教育追求。书中不少的文章或在教育培训时写就，或在研修路途上完成，或在学校观摩中定稿。也有一些文章，是应邀为教师们做讲座时所写，"被学习"也是一种成长。这些文章，有事实描述、有客观记载、有教育见闻，但更多的是自己对教育的思考、对教学的见解。虽文字朴素、见解平常，但每一篇都是自己用心用力所得。这个过程就是自己专业成长的过程。我很享受这一过程！

本书从思考与理解、学习与借鉴、域外教育理念、素养与课堂、考试与评价、德育与管理等六个方面，记录自己在课改"春潮"中的经历、感受与做法。书中既有中学历史课堂教学、试题研究、复习备考方面的实践探索，也有教师专业成长的路径、方法、策略方面的心得体会；既对中学历史教育教学有启发作用，可用于中学历史教师备课参考，亦对中小学教师专业成长颇具现实意义，特别适合于中青年教师克服职业倦怠、快速提升之用。

谭方亮

2019 年 6 月于仲元中学

目录
CONTENTS

第六篇

德育与管理——校本课程建设实践

第 一 篇

思考与理解

——中国学生发展核心素养之人文底蕴

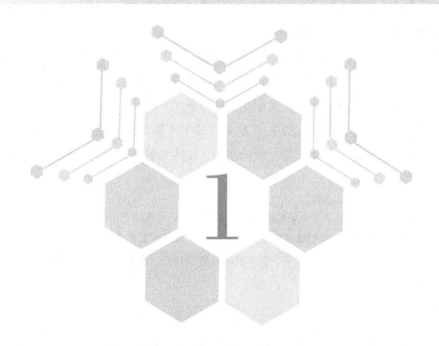

人文积淀的内涵及提升策略①

人文积淀是中国学生发展核心素养十八个基本要点中的第一点，属于文化基础中的人文底蕴部分，是基础中的基础，对其他核心素养的养成至关重要。人文积淀是什么？它包括哪些方面？中小学生应该达到什么样的程度？采用哪些方式提升人文积淀？这些都是中小学一线教师非常关注的问题。

1. 什么是人文积淀？中小学生主要的人文积淀有哪些？在有限的学习时间内，中小学生应该达到什么样的程度？

"人文"指人文科学（如政治学、经济学、历史学、哲学、文学、法学等）；"积淀"指积累沉淀。人文积淀就是人们在指古今中外人文领域内积累下来的人文知识、技能与方法。一般说来，人文素养主要由人文知识与技能、人文能力与方法、人文精神与品质三个方面构成。这三个方面相互联系，构成一个有机、统一的整体。在这三大要素中，人文知识与技能是基础，人文能力与方法是重要组成部分，人文精神与品质是核心。人文积淀指的是人文素养中的前两个，第三个属于人文情怀，而审美情趣则是在人文积淀和人文情怀提升过程中形成的对美的向往和追求。

人文积淀的重点有两个，一是具有古今中外人文领域基本知识和成果的积累，二是能理解和掌握人文思想中所蕴含的认识方法和实践方法等。具体来说，学生需要具备的主要人文积淀包括以下几方面：

（1）人文知识：人类关于人文领域（主要是精神生活领域）的基本知识，如历史知识、文学知识、政治知识、法律知识、艺术知识、哲学知识、宗

---

① 2018年7月，"全国中小学教师继续教育网"在广州组织了几位教师，他们共同拍摄中国学生发展核心素养解读的网络课程，课程是以问答的形式进行的。作者承担了该课程中"人文底蕴素养"的三个基本要点的解读任务。本篇就是当时的课程内容，略有删改。

教知识、道德知识、语言知识等。主要表现为名人、名家、名著、名作、重要思想观点，如孔子的"仁者爱人"，朱熹的"存天理，灭人欲"，王阳明的"知行合一"等。

（2）人文思想：支撑人文知识的基本理论及其内在逻辑。人文思想的核心是基本的文化理念。如南怀瑾先生认为，中华传统文化有五大基本理念，即众生平等、慈悲仁爱、律法清严、无私无我、和谐大同。同科学思想相比，人文思想有很强的民族色彩、个性色彩和鲜明的意识形态特征。

（3）人文方法：人文思想中所蕴含的认识方法和实践方法。人文方法表明了人文思想是如何产生和形成的。学会用人文方法思考和解决问题，是人文素养的一个重要方面。与科学方法强调精确性和普遍适用性不同，人文方法重在定性，强调体验，且与特定的文化相联系。

这些内容与要求在各学段、各年级的学科课程标准中都有非常明确的规定。一般说来，这些规定只是应该达到的最低层次和最低标准。可事实上，在现今的学校，不少学生连这个最起码的层次都没有达到。这也是提出核心素养的一个重要原因。

2. 提升学生人文积淀的主要方式有哪些？

人文积淀的提升方式有很多，但对学生而言，有几种方式是必须要坚持的，包括读万卷书、行万里路、日积月累等。

（1）一个民族多读书，才能构建民族素质的根本；一个人多读书，才能够提高个人的素质。读书能增强人的文化底蕴，是提升素质的"加油站"和走向成功的"通行证"。名著经典、传统民俗、艺术展览，都能帮助我们吸收人文知识。对学生来说，身旁的名著是最简捷的获取人文知识的工具。首先，名著之所以能够流芳百世，是因为它拥有足够的文化价值和内涵，也代表了一个时间段里社会文明的精华；其次，在体会作者思想和看法的过程中，学生可以学到一些思考方式，可以了解思维的多样性；最后，阅读古今中外名著的时候，学生往往有身临其境、充满想象的心灵遨游之旅。在小说中，跌宕起伏的故事情节和扣人心弦的角色命运，使学生对当时的社会环境，作者及人物的价值观、世界观和哲学思想印象深刻。让学生用心灵读书，用思想"走路"，让书香浸润学生的心灵，才能使学生认识到中华文化的丰厚博大。汲取民族文化多样智慧，方能提高文化品位，从而积淀出浓厚的文化底蕴，为中国文化的大发展、大繁荣提供坚实的人才基础。可以说，读万卷书是提升人文积淀的最主要的方式。

（2）另一个获得人文知识的有效方法是游历四方。旅行过程中的点滴都是物化的知识。如：只容一人通过的街巷胡同，尘封多年的庄园古堡，开门发出吱呀声的老牌咖啡馆，有着泛黄书籍的二手书店，带着浓厚地方口音正在聊天的本地人……这万千市景、田园风光将让你刹那间感觉置身于不同的人文风情当中。街头巷尾的居民会告诉你当地流传下来的谚语，传授给你一些让你恍然大悟的道理，给你讲寓意深刻的小故事。这时，你需要做的只是去体会周边的一切，当你感到情景交融时你对人文的认识便会有飞跃式的加深。

（3）虚拟的网络世界有着浩如烟海的知识，它能传播文明，开启民智，因此教师要精通网络。教师应通过网络知识讲座、网络典型案例分析、热门话题等多种形式，教会学生用一双慧眼，正确认识和对待网络，引导他们多上网学习，在网上查阅一些与学习内容有关的资料，拓宽知识视野。如通过网络撰写博客、日记等，提高自己应用信息技术的能力，从而达到让学生会学、爱学、能学的教育目的，积淀较好的知识素养。

（4）"登高必自卑，行远必自迩"是一句成语，出自《大学·中庸》："君子之道，辟如行远必自迩，辟如登高必自卑。"有人翻译为：一个人登到高处看到壮观景色就会觉得自己渺小；一个人走得很远，见识多了才会认识到自己的浅薄。也有人翻译为：要登高必须从低的地方开始，要行远必须从近的地方开始。不管是哪个解释，都包含有做事要扎扎实实、循序渐进的意思。

人文积淀提升的关键在于"积"，它是一个日积月累的过程，没有起点，似乎更没有终点；重点在于"淀"，它是一个沉淀的过程，不要刻意为之，更多的是顺势而为；方法在于"悟"，它是一个自我领悟的过程，不能强制，不能施压，更多的是自觉和感悟。

3. 人文积淀的重点内容是人文知识，提升人文知识的重要途径是阅读，那么，学生应该如何进行有效阅读以提升人文积淀呢？

培根说"知识就是力量"，高尔基说"书籍是人类进步的阶梯"。毫无疑问，读书能给人知识和智慧，能陶冶人的情操。现在是全民阅读的时代，信息更新极快，每个人都必须加强阅读，否则就会被社会边缘化。多读书、读好书、好读书应该是学生应该养成的好习惯，学生要将其化为自己的自觉行动。但对学生来说，要有正确的阅读方法，养成良好的阅读习惯，不能让所谓的"读""毒"害学生一辈子。

（1）要群文阅读，不要碎片阅读。网络时代，信息铺天盖地，泥沙俱下。一个手机"阅"天下，全都做"低头族"，似乎这也是阅读。但这种阅读，得到的知识是零散的、碎片化的，这种阅读与人文积淀的提升关系不大。作为学生，务必在教师的指导下，进行群文阅读。群文阅读，顾名思义就是要选择一组主题一致、内容相近、题材相似的文章进行多文的阅读，从而得到一个整体的认识。如现在的语文课本的"单元"设计就是这种情况。

（2）要主题阅读，不要率性阅读。有些人不知道自己要读什么书，阅读目标不明、指向不清，拿到什么就看什么。实际上，这也不是一种科学的阅读。中小学生在阅读时务必要有明确的指向，要系统地阅读，不能随意而为。一般来说，主题阅读是最适合学生的。选择一个主题，进行系统而相对完整的阅读，如文化传承、家国情怀、戏剧人生、传统科技等主题，都有助于学生形成并强化相应的人文积淀。

（3）要持续阅读，不要断断续续阅读。阅读是一个过程，要形成自己的习惯，每天可以在固定的时段，保持固定的时长，阅读固定数量的文章，不要找借口随意放弃。管理学上有一个"90分钟"现象——一个普通人"超过90分钟"精力就难以集中，"不够90分钟"则难以处理好一件事。因此，一个成年人要想阅读进入佳境，必须排除一切干扰，保证"90分钟阅读"，否则难以取得最佳效果。当然，中小学生阅读的时间可以适当缩短，但必须要坚持。

（4）要深度阅读，不要粗泛阅读。深度阅读是一种基于知识间的逻辑，支持个性化和上下文感知的阅读模式。深度阅读是以提升学识修养、理论思维和工作能力为目的的深层次阅读形式。而粗泛阅读是一种浅层次的、以简单轻松甚至娱乐为目的的阅读形式。与粗泛阅读相比，深度阅读提高了知识的覆盖面，增强了知识点之间的联系，扩展了知识的深度。所以，深度阅读不仅能提高人文素养，还能陶冶情操，使得到的知识更加完善与丰富！

人文积淀的提升最重要的途径是阅读，但阅读的方式比阅读的内容更重要，阅读的习惯比阅读的方式更关键。

4. 怎样理解和掌握人文思想中所蕴含的认识方法和实践方法？

人文思想虽然在一定程度上具有民族色彩、个性色彩和鲜明的意识形态特征，但之所以能流传至今，一个很重要的原因在于其内核的逻辑性、合理性及蕴含的方法论和实践论。

（1）认识方法。人文思想中的重要认识方法是唯物论和辩证法，如社会存在与社会意识、生产力与生产关系、经济基础与上层建筑等。通过这些理论，正确认识不同人文知识的时代背景和适用范围，正确理解人文思想的含义及特征，正确评判不同思想观点的积极意义及局限性。同时，运用这些理论，正确看待不同文明的适用范围和区域特征，正确理解文明之间的交流、融合与冲突，准确把握各种文明，共同推动人类的发展。

（2）实践方法。人文思想中的重要实践方法是时代性。如运用"理论联系实践"的方法合理推断出相应的人文知识，运用"论从史出"的方法将人文知识与相应的时代背景结合，运用"史料实证"的方法筛选、甄别、评价人文思想，运用"比较"的方法辨析不同人文观点等。

人文方法重在定性，强调体验，务必要与特定的文化背景相联系。

人文情怀的内涵及提升方式

情怀指什么？人文情怀又是什么？什么样的人才算是有人文情怀的人？如何在活动中培养学生的真情实感？怎样在课堂上培养学生的人文情怀？尽管《中国学生发展核心素养》公布多年了，但不少一线教师仍然有这样的疑问和困惑。

1. 人文情怀是什么？怎样做才算有人文情怀？

人文情怀是指从人道主义和人文主义出发体现出的为人处世的一种胸怀。人道主义是起源于欧洲文艺复兴时期的一种思想体系，提倡关怀人、尊重人、以人为中心的世界观，法国大革命时期，它被具体化为"自由、平等、博爱"；人文主义则反对神学权威和中古时期的经院哲学，提倡学术研究，主张思想自由和个性解放，肯定人是世界的中心。到了现在，人们给人文情怀赋予了更多的内容，这些内容主要是做事和待人应从人的本性出发，承认人性的弱点，全面理解人、关心人、体谅人、尊重人、宽容人。简单来说，人文情怀主要指具有以人为本的意识，尊重、维护人的尊严和价值，能关切人的生存、发展和幸福的一种情怀。这些精神和品质在人文素养各要素中占据核心地位，直接决定着人文素养的方向。

一个人怎样做才算是有人文情怀呢？我觉得一个具有人文情怀的人至少有三个品质：

（1）善待生命。每一个生命都是有价值的，都应该受到尊重和理解。尊老孝亲、和睦邻里、善待他人、宽容体贴，平等对待每一个人，不冷漠、不粗暴、不欺寡、不凌弱，贴心关注所有个体。同时，关注自然，尊重自然，要真正做到"小草对您微微笑，请您把路绕一绕"，善待其他生命。

（2）讲公德。社会公德是社会生活中最简单、最起码、最普通的行为准则，是维持社会公共生活正常、有序、健康进行的最基本条件。因此，社会公德是全体公民在社会交往和公共生活中应该遵循的行为准则，也是作为公民应有的品德操守。《公民道德建设实施纲要》中用20个字对社会公德做了概括，即"文明礼貌、助人为乐、爱护公物、保护环境、遵纪守法"。社会公德不仅是一个社会进步与否的重要表现，也是一个人能否立足社会的关键，更是人文情怀的外在体现。

（3）胸怀天下。不分地域、不分民族，关注全人类的生存、发展与幸福，这是一种莫大的情怀，更是一种现代社会所需要的素养。中国古代读书人"修身齐家治国平天下"的责任意识和担当情怀令我们钦佩，如屈原"长太息以掩涕兮，哀民生之多艰"、范仲淹"先天下之忧而忧，后天下之乐而乐"、海瑞"丈夫所志在经国，期使四海皆衽席"、孙中山"天下为公"等都是胸怀天下，心系苍生的典范。今天，面对日益严重的气候变暖、环境污染、食品不安全、生态破坏等全球性的问题，每一个人都应该认真思考解决问题的方法和对策，树立环境保护意识，切实关注人的生存、发展和幸福。

善待生命、讲求公德、胸怀天下三者兼备的人，才能说是一个有人文情怀的人。

2. 如何在活动中培养学生的人文情怀，激发出学生真实的情感？

教育不仅仅是课堂，学校教育应该是丰富多彩的，它包括学生在学校的所有活动。因而学校要充分挖掘教育资源，实现教育内容活动化、活动安排主题化、主题形式个性化。在快乐中学习，在活动中教育，效果更佳。学校应创设条件，将人文情怀渗入各种活动中，让学生在活动中不知不觉地受到教育，实现活动与教育的无缝对接。

在学校，学生参与的主要活动有三种：

（1）德育活动。德育的首要任务是丰盈学生的心灵，德育的主要方式是加强与学生的心灵沟通，德育的重要形式是创设学生需要的德育情境。实际上，德育活动是对学生进行人文情怀教育，激发学生真情实感的最好形式。近年来逐渐流行的"成人礼"，如青春寄语、成人宣誓、过成人门、感恩致辞、与父母交换书信，这些程序一一走过，学生的情绪被充分调动，学生从心底里受到了触动，最后往往是泪流满面。再如，不少学校举行过的"感动校园"系列活动，包括面向教师的"我被学生感动的故事"、面向学生的"感念师恩"、面向家长的"为了孩子，我能做什么"、面向全校的"感动校园人物"评选等。教师讲述着一个个关爱学生以及自己被学生尊重与热爱的故事，学生诉说着自己被老师关爱的细节与切身体会，家长满怀激情地阐述着自己对教育的理解、对子女的期望、对教师们的尊敬与感谢。学生被教师及父母的讲述深深地感动，从内心深处感恩老师，感恩父母，情不自禁之时，和老师或父母相拥而泣，热泪长流。

（2）体艺活动。学校体育的目标就是培养体格健壮、身心健康、意志顽强、热爱生命、尊重生命与享受生命的青年。学校的体育活动，如各种球类运动、竞赛活动乃至群体性运动，不仅仅是一种运动项目或技能的培养，也是一种健康的学习与生活的方式，是一种有效的愉悦身心、调适心理的途径，更是对顽强拼搏与团队协作精神的培育，是对一种共同的人文情怀和文化价值的追寻。

学校艺术教育就是要培养学生亲近美、发现美、表现美的能力。人们常说，世界上并不缺少美，而是缺少发现美的眼睛。我认为，世界上也不缺少发现美的眼睛，而是缺少组织人们去发现、体验、感悟美的活动安排。学校精心设计和组织实践与体验活动，让学生抽出一定的时间，走出校园，走向社会，走向自然，主动构建自己的知识家园与精神家园，对人文情怀的培育是大有裨益的。

（3）教学活动。学校要根据学生智力发展的特点，尊重教学规律，开展教学活动。教学活动要做到"思想自由，学习自主，行为自觉"。思想自由是指学生在学习过程中不受任何条条框框的限制，养成独立思考的习惯，具备独立思考的能力。学习自主是指给学生自主的学习时间和空间，使学生能够获得自主学习的能力。行为自觉是指学生能够根据自己的人生发展目标与定位，自觉参与相关教育教学活动，不倦怠，不松懈，积极主动，持之以恒，直至获得成功。如"国学经典诵读活动"能有效地弘扬和传承传统文化，使学生感悟人文情怀；"找寻抗战史迹活动"既可以培养学生史学研究的能力，也可以让学生了解战争的残酷，对学生进行人文关怀教育。

3. 课堂是学生的主阵地，教师在课堂教学实践中如何有效地进行人文情怀教育？

对中小学生而言，人文情怀的主要培养阵地应该是课堂。教师在课堂上如何有效地进行人文情怀教育呢？我认为以下三个方面是不可或缺的：

（1）教师自身要有教育情怀，不能升学至上。美国教育家托马斯·里克纳说："世界上任何一个国家都为教育树立了两个伟大的目标：使受教育者聪慧，使受教育者高尚。"这两个目标的实现，责任都落到了教师的肩上。教师承载了太多的职责，不仅需要静心教书，更要潜心育人。在这个教育环境并不理想的现实社会中，要达成教育的伟大目标，需要教育者有一种教育情怀。

教育情怀就是教育者在教育过程中形成的一种心灵状态或心灵境界。习近平总书记在2014年9月9日与北京师范大学师生代表进行座谈时指出：好老师没有统一的模式，可以各有千秋、各显身手，但有一些共同的、必不可少的特质，如要有理想信念、要有道德情操、要有扎实学识、要有仁爱之心。现在不少教师比较重视"教的作用"，而忽视了"师的影响"。所谓"师的影响"，就是教师的个人魅力对学生产生的吸引力、影响力。教师不仅是传道、授业、解惑的老师，更是身教、心教、育人的智者。他是一个榜样、一面旗帜、一座灯塔、一个活生生的人文载体。选择当教师就选择了责任，就要尽到教书育人、立德树人的责任，并把这种责任体现到平凡、普通、细微的教学管理之中。这就要求教师对学生负责，对学生的一生负责，要正确处理教书与育人的关系，正确处理成才与成人的关系，不能升学至上，不能盲目追求升学率，要为学生创设终身发展的平台。

（2）教学方式要以学生为本，不能目中无人。2003年开始的课程改革的核心理念就是要将"以课本为中心、以教师为核心"的教育教学理念转变为"以学生为主体、以教师为主导"的教育教学理念，即教育教学要以人为本，不能"目中无人"。它要求教育要面向全体学生，关注每一位学生；因材施教，发展不同潜质学生的不同潜能；关注学生的需要，从学生的立场和角度出发；突出学生的主体地位，发展学生的主体性；保护好学生与生俱来的对世界的惊异感与好奇心，还有那童话般的丰富的想象力。

"用历史中的人，影响课堂中的人，成就生活中的人。"这是我在课堂中始终秉承的准则。我的教学素材的选取充分考虑学生的心智，教学情境的创设基本遵循学生的认知规律，教学环节的设计完全参照学生的需求。在我的课堂中，没有强制、没有标准，甚至没有规范，把学生当"人"看，不是当"学生"看，学生有很大的自主性、自由度。

（3）学科内容要深层次挖掘，不能"唯知识论"。在中国，高考一直是教学的指挥棒。近年来，高考评价体系强调"一核四层四翼"，其中的"四层"明确了"必备知识、关键能力、学科素养、核心价值"四层考查目标，回答了高考"考什么"的问题。这个回答在很大程度上改变了传统教学的"唯知识论"。基于此，教师在课堂教学中要充分挖掘教材内容，从知识层面进入有鲜明学科特色的思维层面，进而深入影响学生心灵的情感层面，最终渗入"立德树人"这一核心价值层面上来。这对教师提出了较高的要求，教师除了钻研教材、研究教法外，更要关心学生情感、关心社会现实、关注时代背景。同时要求教师切实改变"教材至上"的观念，从"教教材"到"用教材"，从"教知识"到"教情怀"。关注教材文本，培养学生的人文情怀。

如语文教材中有许多内涵丰富、文质兼美的文章，这些文章如同一座座宝库，能陶冶学生的情操，提高学生的思想境界。历史教材中的许多栩栩如生、感人肺腑的素材，就是一个个鲜活的事例，能发起学生共鸣，提升人文情怀；政治教材中的许多哲理丰厚、启发智慧的例子，就是高大上的精神财富，能给学生意想不到的人文教育。因而，教师要善于引导学生走进文本，使学生和文本进行心灵的对话、情感的交流，从而帮助学生提高认识高度，使学生具备较高的人文素养和深厚的人文情怀。

教师要用人文的观点理解教材、运用教材，充分挖掘教材中的人文因素，把人文素养教育内容渗透到教学的各个环节中。

由人文知识教育到人文精神的内化是一个长期的过程，是通过人文知识对人的濡染与涵化，是训练人文思维、提高人文能力、培养人文精神的教育，最终达到人的全面、可持续发展。

审美情趣的内涵及培养方式

审美情趣是中国学生发展核心素养十八个基本要点中的第三点，属于文化基础中的人文底蕴部分。审美情趣是什么？为什么把它列入人文底蕴之中？审美情趣与传统文化之间有何联系？如何在课堂中培养学生的审美情趣？怎样做到家校共育？这是中小学一线教师在实践中反复提出来的问题。

1. 什么是审美情趣？它包括哪些内容？为什么将审美情趣纳入人文底蕴？

审美情趣是指人们在认识和接受事物的过程中判断事物美丑的兴趣、意识和能力。审美情趣包括艺术知识、技能与方法的积累；理解和尊重文化艺术的多样性，具有发现、感知、欣赏、评价美的意识和基本能力；健康的审美价值取向；懂得珍惜美好事物；艺术表达和创意表现的兴趣和意识；生成美、创造美，并在生活中拓展和升华美，提升生活品质的能力。审美情趣决定着一个人的生活情趣。

审美情趣从内涵来看，包括美的知识的积累、认知与判断美的能力和方法、生成和创造美的意识和能力。从本质上说，这三者从属于人文底蕴的三个层面：人文知识与技能、人文能力与方法、人文精神与品质。所以将审美情趣纳入人文底蕴是有道理的。

审美情趣的培养要遵循循序渐进的原则，按照一定的顺序进行。可以先从兴趣开始，培养学生审美的意识，再逐步让学生掌握审美的基本方法和技能，然后让学生运用这些方法与技能，亲身参与实践，最后在不断的审美体验中形成审美的习惯，有了习惯才会有生成和创造美的意识与能力。

（1）审美兴趣。兴趣是最好的老师，兴趣越浓，效果越好。培养学生的审美能力，首先要激发学生的学习兴趣，而兴趣的激发，关键是教师要把审美的因素有机地渗透到教学过程中，用生动有趣的形式或语言进行传授，充分激发学生对美的情感体验和兴趣，从而调动学生的积极性。一方面教师应提供海量的美的素材或事例，给学生一种强烈的感染和熏陶，如唯美的诗句催人奋进、完美的人物给人力量、优美的环境让人舒适，这些都能让学生感受到美无处不在，感觉到生活无限美好，能够激发起学生对美的强烈兴趣。另一方面教师应提供诸如语言暴力、校园欺凌、违法乱纪、环境破坏等反面事例，让学生在美与丑的对比、感悟中，远离丑陋，并同丑恶的现象做斗争，同时坚信美、追求美、创造美。

（2）审美方法。有了审美兴趣，还要掌握一定的审美方法。一般来说，审美可从外显和内在两个层面进行。任何事物都有其外在的美，这种美往往表现为与众不同的外形、异乎寻常的个性、不同凡响的气质。也就是说，任何事物都有其独特之处，这种独特往往就是其美之所在。因而，我们观察时，应该首先从这种不同入手，也许这种不同看起来有点怪，甚至还有点丑陋，但都有其存在的合理性。深入了解了这种合理性，就能真正体验到这种美的价值和意义。这就是内在的美。从现象入手，深入了解其未见的、深层的东西，这是审美的第二个层次。这种美不是一下子就能看到的，也不是很快就能理解的，往往需要借助书籍知识的阐释、他人的介绍和讲解，还要有自己的感悟。在观察事物时，我们要时时刻刻有发现美的眼光、感受美的心态，不能让道听途说影响自己的判断，不能让心理上的思维定式引领自己先入为主。这都是审美的大忌，不是正确的审美方法。譬如，欣赏一幅画，可以先从构图、色彩、光影、笔触、内容等几个方面进行欣赏，然后进一步了解画作的时代背景、作者的状态及要表达的情感和意愿等。如果事前有专业人士从专业的角度指出了画的某些瑕疵，引导你在欣赏时专注于这些瑕疵，这样你就很难形成关于这幅画的整体印象，难以达到审美的目的。

（3）审美体验。审美体验可以首先从欣赏美术作品开始。学生的美术欣赏可以是专题欣赏、随堂欣赏或专业画展。教师要引导学生以直观的方式感受美术作品中的造型与色彩，认识美术作品所蕴含的材质、形式和内容特征。欣赏后，要让学生将自己对作品的感受和认识以口头或书面的形式表达出来。学生表达的过程就是一个体验的过程。由于学生的审美经验不足，容易在欣赏过程中出现偏差，这时就需要教师做适时的引导，带领学生向正确的审美方向发展，然后引领学生在自然和社会生活中寻找和发现美，并学会欣赏美。教师通过有组织、有计划的游览活动把学生带到大自然中去，让学生感受自然中美的存在，并领悟大自然的美，长此以往，学生的审美能力逐步提高，进而激发学生热爱自然、热爱生命的美好情怀。教师还要引导学生感知社会风俗，如逛庙会、放烟火、踩高跷等，引导学生通过细致观察发现社会生活中的美，并从中学会欣赏美。通过多样化的审美体验，在潜移默化中培养学生健康的审美观点和审美情趣。

（4）审美习惯。徐悲鸿之子徐庆平说过，一个人从小就要养成审美习惯，如果没有形成自己的审美习惯，那他就不是一个完全的人。审美习惯是人在多次重复的审美实践中形成、固定下来的有特定指向性的审美需要、心理习性和熟稔的反复的自动化的思维方式、行为特征。审美习惯是审美经验积累所凝聚的习惯成自然的审美能力，往往具有较大的稳定性、常见性，使审美心理活动常受动力定型、思维定式的支配，在初次或再次面对已知的或类似的对象时，以往积淀的情感、理智便再现于当前的直觉之中，乃至唤醒沉淀于大脑中的潜意识，使人未经理智的分析，便能凭着直觉而比较轻松、迅速、自动地把握对象的美的特性。

养成了审美习惯，就能随时随地发现美、欣赏美，从而生成美、创造美，进而提高和改善生活品质。

2. 审美情趣怎样与传统文化建立起有效的联系？

审美的"美"，包括自然美、社会美、生活美等，其中很大一部分是人类在历史长河中劳动和智慧的结晶，与传统文化密切相关。因此，审美情趣必须立足于传统文化，从传统文化中汲取营养。

（1）借助文化魅力传递审美情趣。要联系先接触，要有效必深知。独具特色的语言文字、浩如烟海的文化典籍、嘉惠世界的科技工艺、精彩纷呈的文学艺术、充满智慧的哲学宗教、完备深刻的道德伦理，共同构成了中华民族优秀的传统文化。中华民族优秀的传统文化积淀着智慧结晶，映射着理性光辉，充溢着浓厚的人文色彩。"腹有诗书气自华"，文学、诗词可以给人以启迪。

（2）尊重多样文化，提升审美情趣。我国幅员辽阔，在多元化的社会当中，不同地区有着不同的文化艺术特点。随着经济全球化的发展，学生会越来越多地接触来自世界各地的文化艺术。学校要培养、提升学生的审美情趣，应引导学生接触和感受各地的文化艺术，理解和尊重文化艺术的多样性，以包容的心态去了解不同的文化艺术，在不同的文化艺术的感受当中，提升自己的审美情趣。

（3）在文化与现实的联系中升华审美情趣。文化具有强烈的时代特征，会有历史的局限性。因而，在借用传统文化培养学生审美情趣时，要秉承正确的发展观、文化观、历史观，摒弃不合时宜的因素，弘扬优秀传统文化因子，并与社会现实紧密结合，为现实服务，为生活添彩，这有助于学生在纵向比较中，发现美、创造美，改善并提升生活质量，从而使审美情趣得到升华。

3. 如何在课堂教学中发挥学科优势培养学生的审美情趣？怎样在生活中家校共育培养学生的审美情趣？

所有教师都应该立足学科，坚守课堂，有意或无意地给学生创造或培养审美情趣。我认为教师可以从以下三个方面进行：

（1）精致的板书或精美的PPT课件给学生美的享受。如教师板书时布局合理、主次分明、字迹清楚、字体大小适中、行距恰当，一目了然。PPT课件颜色适宜、文字适量、图案适当、内容适度、整体美观。这样的板书和课件往往就是一幅美观整齐、具有较高审美价值的图案，给学生的感受是美观、严谨、大方，从而为课堂增添了严肃、规范的学习氛围和审美情调。对学生而言，合乎要求的书写形式、优美的书写线条、整洁的卷面、良好的书写风格，不仅使制作者得到认可和赞扬，还能使阅读者赏心悦目，从而激发其努力学习的热情，培养其美的视觉，使其充分感受美，在美的乐趣中树立起学习的信心。

（2）唯美的教学内容能使学生感受到学科的魅力。任何一门学科都有其美的内容和让学生感受到美的素材，教师要充分挖掘其内在资源，让学生在美的体验中遨游于学科的海洋之中。如语文课中的文学作品天生就是美的代言，它向人们诉说着人世间的美。语文教学最大的作用就是将语文课文和美育有机地结合起来，让学生在学习中体验自然之美、社会之美、人性之美。人类历史本身就是一部追求美、创造美的波澜壮阔的画卷，历史教材就是一座审美教育的宝库。如未经改造的自然景观、充满智慧的人文建筑、琳琅满目的古迹文物、灿若星辰的民族精英、价值连城的书画作品都能给人强烈的美的震撼，唤起学生的共鸣，激发学生向上的情感，陶冶学生的心灵，培养其审美情趣。美术教学中有大量的美术作品，教师引导学生欣赏作品中体现出来的笔趣、墨趣、水趣、童趣、艺趣等，同时，解读和临摹作品又能感受生活、感知自然、感触人生，真正领略艺术之美。心之所向，美之所在。

（3）开展丰富多彩的活动，引导学生体验美、创造美。学科活动能给学生提供感受美、体验美、创造美的舞台，引导学生发挥想象力、创造力，开阔视野，陶冶情操，使学生受到美的强烈感染和熏陶，有利于培养学生健康的审美情趣，提升审美创新和实践能力。如语文课堂中的经典诵读、课文朗读、编演课本剧等，历史课堂中的观点争辩、角色扮演、演讲比赛等，音乐课堂中的学生音乐会、音乐作品讲述会等，这些都能给学生一种美的感受和体验。感受是审美的"金钥匙"，模仿是审美的重要环节，把情感完全融入其中，我们才能真正体验到美。

审美情趣的培养不是仅仅在学校，也不是仅仅在教师的责任，而是需要家校共建，师长共育，这样才能真正为学生创设良好的审美情境，切实提升学生的审美情趣。我认为家校共育培养学生的审美情趣可以从以下三个方面进行：

（1）正确处理审美与学业的关系，留出审美空间。不少教师和家长认为，审美情趣与学习的关系不大，过于强调审美情趣还会影响学习，影响学生的升学。实际上，这种认识是完全错误的。一方面，审美与学业并不矛盾，审美情趣本身就包含着大量的学科知识、学科技能和学科方法，审美情趣与各个学科关联非常紧密。而且，审美情趣与学业也是相互推动、相互促进的。学科知识的积累有助于审美情趣的自然提升，审美情趣的提升也能助推学习的进步。另一方面，审美情趣的发展恰恰是学业有成的终极目标。审美情趣就是要培养学生欣赏美、发现美、创造美，以改善、提升生活质量，而求学、升学的目的不也是完善生活、创造生活吗？两者目标一致，愿景相似。因而，教师和家长务必要清醒地认识到这一点，给学生足够的空间去感受、发现和欣赏美。

（2）切实加强家校间的互联互通，形成审美教育的合力。学校要运用网络优势，加强家校联系，缩小学校、家长、教师和学生之间的空间距离，组织"家校沟通""心灵驿站"等活动，实现相互间的无障碍互动。家校一起研究学生的个性特征、实际需要和发展趋势，制定出适合学生成长的个性化方案，并适时更新方案，不断完善和调整方案。这样家校之间形成的审美教育的合力，不仅能及时解决学生的心理健康问题，提升学生良好的心理素质，还能促进学生高效、乐观、健康、积极向上的学习与成长。

（3）共同参与校内外的各种活动，保持审美常态。在可能的情况下，学校的一些活动可以邀请家长参加，如成人礼、誓师会、文艺晚会等，家长与孩子同观摩、共感受、齐体验。周末，家长可以带着孩子去森林、峡谷、河流、草原，融入大自然，感受自然之美；也可走进博物馆、展览馆、图书室，触摸历史，与大师对话，同名人交流，感受文化之美。这样的校内外活动，可以让学生始终保持一种审美的常态。

审美情趣需要长时间的磨砺，更需要家庭、社会和学校多方携手共进，只有这样，审美情趣的培养才能结出硕果。

第 二 篇

学习与借鉴

——众采百家之长

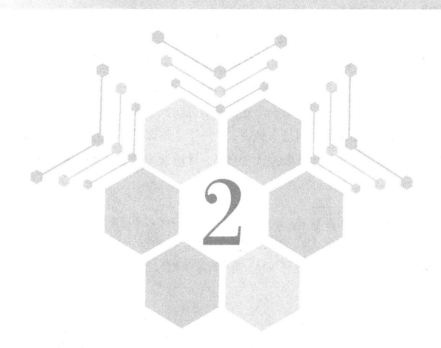

名师成长的至理名言①

台风"苗柏"虽然已经远去，但一大早起来，天阴沉得很，黑云压顶。一番收拾，我们准备出门时狂风暴雨不约而至，无奈只得待在家中等待雨停。②

今天的培训内容很多，尤其是早上的讲座十分值得期待。讲座的老师来自江苏，当过小学教师、校长，做过教育行政部门的领导，当过政府督学，做过中小学教材审定委员，最关键的是，他在教育理论与实践方面有着丰富的经验和独到的见解。虽然今天讲座时间推迟到了9点，但现在已是7点40分了，再不出发我就会迟到。于是我顶着暴风雨冲了出去。然而，今天的车不给力，公交、地铁……路也不给力。平常10分钟的路程，我今天居然开了30多分钟。8点20分我冲进了地铁站。可是最靠谱的地铁也不省心，几乎每站中间都要临时停车一次。9点25分，在风雨中我冲进了华南师范大学基础教育培训与研究院培训教室，讲座已经开始……

成尚荣老师讲座的主题是"名师成长中的'三个第一'"。他的讲座没有PPT，没有讲稿，拿着话筒脱口而出。虽已经76岁，但他精神矍铄、气度非凡、声音洪亮、风趣幽默。成老师强调的"三个第一"是：第一动力超越自己，第一品质不断反思，第一专业儿童研究。成老师认为，名师或教育专家要想成功就要不断地超越自己。他说："一个人可以看不见路，但你的脚步不能停留在路上。""人要不断地改变自己，才能改变社会，才能适应社会，你自

---

① 本文写于2017年6月13日，为广州市新一轮"百千万人才培养工程"第三批教育专家培养对象首次理论培训心得，发表于广东教育杂志《师道》（人文）2017年第11期。

② 2017年6月12日夜间，台风"苗柏"在广东沿海登陆，受台风影响，13日凌晨，广州地区大雨如注。

己不改变，你的课堂是不会改变的。""超越别人很难，但比超越别人更难的是超越自己。如果你能成功超越自己，你就离教育专家不远了。"成老师主张，名师或教育专家要想成功还要不断地反思。他说"反思就是不断地否定自己，反思就是让我们从已知走向未知"。他认为"反思是一种科学精神，是一种理性精神"，只有做到反思才能突破经验的束缚，才能让你从实践者走向实践家。成老师认为，教师仅靠学科专业来成长是不能成为名师或教育专家的。优秀的教师首先应该是一个儿童研究者，儿童研究比自己的学科专业更重要。成老师用自己50多年教育教学实践的经历，以大量的实例素材和权威的数据充分论证了儿童研究的重要性。他反复强调名师或教育专家对待自己的工作应是专注与执着的，应视教育为生命，忠贞不贰，矢志不渝。

成老师有三个观点我非常赞同，也深有体会。

第一个观点：消费时代"享乐"和"成功学"是两颗毒药

现在是一个消费时代，我们更应该把持自己，不能沉湎其中。"乐"可以"享"，"乐"本来也是用来"享"的，但过度"享乐"就会失去进取心，不会有前行的动力，可谓"玩物丧志"。作为一个名师或教育专家，更应该要沉得住气，要静下心来，始终不忘初心，才能成就一番事业。"成功学"追求成功，这本无可厚非，这本来就是人生的奋斗目标。谁不想成功？谁不盼望成功？但以"成功学"作为行动指引，过分地追求"成功"，就容易让自己陷入急功近利之中，急于求成，贪图眼前的成效和利益。这样，就不会静下心来进行系统的阅读，也不会进行艰苦的、细致的研究工作。这是十分有害的。

第二个观点：经验固然重要，但仅有经验是远远不够的

成老师举了一个例子：野兔在雪地里觅食，经验非常丰富，它每走一步都要按照自己曾经留下的脚印。如果找不到脚印，它就知道危险在前面，就会非常小心谨慎。正因为这样，野兔是很难被捕获的。可野兔只有经验，没有智慧。比它更有智慧的是猎人，猎人在它的脚印下设置了陷阱。脚印还是有，可脚印已不是那个脚印了。野兔最终落入了猎人的圈套。作为一个特级教师，在教育教学上，经验不能说不丰富，但如果只有这些经验，也不会走得太远。20多年的教学历程，使我自己真切地感受到：必须要正确处理好经验与智慧、经验与反思的关系。现在我在课堂上能够得心应手、应对自如，这得益于自己不断地反思。每一堂课下来，我都会认真对照备课中的一些设计，在课堂上是否用上、能否用上、有什么偏差、哪些讲多了、哪些不到位、哪些没有想到。就是这样一种常态化的反思，让我不断地认识自己，不断地完善自己，我的许多教育教学论文就是在这种反思中完成的。

第三个观点："优秀"是卓越的敌人

成老师强调，优秀不一定卓越，优秀甚至离卓越还有很大的距离。一个人"优秀"之后，如果裹步不前，就无法超越自己，永远不可能达到卓越的程度。我参加工作的第二年获得了"县优秀教师"，受到了隆重的表彰。但这样的"优秀"，只是教学成绩的优秀，往往是蛮干出来的，没有也不可能是长期积淀的结果，它并不能说明我就真的很优秀了。一个只有两年从业经验的教师会是一个优秀的教师吗？但就是这样一种"优秀"，居然也让我飘飘欲仙，自以为很了不起。此后几年我一直没有什么大的发展。因为没有明确的目标和方向，也就没有了前行的动力。幸好，几年后因教学成绩出色，我被调到了另一所更好的学校，崭新的环境、高素质的教师队伍，催生了我心中那股激情，于是我才找到了人生的目标。

实践证明，教育专家的成长之路是漫长的，这条路布满荆棘，充满坎坷，好似早上的狂风暴雨让平常40多分钟的路程需要耗上60多分钟一样。但我相信：只要持续前行，不停留，不退缩，总会到达终点。

上善若水，海纳百川[①]

2018年6月24日至6月30日，广州市新一轮"百千万人才培养工程"第三批教育专家赴上海研修，这是该项目的首次省外研修，也是专家班成员抛开工作、离开广州、异地亲密相处的7天。大家对上海的研修学习就像当时上海的气温一样，充满着热情，充满着期待。

课程安排得非常紧凑，我们几乎没有空闲时间，5天听了4场讲座，走访了6所中小学校，甚至晚上都安排了听课。研修内容十分丰富，包括课程建设与评价、高考改革的实践与思考、教师专业成长、校园文化建设、教育资源开发与利用等。研修形式多样，包括专家讲座、学校观访、对话交流等。学习任务较多，每个组要完成一篇学习简报，每人要完成"六个一"的作业，包括一张印象深刻的照片、一句感受最深的精彩描述、一份记录每天学习内容和心得的日志、一篇个人学习总结、一次与自己所在学校老师交流学习收获和心得的分享、一条对培训工作的建议。

7天的研修加深了我对上海教育的一些认识，深化了自己关于专业成长的一些理解，坚定了自己对教育的一些追求，也更加密切了专家班成员之间的友谊和感情，又一次印证了我从芬兰学习归来时的感受："做一个学习的人，走一段幸福的路。"

一、对课程建设的理解更明确

在专家的指引下，我也参与了学校的"君子之风教育"特色课程的建

[①] 本文为广州市新一轮"百千万人才培养工程"第三批教育专家培养对象上海研修总结，发表于广东教育杂志《师道》（人文）2018年第12期。

设，该项目成为广州市教育局的重点立项项目，获得了独立的招生资格。但这一次的课程建设非常被动、非常功利，对课程的理解和把握不甚明了。

此次上海研修涉及了大量的课程建设内容。上海市教育科学研究院杨四耕的《寻找教师的课程坐标》，从理论层面和实践操作层面解读了课程建设及其实践。华东师范大学课程与教材研究所刘良华的《岭南学派与教育改革》中也涉及了课程建设的实践活动。上海市教育委员会教学研究室纪明泽的《上海基础教育课程教学评价改革实践与思考》着力于课程建设的绿色评价。此外，上海市卢湾高级中学校长何莉，上海市第六十中学校长王晓虹、副校长单颖，上海市宜川中学附属学校副校长王浩宇，均从学校层面详细介绍了面对新高考的课程建设与实施的具体做法。

杨四耕老师说，课程就是"课+程"。课，包括理念、目标和内容，这是课程的名词属性；程，包括实施、管理和评价，这是课程的动词属性。也就是说，课程包括两个维度六个要素。非常具体、非常准确、非常简单的解读，让我一下子明白了什么是课程，也明白了短时间、小空间、单结构的点状课程无法满足当前教育变革的需要。目前不少学校设置的课程大多属于"三无"（无目标、无逻辑、无评价）"两弱"（弱关联、弱管理）"两不"（不贴地、不活跃）的"大杂烩"。这样的课程不仅达不到教育的目的，甚至可能会引发学生的厌恶感。杨老师强调，课程建设要从点状的"试水层次"逐步上升到线状的"特色层次"和鸟巢状的"文化层次"。这样的课程具有五大基本特征：回应孩子学习需求的倾听感，丰富孩子学习经历的见识感，严密而非拼盘的逻辑感，嵌入式而非加减式的统整感，触及教育变革的质地感。如何迈向更高层次的课程建设，对这一问题，杨老师强调要坚持做到：瀑布式改革、解题式思维、专题式聚焦和引擎式推动。

纪明泽老师的"绿色评价指标"改变了我们传统的人才观、评价观、质量观，而以学生发展为本，着力于信念与责任、自信与自尊、学习经历、学习兴趣、身心健康、学业负担、学业成绩等指标，致力于全面、主动、可持续、有个性的发展。

刘良华教授从古代传统哲学智慧出发，提出课程建设应该唤醒学生的自信力和意志力，引导学生自主学习和整体学习，帮助学生学会自食其力和做生涯规划。

上海市宜川中学的"励志导航"系列课程包括天下情怀、人生榜样、梦想启航三大系列，致力于新高考制度下给予学生学业、生活、生涯规划的指导。上海市第六十中学的"全景式"课程体系是一个基于课程标准、核心素养、教育资源的课程，以全民聚焦、全程关注、全息设计、全员参与为方式，致力于提升学生的研究能力、拓宽学生的视野。卢湾高级中学的科技素养培育课程，通过细化课程标准、优化课堂教学、精化训练系统的方式，提升学生的学习积极性，提高课堂教学效率。

上海市的中小学校几乎都有自己的校本课程体系。这些课程合乎时代的要求、学生的需求，体现了对本真教育的追求和自然教育的回归，丰富和发展了国家课程。这是学校教育应有的方向。

二、专业成长的路径更多样

教师专业能力到底是什么？不同的人有不同的解读。上海市青浦区教师进修学院副院长关景双认为，教师专业能力包括六个方面：解读文本能力、教学设计能力、课堂操作能力、研讨观评能力、用笔说话能力、观点分享能力。纪明泽老师认为，教师专业能力包括"五大能力"：教师分析、研究、评价学生的能力；教师指导学生实验、开展社会实践的能力；教师的信息技术及指导学生应用信息技术解决问题的能力；教师对学生进行心理辅导，帮助学生提升自我控制的能力；教师持续提升学科素养的能力。他们的解读角度不同、层次各异、内容有别，但都基于当前的教育教学实践。我觉得，教师的专业能力源于教师的工作属性和职业特点，受社会发展和时代背景的影响，是动态的，怎么解读都离不开学校的教学实践。

专家的解读和学校的实践揭示了教师专业成长的多样化路径。

关景双老师认为，主题式课例研修是教师专业成长的最好路径。他说，专业成长有三个关键词：立场、案例、反思。工作立场决定学习需求，真实案例催生鲜活经验，行动反思造就专业教师。教师成长必须紧紧抓住两个情境（课堂情境和研讨情境），在体验中对话有助于快速成长。用教研做科研，用课堂做课题；读书是教师的姿态，写课是教师的修为；理念与方法应该相结合，化教学、教研行为为习惯，知识自动化就变成了能力，方法自动化就变成了艺术。所以，他主张以主题为引领，在课堂中洞察，在顿悟中生成。这应该是一线教师专业成长的主动选择。

纪明泽老师强调，学习是专业成长的很好方法。只有有了学习的内在需求，辅以专业化的培养，才能促进自身的发展。但培训与培育是有区别的。培训，重在"训"，这是外在的、强制性的、效果不一定能够达成的，往往适用于年轻教师（必须给他们一些具体的指导）。对于骨干教师、名教师，培训是没有用的，要培育，"育"是宽松的、内在的、有选择的、有目标的，重在发挥示范，成为模范。

上海中小学校的实践更多地强调课程建设在教师专业成长中的作用和意义。针对时代需要和学生实际构建课程，并在实践中优化、完善课程；引领学生参与寒暑假的社会实践活动，帮助他们进行项目设计、研究；面对新高考改革的时代背景，在教育教学实践中优化内容、提升效率。这些都是专业成长的成功经验和有效做法。

现实教育，并非只有一个常态；专业成长，也并非"华山"一条道。立足时代、投身实践、积极探索、不断反思，是所有专业成长路径的共同特征。研学修人，研出名师，研出名校。

三、高考改革的理念更清晰

曾几何时，有些人认为当前的高考制度改革是"瞎折腾"，搞坏了教育，加重了师生负担。但深入地研修、学习改革方案后发现，这种认识何其肤浅！

教育的对象是学生，学生关乎着祖国的未来。能用今天的方法教育和培养明天的学生吗？《国家中长期教育改革和发展规划纲要》明确提出，高考制度改革是为了推动高中的多样化发展，促进办学体系多样化、培养模式多样化、培育人才路径多样化、办学特色多样化，以满足不同潜质学生的发展需要。

上海的高考制度改革，虽然滋生了一些问题，改革过程中教师也有不少的困惑，但这些都在实践中得到了修正和完善。改革大方向没错，改革的主流没问题，改革的步伐也不会终止。

改革有效整合了校内外教育资源。长期以来，高中教育似乎就是单纯地让学生待在课室中应试，使学生囿于课堂，束缚了学生的思维。但几天来的学习让我发现，上海不少高中改变了这一状况。大量学生走出校园，步入社会，参与社会实践活动。社会实践课程成为学校的重要课程，成为高校录取学生的重要参考指标。社会教育资源得到充分发挥，各功能场馆积极主动与学校结合，给学生提供社会实践的场所。

改革有效地提升了教育教学的质量。近年来，上海学生在国际PISA考试中取得的优异成绩充分证明了上海基础教育的巨大成就。在校园里，我们看到了学生丰富多彩的社团活动、巧夺天工的手工作品、出人意料的大胆设想和文质兼备的道德涵养。

改革有效优化了学校的教学行为。全员导师制、全员参与性、技能培养型、选科走班制渐成常态，学生的自主性、积极性大增，学习效果大大提升，学校办学特色不断鲜明，学校的社会美誉度不断提高。

我们有理由相信，新一轮高考制度改革必将是一次脱胎换骨的改革，也将给基础教育领域带来翻天覆地的变化。

四、教育资源的开发更灵动

长期以来，学生能够利用的教育资源非常有限，有限的师资、闭塞的信息，无形中影响了教学效果。图书馆成为摆设，体育馆无人问津，艺术楼无"艺术"，这些是所有中小学校的通病。2017年的芬兰学习之旅就让我惊叹，他们的社会教育资源何其丰富，学校教育资源多姿多彩。这次对上海中小学校观访也让我欣喜地看到了多样化教育资源的有效利用。

刘翔的母校——上海市宜川中学，它就把教育资源发挥到了极致。图书馆有个性定制阅读区、新阅读体验区、悦读沙龙区、阅读分享区、特色活动区、新书推荐区。物理实验室有模拟飞行体验区、创客工作室、成果展示区。演艺厅有学生的剧本展示、演出海报、名家的现场指导。体育馆有传统体育区，如少林拳、梅花桩，也有常见的专业训练场。各个场所的设计风采各异，设计灵感十足，人性化凸显。洋浦区打虎山路第一小学的校园简直就是一个果园、一个动物园。校内绿树成荫，各种果实挂满枝头，学校养过孔雀、天鹅。在这里，人与自然和谐相处，教育与自然融为一体。上海市宜川中学附属学校的生命健康安全体验课的教室中逼真的场景、模拟的器具让学生能够得到实用的知识并拓宽视野。

更为重要的是，社会教育资源的作用得到充分发挥，社会教育资源成为教育的重要组成部分。宜川中学每年6月7日至8日举办高一、高二学生"跟着父母去上班"的职业体验活动，把社会各项工作与教育有机对接；"上海五个中心建设职业体验"要求学生走进经济（宝钢集团、商飞集团）、金融（上海证交所、中国银行上海分行）、贸易（金桥出口加工区）、航运（东方航空、东方造船厂）、科创（漕河泾新兴技术开发区、张江高科技园区）领域，全方位地感受和参与各种职业体验，学生得到的岂止是学校教育！

上海市早在十几年前就已实施的中小学生市内各场馆"一卡通"，配合政府开发的综合素质教育评价平台，为新一轮高考改革和综合素质评价提供了保障。学生出入场馆实时记录、社会实践效果实时监测，数据即时更新，无法修改，这些都是综合素质评价改革的真实反映和客观记录，确保了内容的全面、证据的充分。

学校小社会、社会大课堂，突破校园四角天空的限制，让学生置于社会大环境中，随时随处感受和体验教育，这是一个不错的选择。

五、教育追求的脚步更坚定

上海校长群体的教育情怀、中小学教师的多样技艺、学校教育的本真追求，都给我留下了深刻印象。教育作为育人的事业，是一门艺术，需要钻研，需要磨砺；教师作为育人的职业，不仅仅是传道、授业、解惑，更应该是阳光的，远离功利的，追求伦理、追求审美的。

学习无止境。读书是教书的姿态，阅读是进步的阶梯。只有不断读书才能丰富自己，充实自己；只有不断读书，才能适应社会，与时俱进；只有不断读书，才能放飞梦想，成就自我。杨四耕老师说，人所学的知识99%是没用的，但没有这99%的知识却是万万不行的。他还说，一个人只要学习画上了句号，他这一辈子就完了。关景双老师强调，教师必须坚持在职学习，践行"行动教育"，用心教学是为了学生，用心教研是为了自我。新高考制度下，上海教师的学习任务更重了，除了要不断地充实学科知识外，还要不断地学习综合实践知识，因为上海市各中小学每年寒暑假都要带学生去全国各地进行社会实践活动，帮助学生进行项目研究。

园艺要探索。"宜先精于园艺，然后当好园丁"，这是当年上师范大学时一位老先生送给我的一句话。无论是在师范学习时还是在教学实践中，我始终铭记着这一告诫，它伴随着我从一个校园走到另一个校园，也见证了我从一个懵懂学子逐步成长为一个特级教师的历程。但我也知道，路还长，"园艺"仍需要不断成熟、不断完善。上海研修使我这一感触尤为深刻。学校开发的丰富多彩的课程、教师制作的琳琅满目的器具以及形式多样的课内外活动，都是对教师"园艺"的一种展示、一种挑战。

梦想要奋斗。这次教育专家班成员在上海集中要做的就是一件事——深度学习，成员聚首只图一个梦——成为教育专家。一年来，境内外的研修学习让我越来越感受到我离"教育专家"这个头衔那么近，似乎唾手可得，但我要走的路还很长。无论如何，梦想是要有的，因为有梦想才有目标，有梦想才有奋斗的动力！

六、结语

上善若水，海纳百川。上海教育人立足深厚的文化底蕴，吸收国内外先进教育理念，坚持孜孜以求的探索，迎来了教育的"春天"。上海的探索与实践，为我们提供了可资借鉴的经验与教训，为下一步深入教育教学改革奠定了坚实的基础。

为了梦想，选择远方

——记广州市教育专家班北京研修之旅①

远方不是一个我们要去的地方，而是一个我们要创造的地方。

2019年4月14日至20日，广州市第三批教育专家培养对象赴北京研修。本次研修以"深化新课程改革的理论与实践"为主题，通过了解近年来北京基础教育改革的进展与策略，感受名校的文化底蕴和在实践中践行新课程、新高考改革的成功经验，激发学员对教育本质问题的深入思考，以进一步提炼个人教育思想，形成个人教育品牌，引领区域基础教育的发展。研修期间，学员先后听取了3个专题报告，观访了5所中小学校，参加了中国教育科学论坛系列活动，拜访了著名教育家、心理学家林崇德先生。6天的课程，安排紧凑，内容丰富，让我收获满满，启发良多。

一、以生为本清清楚楚

教育的终极目标是人。新课程着眼于人，面向每一位学生，关注学生全面、和谐的发展。这是课程价值取向定位的问题。我们观访的中小学校非常注重学生的成长和发展。

以生为本的理念深入人心。不少学校在醒目位置都标有其办学理念或价值追求，如北京中学的"世界因我而美好"、中关村一小的"做最好的自己"、北京十二中附属实验小学的"做大写的人"。他们不单是把这些标语

---

① 本文为广州市新一轮"百千万人才培养工程"第三批教育专家培养对象北京研修总结，发表于广东教育杂志《师道》（人文）2019年第7期。

写在墙上，更多的是化为了自觉的教育教学行动。

中关村一小选拔了一批品学兼优的学生作为讲解员，陪同来访的教师参观校园。他们对校园十分熟悉，讲解清晰，逻辑缜密，语言流畅，礼仪俱佳。学校设有"少年发展银行"和"校园便利店"。据悉，这是学生的创意，也全由学生经营。所有学生均可通过参加学校的各项活动赚取积分，一定数量的积分可以到银行换取现金券，或存入银行，或到便利店换购学习用品。这既有利于促进学校活动的开展，培养学生的"情商"，也有助于学生养成勤俭节约意识，培养学生的"财商"。北京十二中学附属实验小学让学生参与学校管理：班级公约、一日规章的制定都由学生说了算；班级课室的内饰、学校走廊的装饰，甚至校长办公室的内部装饰也由学生定夺；学校楼栋、办公室、班级课室、活动场地皆由学生命名；学校每周都允许学生利用中午时段开展个人演唱会、演奏会、个人作品展等；学校广播站的创意、采编、组稿、播音等全由学生完成。学生是学校真正的主人，他们有着强烈的主人翁意识。

北京中学雅趣系列课程从构思、设计、实施、管理、评价等都让学生参与进来，"我的课程我做主"——让学生有做决定的机会。北京中学的初中数学课堂完全是学生自己的课堂，教师只是"看戏"。全班20名学生被分成5组，轮流上台给大家讲课。每一名学生都有机会宣讲，也可以随时质疑并提出自己的问题。中关村一小"绘本教学研究活动"的语文课堂上，学生有激情地投入、有感情地朗读、有想象地发挥。他们有着强烈的课堂表现欲望，语言、语气、形态、手势都很自然、真实，充满童趣，不时地迸发出令人意想不到的思路和想法，让听课教师大加赞赏。教师善于营造情境，让学生走进画中，身临其境，心历其感。教师善于捕捉火花，抓住学生思维的"闪光点"，予以鼓励和肯定。教师重视学生读和说的训练，尤其注重激发学生的想象力，让学生自主学习、合作探究。柔和的音乐、优美的画面、活泼的学生、鲜活的场景，共同构筑了一个个和谐的生态课堂。

二、劳动观念实实在在

2018年9月10日，全国教育大会上，习近平总书记明确指出"要努力构建德智体美劳全面培养的教育体系"，把教育目标的"四育"提升到"五育"，让学生适当参加劳动，使他们认识到劳动创造人类、劳动创造世界、劳动创造美好生活的意义，树立劳动光荣、劳动致富的观点，培养热爱劳动的良好习惯，锻炼吃苦耐劳的精神，为人生的发展奠定坚实的基础。

在观访中我们发现，在寸土寸金的北京城区，各个学校没有办法为学生提供更多的劳动实践场地，但他们还是在狭小的校园中特地辟出专门的"劳动实践区"。中关村一小在教学楼的楼顶上设置了"空中小农庄"，农庄分为种植区和养殖区两部分。种植区种养着大量的盆栽、花卉及小草。养殖区饲养着许多小鸽子，每逢学校重大活动就会放飞和平鸽。"空中小农庄"的日常维护、管理、修缮全是学生在教师的技术指导下完成的。这些小植物和小动物既培养了学生的劳动意识，也让他们很有成就感。

在北京十二中学附属实验小学靠近校门的运动场边，有一块不大的、被小灌木围起来的菜地，某地被整齐地划分为几个小区域，分别种植着不同的植物。绿油油的小麦长得正旺，金艳艳的小花开得正欢，娇嫩嫩的小芽正在破土。这是学生的"责任田"！每个班级都有一小块土地，种什么、怎么分工、怎么翻土、怎么播种、怎么施肥等，这些全都由学生自己决定。狭小的校园保有这个劳动区域，不仅仅是思路，更是担当！

三、传统教育扎扎实实

中华优秀传统文化博大精深，凝聚着中华民族自强不息的精神追求和历久弥新的精神财富。党的十八大以来，以习近平同志为核心的党中央高度重视中华优秀传统文化的历史传承和创新发展。中小学生是进行传统文化教育的主体对象，中小学校理应自觉承担弘扬优秀传统文化的责任。北京各中小学校的做法扎扎实实。

北京中学是一所以城为名的学校，肩负着使命，传承着责任。学校以"根深中华，盛开国际，培养具有民族之根的创新人才"为培养目标，开展寻根、育根、扎根教育。学校开发了"阅历系列"课程。其中的"阅"包括三个方面：一是传统文化经典阅读，针对每个年龄段学生的特点开列了阅读书单；二是聆听，学校邀请相关专家、学者来校给学生讲授传统文化课程；三是表达，让学生自己把优秀传统文化说出来。其中的"历"主要指"中华文化寻根之旅"，初中四年组织了八次，每次一周，走进文化、走进自然，亲身感受文化之根。他们已经走过了三秦、中原、河西走廊、齐鲁大地、徽州文化、北部草原、吴越之地、巴蜀之地等。同一个时间段，一个年级的学生分布在全国各地，他们还进行异地同步交流。

北京十二中学附属实验小学的传统文化教育活动丰富多彩，如"文字魅力""星光大道""成语走廊""古诗文通关""读书时光"等。学校的"跟着太阳走一年"系列活动很有创意。他们把二十四节气设计成一个一个的主题实践活动，每个主题活动为期一周。如"谷雨节"活动包括探谷雨、讲谷雨、颂谷雨、舞谷雨、品谷雨、写谷雨、画谷雨、祈谷雨和记谷雨9个小主题，"春分节"活动包括访春、耕春、知春、争春、绘春、咏春、品春、飞春、探春、诵春、踏春、惜春12个小主题。这些活动以传统文化为载体，融合了语文、数学、美术、音乐、体育、科学等学科知识，激发了学生的内在学习力，达到了传承、弘扬传统文化，夯基础、超学科、提能力的目的。

四、环境建设明明白白

熏陶比说教更接近教育的本质。良好的校园是一部立体、多彩、富有吸引力的教科书，具有奇特的感染力、约束力，有利于陶冶学生的情操，净化学生的心灵。北京各中小学校都非常重视学校的环境建设，重视环境的熏陶作用。

"笑脸上墙"是几个学校的共同做法。在学校显著位置，用小镜框把学生的笑脸挂在墙上，一方面用于激励优秀、表扬先进，另一方面也传达出一个信息：世界是美好的，充满生机和希望。中国矿业大学（北京）附属中学有一个较大的蜗牛塑像，寓意"牵着蜗牛去散步"，因为"教育是慢的艺术"，来不得急躁，来不得浮躁。育人贵久，成人成长比成才成功更重要！北京十二中学附属实验小学的所有走廊、楼道、天花板、墙面、地板，全部被利用起来，布置得色彩斑斓，内容丰富多彩，形式活泼灵动，真正做到了让每一面墙壁都能说话。

中关村一小的楼道提示语言简意赅、通俗易懂。每一个楼层处都有"轻声、慢步、右行"的提示语。楼梯上画了一条中间线，大家自觉地靠右行走，行为规范。在不少走廊的墙面上有诸如"安全知识歌（校内篇）""安全知识歌（校外篇）""行为习惯手势图""行为礼仪手势图""我们的共同约定"等图示，将空洞、枯燥的文字教条转化为学生乐于接受的歌谣、手势、简图。语言激励随处可见。在学校的关键位置有着国家几任领导人的激励语句，如习近平的"快乐生活，健康成长"，胡锦涛的"勤奋学习，快乐生活，健康发展"，江泽民的"星星火炬，代代相传"。谆谆教诲、殷殷寄语，既传承文化，又传递着力量。一个拥有80多个班3600多名学生的狭小校园，几乎听不到嘈杂声，看不到楼道拥挤的现象，学生彬彬有礼、秩序井然，这充分说明环境熏陶对学生的行为养成十分重要。

五、师德感触真真切切

学习期间，我们拜访了著名教育家、心理学家林崇德老先生。在约定时间之前，年近八旬的老先生早早地在会议室门口等着我们。"欢迎你们""对不起，我不能为你们泡杯热茶"，真挚的语言传递着满腔的热情和发自内心的真诚，让我们在敬畏之中油然生出些许亲近和赞叹！

我们就"师德"的话题进行了交流。林老说，教师的言行修养会深深镌刻于学生心灵，教师的经典语句会伴随学生到永远。作为学生，林老是学业的佼佼者，没有让老师失望；作为教师，林老是师德示范者，没有让时代失望。"学生不争气，会让老师感到耻辱"，在林老的教育生涯中，这句话他时时铭记着，处处实践着。"忠诚党的教育事业"是林老一直以来的师德信仰。每有新著出版，他总是在扉页上写上这句话。不管置身何处，林老始终没有离开过学校和学生；不管从事何事，林老始终秉承着教育至上、国家为重的信念；不管顺境逆境，林老始终没有放弃自己的师德信仰。林老说，师业、师爱、师能、师风都是师德的组成部分。师业，即敬业意识、乐业意识、职业规划意识和勤业意识；师爱，即关爱学生，这是师德的灵魂；师能，即业务能力，这是教师顺利完成任务的知、识、才的保障；师风，即教师如何为人师表，要求做到爱国守法、团结协作、终身学习、廉洁从教。林老的"师德观"是他教育教学经历的诠释，具有普适性。

在一个多小时的交流中，林老的言谈举止时时践行着他的"师德观"。林老在交流中，始终以"您"称呼我们；一位老师站起来请教林老时，他两次强调"请坐下说，不要起立"；林老送给我们每人一本他著的《师魂——教师大计 师德为本》，要求工作人员务必盖上印章；尽管林老要赶去参加一个会议，但他仍不厌其烦地与我们一一合影；坚持把我们送到电梯口，一一道别。这些细节说明在内心深处，林老尊重所有的人，即使是学生和后辈。这体现了一个从教者的师德修养，一个年长者的精神涵养。

通向远方的路不是人找到的，而是人创造出来的；走出这条路的过程，既改变着走出路的人，又改变着目的地本身。作为教师，我们既要为自己创造一个远方，又要为学生、为国家创造一个远方。这是教之职、师之责！

第 三 篇

域外教育理念

——芬兰教育研修心得

做一个学习的人，走一段幸福的路

2017年11月26日至12月16日，广州市新一轮"百千万人才培养工程"第三批教育专家培养对象"中芬基础教育思想与实践比较研修"团一行20人赴芬兰研修学习，其间我们共听取了13个专题报告，参观了5所大学，走访了7所有代表性的中小学校和4个教育机构。通过专家讲座、教学研讨、课堂观摩、学校参访、同课异构、教师访谈等多种方式，全面接触了芬兰的课程体系、评价体系、校长领导力、教师培训、现象教学、学习空间设计、通识教育、艺术教育等内容。

对于这次芬兰研修之行，我有充足的心理准备。我是带着12个字迎接境外学习的21天的：准定位——"一颗求学的心"、细观察——"一双审视的眼"、多记录——"一支勤快的笔"、勤思考——"一个探索的脑"。正因为这样，我异常地勤奋和努力。21天中，我做了整整一本的学习笔记，写了21篇近5万字的学习总结，做了21个推介美篇，形成了一个学习系列。通过此次访问学习，我看到了芬兰在教育领域尤其是基础教育领域的新理念和经验，看到了中国与芬兰在师范生培养、课程设置、教学方式、学校建筑设计等方面的差距。同时，我们也通过同课异构、对话交流等培训环节，增进了芬兰师生对中国教育方式的了解，展示了中国力量和中国自信，增进了中芬两国师生的友谊。

21天中，来自广州各区校的20名成员，虽彼此并不熟悉，但大家起早贪黑、战低温、斗风雨、抗冰雪，面对从未经历过的天气没喊过苦；挑灯夜战，记日志、写总结、作美篇，面对繁重的学习任务没喊过累。在恶劣的天气和紧张的学习中，大家互帮互助，团结一致，结下了深厚的友谊，"累并快乐着"。21天的学习，我收获了一系列的教育理念、一连串的教育方法和满满的幸福。下面是我学习的一些主要收获与感悟。

21天的经历，让我深深地体会到了快乐与幸福：快乐在哪里？快乐就在于和"情投"者做"意合"的事。幸福是什么？幸福莫过于和"志同"者做"道合"的事。

很怀念在芬兰的21天，因为有对异域他乡了解的渴求，有致力于教育的情怀追求，更因为时间恰恰好：太短，擦碰不出"火花"，感受不到真诚；太长，避免不了生活的枯燥和心情的浮躁。我很想念在芬兰的朋友，正是他们精心的安排、热情的帮助、精准的教学，让我度过了一段非常愉快、非常开心的时光。我也很感谢在芬兰研修的同学，因为有他们的包容、理解，我才能够"潜心"学习；也因为有他们的陪伴、支持，我才能够写下这些文字。生活不能复制，时光不能回流，不然，我真的想与大家再去芬兰，重走一趟"幸福的路"。

顾炎武的"读万卷书，行万里路"，是一种生活，更是一种境界。从我国的"书中自有黄金屋，书中自有颜如玉"，到莎士比亚的"书籍是全世界的营养品"；从高尔基的"热爱书吧——这是知识的泉源"，到习近平总书记的"读书学习是党员干部成长进步的最好阶梯"，都证明了一个道理：学习的乐趣是无穷尽的，知识的力量是无止境的。只有500万人口的小国芬兰，因为人人爱读书，成就了"世界第一"的教育；只占世界人口0.3%的犹太人，因为爱读书，拿走了1/4的诺贝尔奖、1/3的普利策奖、1/3的奥斯卡奖。对学习，我从来没有放松，也不敢懈怠。因为我知道，不阅读会愚笨，不学习会掉队。时代的要求、职业的驱使，也让我养成了学习的习惯。但是，我也知道，现在的我学习要求并不高、学习强度并不大。从芬兰回来，这种感觉尤为强烈。如果可以的话，我愿意一辈子做一个"学习的人"。

走进"教育第一"的国度[①]

在芬兰，教育改革从未停止，平等教育、全纳教育、个性教育的理念深入人心，核心素养、现象教学、跨科教育的方法渐趋常态。在学习中，芬兰教育的基本理念给我留下了非常深刻的印象。概括起来，主要有三个。

一、合作教学个性灵活

在芬兰，教育上的合作无处不在，教师与教师、教师与学生、学生与学生普遍合作。芬兰法律规定有特殊需要的学生与主流学生一起学习，因而Vuores小学有40个特教学生，分布在8个班，这些班级在上课时往往是1位主教、1位助教，2位老师一起上课。小学低年级有时还会有3位老师一起上课。他们课前要共同备课，课堂上要共同解决面临的问题、提出解决的方案。这种团队教学实际上就是妥协、沟通、思考的合作学习，它使教学方式更灵活，教学过程更实效。特殊教育专家Leean Kostiainen女士说："合作教学可以让我们从同伴那里学到很多，这是一件很愉快的事。"教室内，学生四人一组，面对面围坐，课堂上很多问题都是小组共同讨论、合作完成的。学生的座椅有轮子，可以全方位旋转、大范围移动，能转到其他小组，且不会发出声音。有时，也会有个别学生因为心情问题，坐到其他地方，但小组共同学习的环节他们会参与进去。有的课室内还有沙发、地垫，学生可以离开自己的座位坐在沙发上或地上听课、讨论。学生学习方式多样，灵活性强，个性得到充分发展。

---

① 本文发表于《番禺日报》2018年3月19日第A6版。

二、贯彻绿色环保理念

芬兰非常重视环保教育，将绿色校园建设渗透到日常行为规范之中，让学生养成一种环保的习惯。在Vuores小学课室听课时，校园广播正播放上周全校共浪费食物1.7千克，要求学生节约食物，拿多少吃多少，不要浪费。原来，每餐饭后，学生吃剩的食物都会倒在一个专门的口袋中，下面有称重装置，每餐饭所剩食物重量都会被记录下来。吃饭时，我们发现所有的学生，即使是幼儿园的学生都是自己拿着餐盘、排着队井然有序地去取食物，每个人都取得很少，不够可以再拿，基本上没有浪费的现象。回收餐盘时，每个人都会将用过的纸巾、剩余的食物、刀叉、杯子、盘子、碗碟等分门别类地码放整齐。这种规范化的养成教育让学生自小就形成了绿色环保的习惯，会让他们受益终身。

大型室内活动场室的设计理念令人脑洞大开。演播厅的设计非常新颖，舞台可以一台两用。舞台前面面向看台，可以用于学校基本演出及各种会议；后面面向饭堂，形成了一个有主席台的会议中心；舞台的中间装有隔音的屏风，可以一分为二，也可以合二为一。室内体育馆是一个可用于比赛的大型篮球场，同时把两边的看台收缩后，用两道从天花板降下来的厚厚的布帘把全场分为三个横向的篮球场。地面上画了足球场、篮球场、排球场、网球场、羽毛球场的各种线条，所有球门、球架都在天花板上，需要时按相应开关放下来即可。

三、教育理念基于信任

芬兰教育曾经也历经曲折，饱受质疑，但芬兰人一直在思考如何突破。进入21世纪以来，他们进行了多次课改。这些课改有一个共同的特点，就是从源头上进行顶层设计，而不是在末端"瞎折腾"。说到底，就是有先进的教育理念指导着课改。这个理念就是基于支持和信任的教育。一方面教育部门信任校长、校长信任教师、教师信任学生、家长信任教师，学校有很大的自主权，教师也可以自由地选择教材、教学方法等。这种信任能够充分激发教师的责任感和积极性。在教学的层面上，学校给予学生三种支持：基础支持，每个学生都可平等地得到教育和关怀；强化支持，当学生在某个方面存在一定的障碍时，如读书吃力、注意力难以集中、特别好动等，在得到家长同意的情况下，学校会对其一对一地给予支持，直到这些现象消失或问题得到解决为止；特殊支持，当学生某方面的障碍较为严重时，会给他配备一个专职的特教老师，与他一起上课，参加活动，直到问题解决为止。

学生关乎祖国的未来，教育系于民族的兴盛。重视学生，关注教育是每个人的职责。芬兰的做法值得借鉴。中国是一个有着悠久的教育传统和独特教育理念的国家。在了解芬兰的教育时，我发现我国的基础教育与芬兰的基础教育有很多相似性，很多做法也基本一致，只是他们在一些先进教育理念上确实走在我们前面。我们要有教育自信，不要妄自菲薄和盲目照搬，借鉴更多更好的教育理念以发展自身的教育。

"小国办大教育"的成功之处[①]

芬兰教育堪称世界一流，因其先进的教育理念、浑厚的教育情怀备受世界瞩目，故其精细化的教育行为、社会化的教育资源、个性化的教育方式也引起了广泛关注。走进芬兰，你会发现教育无处不在、无时不在，随时、随地都有教育。关注教育环境、关注教育细节，形成了芬兰教育文化。

一、一地"散落"的小石子

刚到芬兰我就发现，街道并不"干净"，长时间的雨水，极不平整的地面，再加上人行道上有许多小石子，走在上面，让人心情很不爽。当时我就很纳闷，雨水管不了，为什么小石子也不扫干净呢？后来发现，几乎所有的街道上都有这种小石子。经过了解我才知道，这是有意撒的。芬兰的冬季雨水很多，气温较低，有时地面还会结冰，这些小石子就是为了防滑的。一旦下雪或结冰，小石子可增大摩擦力，人踩在上面，感觉稳稳当当的。

这些人性化的设计体现了社会对教育的一种担当，社会资源的教育功能得到发挥，整个社会希望营造一个利于孩子成长的良好的社会环境。实际上，学生不仅属于学校，更属于社会。社会是教育的出发点，也是教育的落脚点。教育不仅仅是在校园，更应该是随时随地，无处不在。尽管社会教育在整个教育体系中还处于辅助和补偿地位，但其作用和影响不可忽视。因为社会教育有着学校教育无法比拟的优越性，如深刻性、丰富性、独立性、形象性。19世纪英国学前教育的光驱罗伯特·欧文曾强调社会环境对形成人的行为的作用，他

[①] 本文发表于广东教育杂志《广东教育》（综合版）2018年第2期。

认识到总的社会环境和学校环境是相互关联着的。[①] 陶行知先生也实践和倡导"生活即教育，社会即学校"的思想。他认为生活是教育的中心，也是教育的出发点。[②] 社会教育对儿童有着极大的影响，可以让他们从小耳濡目染、有助于儿童养成良好的社会生活习惯，形成健康科学的社会观、人生观和价值观。

二、一个"多动"的小男孩

在坦佩雷Vuores小学五年级的英语课上，一个小男孩的行为"怪异"：书，桌上一直没有；口，说个不停；人，或站或坐，随意走动，甚至走上讲台与正在讲课的女教师搭了一下肩；有时，脚一蹬，座椅就滑到了其他小组；小组讨论时，他又与同组的一个男生抱着头扭在一起；老师没有任何呵斥和制止的行为，同学们也习以为常。这是典型的"多动症"。在国内，这个孩子会被老师和同学瞧不起的，久而久之，他可能还会成为一名真正的学困生。

课后，就这个现象，我们特地与上课的教师进行了讨论，问她为什么不干预。她说："在芬兰，任何教师都不能强迫学生做他们不愿意做的事，学习应该是很快乐的事情，他们想怎么学就怎么学，老师为什么要干涉呢？"教师必须支持学生，这是在师范生培养时就被植入了的一个观念。

下午，教育专家Riitta女士给我们解释了这种现象。她说："这个小孩有可能是特教学生。"在芬兰，特教学生并不是指身体有残疾的学生，而是指学习兴趣不高、行为难以自控、精力难以集中的学生。芬兰教育是基于信任和支持的教育。在基础教育阶段，每个学生都能得到平等的基础支持，特教学生根据程度不同，在家长的同意下，学校会给予一对一的强化支持或特殊支持，直到学生的问题得到解决为止。在芬兰，每个学校都有特教教师，他们有时会和学科教师一起进入课堂上课，重点关注特教学生。实质上，支持教育也是建立在快乐的基础之上的。Vuores小学的特教教师Minna女士说："学生的福祉是能促进学习，孩子们在校觉得幸福、安全，他们就能愉快地学习。"

孩子的最大天性就是好奇心强，这个世界对他们来说是充满新奇感的，

---

① 罗伯特·欧文：《欧文选集》（第1卷），柯象峰，何光来，秦果显，译，北京：商务印书馆，1997年。

② 摘自陶行知1926年11月在中华教育改进社特约乡村教师研究会第二次会议上的讲话。

他们要求参与、要求体验、要求探索。英国著名教育家赫伯特·斯宾塞认为："世界上最好的教育本质上都是快乐的，孩子在快乐的状态下学习效果更佳。"[①]他极力倡导快乐教育，强调以"快乐"为本，以"解放"为本，以人为本。快乐教育于教师而言，一是平等待人。教师要给予每一个学生爱心，全心全意地服务于每一个学生，使每个学生都能体会到温暖与期望、激励与鼓舞，这样，他们就会全身心地投入学习之中，愉快发展。二是要区别待事。教育的主体是学生，而学生是有独立人格的、有个别差异的、有巨大潜能的，因而不能用一个标准要求所有的学生。教师必须尊重学生的人格和个性差异，激发他们的潜能，塑造他们的心灵。

三、一堆"诱人"的原材料

在坦佩雷大学师范学院附属学校的初中一年级，我们先后观摩了母语课、音乐课、烹饪课、美术课、手工课等。美术课教室可与国内的专业画室媲美，有大量的画笔、颜料、纸张、模型、鸡蛋（画画有时可能会用到鸡蛋清）、围裙（防止颜料弄脏衣服）等。音乐课教室有十几种乐器，墙面上、角落里、柜子里全是，进门处是一架很有历史的钢琴，虽有点旧，但非常干净。手工课教室内有纺织车间、木工车间、油漆车间、电工车间、电焊车间等，周边有小型电动车床、刨床、锯床、电钻、各种钉子、螺丝、木销子、手工凿子、刀子、刨子、锯子等，还有存放实木方料、板材、面料的架子。烹饪课的内容是蛋糕的制作，每组学生桌面上都有大量的原材料，如面粉、鸡蛋、糖等，旁边有烤炉、微波炉、冰箱、煤气灶、锅碗瓢盆、抽油烟机、各式菜刀、菜板等。学生置身于这样的环境，动手的欲望是十分强烈的。

芬兰一直致力于打破传统学科科目界限，强调跨学科学习，注重思维训练，以培养全能型人才为目标，着力培养学生的动手能力和实践技能。美国著名的教育学家约翰·杜威提倡"做中学，学中做"的教育思想，在他看来，"做中学"充分体现了学与做的相互结合。通过"做中学，做中教"的教学激

[①] 赫伯特·斯宾塞：《斯宾塞的快乐教育》，吕可丁编译，北京：北京联合出版公司，2013年。

发学生的学习兴趣和热情，让枯燥的课堂生动起来。[①]现象教学法较好地体现了这一思想。

目前在芬兰的小学和初中阶段，现象教学已十分普遍，部分高中也开始推广。所谓现象教学，就是学校提供几个与社会生活密切相关的社会现象，由学生通过这些现象，确定一个主题，然后分成几个团队"做研究"，包括研究内容、研究方法、涉及学科、组织与评价等。事前要有计划，事后要有报告。现象教学涉及的问题较多，涵盖的知识丰富，需要学生多角度思考，大范围协调，全方位解决。其成果的呈现，除了文字以外，更多的是PPT、MV、实物、模型等，这就需要学生动手制作。因而现象教学既较好地培养了学生动脑的"软"技能，如沟通表达能力、阅读思维能力、组织整合能力、筛选甄别能力等，也能培养学生动手的"硬"技能，在和万达学校的"芬兰百年"项目中，学生作品有：木制的房屋模型、自己设计制作的衣服、自己编织的棉袜、电脑制作的动漫与音效、大量的海报、手工绘制的图书等。我们惊叹于学生的动手能力。据介绍，在芬兰，不论男女，都会做木工、缝纫，家庭内的日常小问题，他们基本上都能自己动手解决。

四、一张"手绘"的小表格

在Vuores小学饭堂的一个角落里，有一张学生自己用手画出来的表格，表格中记录了全校一周内每天浪费的粮食重量，前一天浪费的粮食数量会在第二天的校园广播进行通报，要求同学们节约食物，拿多少吃多少，不要浪费。

在坦佩雷大学师范学院附属学校的小学部，早上天未大亮，寒风呼啸，几十个小学生就在运动场器械区进行体育活动。看着他们熟练的动作、开心的笑容，我们就知道，在这么寒冷的天气中运动，他们是很享受的。在芬兰，中小学校在行为规范方面，"软硬兼施"：上学早晚皆可，课堂随意行动，学习行为不强求一致；但有些却是非常严格的，如进入学校必须脱鞋，外套、鞋子要整齐挂放，书籍放入自己柜子中，垃圾严格分类，不能大声喧哗等。

芬兰中小学校之所以关注这些细节，是因为他们看到了细节对学生的影

---

① 耿健：《"做中学，做中教"教学模式的实践与思考》，载《中国职业技术教育》，
2012（14）：26–30页。

响。俗话说，"勿以善小而不为，勿以恶小而为之"。千万不能忘记小和大是相对的，在一定条件下是可以互相转化的。因而，中小学重视细节教育是十分必要的。所谓细节教育，"就是把育人的价值和目标通过细节体现出来，通过对学生成长过程中的细节再造，培养细节教育生态，帮助学生在细节教育中健康成长"[1]。生活中的"细节教育"无处不在、无时不在。一举一动、一言一行，处处显示着"细节"教育的机会。

五、一根"可动"的小立柱

我们在不少中学参观时，发现课室中间都有一根小立柱，有的半人高，有的连接到了天花板。在小立柱的最下端，有一排小圆孔。原来，这是充电桩。

苏霍姆林斯基指出："孩子在他周围（在学校走廊的墙壁上、在教室里、在活动室里）经常看到的一切，对他精神面貌的形成有重大意义。这里的任何东西，都不应是随便安排的，孩子周围的环境对他应有所引导，有所启示。"[2]学校环境的设计对学生的性格养成、行为固化、价值取向会产生重大的影响，也在一定程度上决定着学校的校园文化、教育导向、育人效果。优美的、良好的学校环境，好似润物细无声的春雨，滋润学生的心田，使学生不知不觉地受到感化；优美的、良好的学校环境，也能让学生带着轻松愉悦的心情和积极主动的状态投入到学习之中；优美的、良好的学校环境，更是一种无形的约束力，可以改变学生个体的不良做法，形成一种良好的行为习惯，从而使学生受益终身。

在芬兰，教育已经成了一种习惯、一种自觉、一种文化，教育就是追求朴实、追求自然、追求完美。这是"小国办大教育"的成功之道。

---

① 崔宝山：《基于学校改进的细节教育》，载《基础教育参考》，2017（5）：24-25页。

② 苏霍姆林斯基：《帕夫雷什中学》，赵玮等译，北京：教育科学出版社，1999年。

颠覆学校和学习的概念

——赴芬兰学习的感受①

芬兰教育之所以领先世界，并成为各国学习和效仿的对象，除了其与时俱进的教育理念、个性鲜明的教育方法、风格独特的文化传统外，也离不开全社会的关注和支持，其中有一些做法和措施，也让其教育大放异彩，令人惊奇！

一、把学校当家庭

在芬兰，最好的建筑不一定是学校，学校的大楼也不一定漂亮，但芬兰的学生都非常乐意去学校，即便小学生吃完中午饭就放学、初中生下午3点就放学，但他们仍旧愿意待在学校。其中最为重要的原因是芬兰几乎所有的地方都把学校当家庭在经营，让学生有"归家"的感觉。让学生快乐，这是芬兰教育的亮点之一。

1. 家居一般的环境

学校大楼不一定漂亮，但楼内非常干净、整洁，没有任何灰尘，没有任何卫生死角，没有一片垃圾。不少学校，学生在校所有活动均是穿着袜子进行的，包括去课室听课、去饭堂吃饭、去室内运动场健身、去卫生间等。饭堂地面上看不到一颗饭粒，也没有任何油渍。几百名学生待在一幢大楼内学习，几乎听不到嘈杂声、喧哗声，即使是下课的时间，也非常安静。

学校都有很宽阔的走廊，走廊墙壁上一般都贴着学生的作品，如海报、

---

① 本文发表于福建教育杂志社主办的《福建教育》2018年第33期。

绘画、设计、实物，走廊两边或拐角处往往摆放着各种小沙发、小桌子、小椅子。同一所学校内的课室装饰、布置都是不一样的，但都非常精致、舒适、人性化。学生的课桌，高矮、形状、大小不一，可以自由组合；课室的窗帘，颜色、式样、图案各异，体现个性风格；学习的用具，多样、丰富、整齐，可以任意取用；室内的墙壁，张贴、展示、装饰随意，"我的地盘我做主"；课室的走廊，学习、休闲、娱乐均可，功能发挥到极致；室内的灯光，照明、个性、温馨兼备，区域特色分明；公共宣传，作品、成果、制作皆有，提供展示平台。在坦佩雷郊外的一所九年一贯制学校里，有一间课室非常独特，它引起了大家的关注。这间课室的面积约有国内普通课室的两倍大，室内布局大体上分为6个区域：授课区、资料区、文娱区、休息区、运动区、谈话区（这只是个人理解）。课室内有供教学使用的投影设备、若干台电脑、不少的图书资料、大量的学习用具，也有供休闲用的钢琴、桌球台、手控足球台、国际象棋等，还有冰箱、干衣机等家用设备，同时还有2组不同风格的沙发、5种桌子、6种坐凳，真是令人感到惊奇。学校环境设计体现了方便、简约、个性的特点，在这里看不到权威、强制、标准。

2. 家人一样的待遇

在芬兰，所有的教师都是尊重和支持学生的，这是在成为教师前就被植入的一个概念。教师不能无端地占用学生的时间，否则有侵犯人权的嫌疑。教师不能强迫学生做他们不愿意做的任何事情，即使是那些不愿学习、表现不好、交流有障碍的学生（芬兰称之为"特教学生"）也不能强迫，他们一般是通过集体的力量以正面效应去感化和影响学生。学校给予学生三种支持：基础支持，每个学生都可平等地得到教育和关怀；强化支持，当学生在某个方面存在一定的障碍时，如读书吃力、注意力难以集中、特别好动等，在得到家长同意的情况下，学校会对其进行"一对一"的支持，直到这些现象消失或得到解决为止；特殊支持，当学生某方面的障碍较为严重时，学校会给他配备一个专职的特教教师，跟他一起上课、参加活动，直到解决问题为止。

从幼儿园开始，教师就逐渐教会他们如何与同伴相处、与朋友相处、与陌生人相处，教会他们如何与他人合作、在他人面前表达自己的观点。因而，随着年龄的增长，大部分学生之间都能友好、平等地交往，很少有摩擦或纠纷，即使出现了，他们也能妥善地解决和处理。

在一个"家居一般的环境"中，得到"家人一样的待遇"，没有哪个学生会拒绝这样的学校。

二、把社会当课堂

在芬兰，教育不完全局限于学校。学生走出学校，到处都有教育，随时随地均可以感受。举全社会之力办教育，是芬兰教育的又一亮点。

1. 教育关怀无处不在

芬兰的公共交通很发达，人们大多选择公交出行。公交车车型、颜色一致，公交车踏板平台与街沿几乎等高；所有公交站台，包括农村地区，都有遮雨棚；公交站台上的时间表标识了各路公交车到达本站的所有时间，因而芬兰人习惯说坐几点几分的公交车；公交车全部有座位，每个座位旁都有下车提示按铃，乘客伸手可及；公交卡都有反光标志，即使在夜里，司机也非常容易发现持有公交卡的等车人。这些设计既是一种人文关怀，便利了大家，又是一种社会教育：一方面浓烈的服务意识让学生在身边小事中就能真实地感受、切实地体验；另一方面强烈的教育意识让学生感受到"社会即课堂""教育无小事"。

2. 教育方式润物无声

在芬兰，所有司机都有礼让行人的观念，不管有无斑马线，只要有行人过街，车辆都会在几米外等候，待行人通过后，车辆才通行；所有红绿灯路口，都没有安装摄像头，司机会自觉按信号行驶；行人较多的地方，大家会自觉地排队，从来没有人插队或抱怨；公共场所的大门外，往往有一个小立柱，这是专门的吸烟区。如此种种，体现的是一种规则。规则不是写在墙上的，也不是记在大脑中的，而是要内化为自己的行动。这些规则，没有人会刻意对孩子们说，但自觉的行为无意中会给他们一个正面示范，其影响胜过任何言语。最好的教育就是"润物细无声"，让孩子们感觉不到你在教育他，但又能够感受到教育无处不在，这才是教育的真谛。

3. 教育资源有效整合

芬兰的中小学校都没有围墙，开门办学。校长有一个重要的使命，就是联络各个机构，整合社区力量，实现资源共享。很多地方，如牙科诊所、健康中心、图书室、娱乐中心、关爱中心、服务机构等都与学校建在一起，有的甚至共用一幢大楼。学校的很多活动往往会邀请社区成员参加，社区活动有时会在学校举行，学生也频频参加社会活动。学校教育与社会教育无缝对接，既拓宽了学生的视野，也养成了他们关注社会现实的行为习惯。

4. 教育实践深度参与

芬兰国家核心课程大纲规定，中小学生每年必须要有1～3天的野外营地学习时间。在森林、河流、峡谷等地，学校提供支持，学生一起生火、做饭、搭帐篷，互相帮助、互相照顾。野外营地学习并不是为了玩，而是有相应的学习主题渗透在各种活动之中，教会学生如何树立团队意识，增强生存能力。周末，家长都会和孩子在一起，参加相应的活动，如访问博物馆、参加音乐会、参与读书活动、共同运动健身等。这样既能让学生广泛参与社会活动，又是一种亲情教育，有利于孩子的健康成长。

"学校是小的社会，社会是大的学校。"[1]突破校园四角天空的束缚，将学生置于社会大熔炉中学习和生活，让学生在不断的开拓创新中健康成长，这是社会全体应有的责任。在芬兰，我们真实地感受到了社会化的大教育。

三、把学习当娱乐

对芬兰的学生而言，学习绝不是负担。小学"玩"、初中"慢"，高中阶段"两条腿走路"，"教育没有死胡同"。这样的学习模式能够满足不同学生的要求。因而，在他们看来，学习就是娱乐。

1. "快乐学"

芬兰的学生学习时间短，义务教育阶段每年在校时间是190天。周课时量也不多，一至二年级20节、三至四年级24节、五至六年级25节、七至九年级30节。家庭作业很少，一般都可以在校完成。义务教育阶段几乎没有考试，教师对学生的评价方式有学生自我评价、师生对话、教师家长对话等。评价的目的不仅仅是检查学习的效果，更多的是为了提高、促进学习。

课堂上，学生非常随意，只要学生愿意，他可以站，可以坐，也可以躺到沙发上听课。甚至在小学低年级，上学的时间也是不强求的，有的早上8点到校，有的上午9点到校。

义务教育阶段，学生接受的知识量不多，他们也很少参加所谓的兴趣班。街面上，没有托管机构，没有兴趣培训班。教师和家长更看重的是读书。芬兰

---

① 陶行知：《陶行知文集》，南京：江苏教育出版社，2001年。

是个全民读书的国家，"活到老，学到老"的观念深入人心。因而，告诉学生如何学习、怎样学习，让学生养成读书的习惯，自己愿意读，这才是重要的。

2. "做中学"

为了满足时代的新需求，培养学生的创新精神，"教师应打破学科之间的界限，加强学科之间的整合，将学生引入更宽广的教育领域"[1]。芬兰一直致力于淡化学科界限，强调跨学科学习，注重思维训练，着力培养动手能力和实践技能，以培养全能型人才为目标。课程设置体现了跨学科、全融合、无边界的特征，以人的技能培养、适应未来社会需要为宗旨。其体现的教学理念是"玩中学""做中学"。中国现代幼教事业的拓荒者孙铭勋倡导教、学、做合一，引导儿童动脑、动手、动口、动脚，在做中学、学中做，自然愉悦地学习。[2]这在芬兰的中小学课堂上体现得淋漓尽致。

在芬兰，注重实践操作的技能类课程占有很大比例。木工课和家政课是小学和初中阶段的两门必修课，是学生最喜爱的两门课，这两个课室也是学校投入最大的课室。木工课室内有各种劳动工具，俨然一个木材加工厂。家政课室内有洗衣机等各类生活用品。而学生就是这些劳动工具和生活用品的使用者。

语言类课程也是备受重视的课程。芬兰的国家核心课程标准规定学生要学习的语言超过8种，每名学生至少要学习除母语外的2种外语。在坦佩雷Vuores学校的一、二、三年级，每6个星期就学一门语言，在学生接触8种语言后，四年级时就要选择2种语言作为必修。语言类课程的教学方式基本上是以说为主，知道简单的会话即可，并不注重语法和书写。在芬兰的中小学校，我们见到了不少来自中国的学生，除了芬兰语和瑞典语两门母语外，他们还能操着流利的英语与我们交流。

在学校参观时，我们惊叹于芬兰学生的动手能力。如小学一年级学生利用废旧光盘制作的非常精致的艺术品，小学三年级的学生自己织的棉袜，小学四年级学生用木头制作的小木屋，初一学生自己缝制的仿古衣服、自己设计制

---

[1] 卢乃桂，王夫艳：《当代中国教师教育改革与教师专业身份之重建》，载《教育研究》，2009（4）：55—60页。

[2] 李莹：《孙铭勋乡村幼稚教育实践与儿童文学教学》，载《教育与教学研究》，2010（10）：33—36页。

作的巧克力饼和芬兰米糕，还有各年龄段学生的绘画作品、海报等。芬兰的中小学没有信息课或电脑课，但用电脑收集资料、制作音效、MV、PPT却人人都会。据介绍，芬兰人，不管男女，都会做木工、缝纫，家里出现一些小问题都能自己解决，这与学生在校所学到的这些知识是分不开的。

在赫尔辛基Kaita Lukia艺术高中，学校内到处都是学生的艺术作品，绘画、手工制品、摄影等，非常精美、漂亮。学校与许多企业都有联系，因此，学校艺术课程的设置与企业的需求是一致的，或者说是按照企业的需要来量身定做的。学校不少作业就是帮助企业设计Logo、成果样式、产品介绍、海报，甚至设计邮票等。这能让学生尽早地接触社会，学以致用。

芬兰基础教育课程改革及其启示①

芬兰教育改革从未停止。坦佩雷市政府负责经济文化发展的高级顾问Pekka先生告诉我们，从20世纪60年代初期到80年代中期，芬兰进行了教育公平与质量改革，主要包括学校体系、课程体系、教师培训与教育等；从80年代中期开始，新自由主义、教育放权、注重教育效益、市场化介入、国际化等陆续进入教育领域；进入21世纪以后，芬兰的教育改革主要侧重于教育发展方向、培养目标及课程标准。为此，芬兰共进行了5轮课改。第三轮是1994年，第四轮是2004年，第五轮是2014年，基本上是每10年左右就修改一次国家核心课程标准。

芬兰最新一轮的课程改革始于2012年新课程大纲的制定，课程大纲从起草、编写、出台、实施、管理、评估、修改和完善等，都有一套比较完善和成熟的流程和模式，体现了芬兰教育的特色。

一、多级架构的立体课程

从2012年开始，芬兰启动了新课程大纲的编订。当时，组织了300多人参与，其中相当一部分是中小学教师。"把教师当专家是芬兰制定课程大纲的亮点。"坦佩雷应用科技大学教育培训专家Riitta女士这样告诉我们。历时两年，到2014年，小学一至六年级的新课程大纲正式公布。在此基础上，各地又用两年时间相继制定本区域的地方课程大纲。2017年出台了七年级课程大纲，2018年和2019年出台了八、九年级的课程大纲。整个义务教育阶段课程大纲的编订从2012到2019年，历时8年，并且从低年级开始，按照教学规律和学生认

---

① 本文发表于广东教育杂志《师道》（人文）2019年第2期。

知水平，逐步往上一级一级地制定。

芬兰国家课程大纲主要回答了"是什么"的问题，从宏观层面提出一些基本原则，颇具"弹性"，留有很大的空间，这就形成了国家课程体系。国家课程大纲又叫"核心课程标准"，它决定着国家教育发展的大政方针，保障了芬兰教育的逐步发展和完善。国家课程大纲被写进了教育法，属于法律的一部分，遵守课程大纲的这种观念演变为人们的守法意识。各地根据国家课程大纲制定当地的课程大纲，会增加一些有地方特色的内容，充分挖掘和利用当地的资源，如语言、科技、人力、环境等。地方课程大纲主要回答了"怎么教"的问题，体现了国家课程大纲的细化、区域化，并填补了国家课程大纲的一些空白，充分体现了地方的自主性和灵活性。地方课程大纲更多的是建议，并非法律，这就形成了地方特色课程。地方课程大纲在很大程度上影响着各地的教育发展和人才培养。在国家和地方课程大纲的基础上，各个学校制定自己的课程大纲。这个大纲更多的是从操作的层面回答了"怎么实施"的问题。各个学校要根据本校的师资力量、学生状况、教学现状、社区资源、区域特征等制定出具体可行的操作方案。学校的课程体系中增加了大量的跨学科课程、综合实践课程，注重培养学生运用综合知识解决问题的能力和动手的实践操作能力。最为重要的变化是，各校会增加很多户外活动课程。学校课程大纲体现了校长的办学思想和学校的愿景，这就形成了学校特色课程，为学校的持续发展和良好声誉奠定了基础。

这样，从上到下，"三级课程大纲"演绎为三级课程体系，它们之间是包含、补充、拓展和完善的关系，构成一个非常庞大的课程系统。国家规定基本课程，地方和学校对课程设置、课时安排等具有一定的决定权，教师拥有教材选择权，学生也可选择科目。这样，国家规划核心课程，并赋权地方、赋权学校、赋权教师、赋权学生。

二、面向未来的横贯设计

"不能用昨天的办法解决明天的问题"，这是芬兰制定课程大纲的基本理念。他们认为，随着经济社会的发展，人们的认知能力、知识水平、处理问题的方式也会相应地发生变化。"今天"的孩子与"昨天"的孩子已不一样，所以必须要适时进行教育改革。为此，芬兰在对整个社会产业发展状况、演变趋势、人才结构进行广泛调研的基础上，形成了"面向21世纪的技能"，如批判性思考并做鉴定，解决复杂与多学科的开放性问题，创新与创业思维，交流与合作，创新性地使用知识、知讯和机会，监理财务、健康和市民的责任等。这些技能体现了思维的批判性与创新性，视野的开放性与兼容性，技能的多样性与复杂性，工作的自主性与合作性等，涵盖了未来社会发展对人才的各种需求。而这也成为芬兰课程大纲制定的基本依据和人才培养的主要目标。

基于此，芬兰的课程设置体现了跨学科、全融合、无边界的特征，力求打破学科之间的界限，加强学科之间的整合交融，培养实践技能，将学生引入更宽广的教育领域，以适应未来社会需要。

从课程设计来看，义务教育阶段，芬兰学校开设的课程总数是222门。这些课程中语言类课程摆在首要位置。国家核心课程标准规定学生要学习的语言超过8种，每名学生至少要学习除母语（芬兰语和瑞典语）外的2种外语。其次是技能类课程，如家政、木工、烹饪、绘画、美术、音乐等，让学生在"做"中学会幸福生活的种种实践知识。再次是人文类课程，如文学、历史、社会学、公民教育、伦理与道德、社会与健康等。而自然科学方面的课程，如数学、物理、化学、生物等，也会开设，但课时并不多。义务教育阶段，几乎没有信息、电脑等课程，学校甚至没有信息技术课室，但几乎所有教师、学生的信息运用能力都很强，而且与各学科深度融合。小学低年级学生就学习了编程基础，小学高年级开始，编程就融入了学科教学。在赫尔辛基埃斯波国际学校的一节小学五年级历史课中，学生分组通过编程的方式完成历史作业。

很显然，重视人文课程是希望帮助学生形成正确的人生价值观，重视技能类课程是希望学生能够成长为具有社会适应力的国民，并为其可持续发展铺平道路。

下面是一个8岁才从国内到芬兰坦佩雷和万达学校的初一学生给我们提供的他当周的课程表。每周的课程都会有一点变化，每个人的课程也会有所不同。因为他芬兰语基础差，所以学校特地为他安排了较多的芬兰语课程。其他学生芬兰语课程少，相应地会增加另外一些课程。这个课程表充分体现了芬兰课程设置的上述特点。

表3-1　一位芬兰初一学生的当周课程情况

时间	课程情况
周一	3节手工、1节芬兰语、1节历史、2节音乐
周二	1节数学、3节家政、1节宗教、2节画画
周三	1节英语、1节芬兰语、1节数学、1节化学、2节运动
周四	1节芬兰语、1节数学、1节瑞典语、1节英语
周五	1节芬兰语、2节生物、1节社会与健康、1节历史

从教学实践来看，中小学校的教学课程更加强调不同学科间的交叉和互动，倡导跨学科学习，主题式的"现象教学"受到推崇。所谓"现象教学"，就是学校提供几个与社会生活密切相关的社会现象，由学生通过这些现象确定主题，团队集体"做研究"，包括研究内容，研究方法，涉及学科、组织与评价等。一个社会现象往往涉及多个学科，涵盖的知识丰富，需要学生多角度思考、大范围协调、全方位解决。"现象教学"有助于打破学科间的界限，突破单一学科教学的单线思维的束缚。"现象教学"往往把学生"打包"在一起，大家必须"抱团"集体行动，有助于团队行动和合作学习。"现象教学"的过程以问题为驱动，多学科协同，人人都是主人，有效地激发了学生的内驱力，极大地提高了学生的积极性。这个过程既能较好地培养学生动脑的"软"技能，也能培养学生动手的"硬"技能。

教育是关乎未来的，而学生才是未来。芬兰的课程设置就是为未来培养人才的。

三、基于信任的自主实施

学校的课程实施由校长"全权"负责。每学年初校长要制订学校的教育计划，包括学校发展愿景、课程设置、课室安排、教师安排、课表编制、公用场室的分配、教育资源的利用、校外活动的开展和具体的实施策略等。在学校的教育计划框架内，每个教师都会有个人的年度发展规划，这个规划是学校教育计划的重要组成部分。

教师个人发展规划的制定分为三步：一是教师自我评估。教师根据自己的情况，在国家核心课程标准、地方课程大纲和学校教育计划的前提下，独自或团队合作形成基本的思路和方案。二是校长谈话。一般在每学年的开学阶段，校长会与全校所有教师进行"一对一"谈话。谈话是在非常平等、友好的氛围中进行的。校长并不关心教师过去工作的好坏、成绩的优劣，即使犯错也不会被重新提起，更多的是听取教师未来一年的教育愿景、教育计划、教育需求等。当教师的需求符合学校教育计划时，校长会给予支持，会承诺在适当的时候安排一些专门培训。如果教师的需求超越了学校的教育计划，校长会否决，并建议教师修改或作为自己的业余工作。三是确立与实施。与校长谈话后，教师修改、完善自己的发展规划，然后递交给校长，校长会把全部教师的个人发展规划列入学校教育计划之中，并向社会公布。任何时候，家长或社区成员需要查阅时，校长都会提供。在个人发展规划制定以后，教师就会按照这个规划从事自己的教育工作。教师个人发展规划是达成学校愿景的重要途径，是教师对学校教育所做的承诺，是校长与教师互信的产物，也是教师个人专业成长、永不落伍的根本保证。

新课程大纲赋予教师更大的自由权：只要遵循三级课程大纲，教师可以选择教材或者自编教材，可以自己安排教学内容、教学方式、教学流程、学习方式、学习地点、学习场景等。实际上，很多教师上课时并不使用教材，而是想方设法寻找各种教学资源以达成课程目标的要求。在教学行为上，教师间的团队教学越来越流行，如有人负责备课、有人负责组织、有人负责活动等。校长不能随意"辞退"教师，除非在课堂上呼呼大睡、经常缺课、性骚扰等。校长对教师的这种信任能够充分激发教师的责任感和积极性。

学校一切工作以学生为核心，以学习为目标，教师只是学生学习过程中的一种资源。教师的教学方法必须满足学生的要求，必须适应时代的需要。校长充分利用教师资源，实现学校的愿景，以帮助学生健康、快乐成长。在芬兰，社会信任学校、政府信任校长、校长信任教师、家长信任教师、教师信任学生，整个社会形成了一个"绝对信任的循环圈"。这个循环圈体现了合作、公开与公正、责任感，反映的是文化上的平等。正是这个"循环圈"支撑着芬兰教育的良性发展，这是芬兰教育最为独特之处。

四、立足学习的多样评价

好的课程还需要好的评价。当前，国际通用的评估类别有三种：基于效果的评价，基于提高的评价，基于学习的评价。芬兰的所有评价都是基于学习的。

上级部门从不监督、问责学校，也不过问具体的教学事务。对学校的评价是由国家教育管理委员会组织第三方机构进行的，往往采用抽样的方式，针对部分学生进行评价。评价的数据仅供政府参考，作为政府为学校提供服务的基础数据。地方政府也会进行评价，结果用于财政拨款和区域教育均衡。在绩效拨款方面，往往更侧重评价相对较低的学校。评价结果不好，说明这个学校可能有更多需要支持的学生，学校还存在着较多的问题，这就更需要政府的帮助。评价结果较好的学校，说明一切工作运行顺畅，只要继续保持就行了，无须得到帮助。所有的评价结果只告诉学校，各校之间彼此并不知道对方的情况，政府部门也不会按绩效评价而对学校进行排名等。

对教师基本上是没有评价的。一方面，教师选拔非常严格，申请师范资格的录取比例大约只有10%左右，所有中小学教师均是硕士学位，他们有非常高的职业素养和专业水准，校长对教师充分信任。另一方面，教师所有活动都必须遵守国家核心课程标准，而国家核心课程标准成了法律，守法是每个公民的基本要求。在学校，没有所谓的班级成绩排队、没有职称评定，教师没有"好""坏"之分。校长绝不会到课堂中去监督、检查，学校没有监督问责机制，不会对教师进行考核和评价。

对学生的评价始终是积极的、阳光的，是支持学生发展的。评价的途径包括学生自我评价、师生对话、教师和家长对话、教师和校长对话、考试等方式。每年结束时，学校都会给学生一个口头或书面的评价报告，有时是以文字的形式呈现，有时会以4～10分的数字形式呈现。芬兰要求利用评价反映学生是否达到既定目标，以及对知识的掌握程度与课程要求上的差距，以指导和鼓励学生，尽量避免学生之间的相互比较。

表3-2　坦佩雷Vuoreksen小学一年级学生的评估表

项目＼评价	☀	⛅	☁	🌧
能集中精力				
能承担责任，完成任务				
能照看好自己的财物				
能独立完成家庭作业				
想独立表达观点前能询问				

项目＼评价	☀	⛅	☁	🌧
不影响、打扰别人				
能与朋友友好相处				
能参与课堂活动				
能参加团队活动				
有良好的习惯				
能安静午睡				
课间休息时能快速到室外				

　　这个评价表的内容充分考虑了小学低年级学生的成长规律和学习能力，它更多的是强调个性独立、责任意识、合作学习、集体参与等习惯的养成。评价结论是晴、多云、阴、雨等非常形象的描述。具体操作程序是：首先，让学生自己对自己进行评价，学生会在相应的空格中打上"√"。其次，教师会与学生一起逐项进行评价，譬如某一项学生自己记了"晴"，教师会举事例说明这一项学生做得还不够好，建议记成"阴"。再次，教师会和家长逐项核实，形成一个评价意见。有时教师还会和校长一起讨论。最后，在评价表的下面，学生、家长、教师、校长分别签名，就形成了一个正式的评价结论，存于学校成长档案中。

　　对学生的评价是持续性、日常性的，并不是学年末才进行，它会在日常学习中经常出现。学生通过这种评价，也能从中不断反省、检查自己，因而评价本身就是一个学习的过程。

　　教育理念决定课程标准，课程标准引领教育行为，教育行为制约授课方式，授课方式影响教学效果。国家顶层依法决策，地方政府强力支持，社会各界竭力服务，中小学校具体实施，全体教师精准施教。一幅信任、全纳、公正、平等的面向未来的"教育图景"就是这样被打造出来了。

芬兰教师是怎样炼成的

芬兰教师"武艺"精湛。所有中小学教师都拥有硕士学位，全科教师，科科精通；学科教师，能任教两门学科，并精通信息技术。因为芬兰教学设施一流，电脑教学、上机考试很普及，包括高考也是在电脑上完成的。芬兰教师"操守"高尚。教师能平等地关爱每一个学生，能自觉地践行教师规范，家长、学生及整个社会对教师都非常信任。芬兰教师"自主"决断。芬兰教师有很大的自主权。教师一旦入职就意味着"铁饭碗"，不会被随意解雇；校长不会对教师进行考核和评价，没有监督问责制；在遵循教学大纲的前提下，教师可以自主选用教材、自由决定教学方式、自己安排教学流程，几乎所有的教育教学活动都可以自己支配。

尽管芬兰教师的工资并不高，但教师受人尊敬。澳大利亚《悉尼先驱晨报》称，芬兰教师在薪酬上虽然没有优势，但多年来，职业声望在民意调查中排名第一。在芬兰，教师是最受尊敬的职业，小学教师是最受欢迎的职业。但在芬兰，要想成为一名中小学教师，却不是一件那么容易的事。

一、选拔过程严格——优中选优

芬兰完成九年义务教育阶段后，有两个选择：学术高中或职业高中。学术高中毕业后可以申请中小学师范生资格。但名额很少，师范生录取比例大约为9%。2016年赫尔辛基有120个小学教师名额，申请者达到1700多人。因而，师范生申请者必须首先自身非常优秀。

师范生选拔制度非常残酷。选拔途径有两个，一是高中毕业生申请师范生资格。申请者有两种选择：小学的全科教师和中学的学科教师。全科教师先参加全国统一组织的标准化测试，成绩优异者才能进入招生大学组织的专业能力测试，两项成绩优秀者进入面试，再由招生学校决定取舍。学科教师的录取由大学的相关专业院校根据专业情况决定录取。高中毕业生申请师范生的数量在所有师范生中占比较多。二是本科毕业生申请教师资格。所有大学在读的本科学生在本科学习后期都可以申请教师资格。大学的教育学院会考核其专业成绩，优秀者进入面试。面试者要陈述申报动机、对教师职业的认识、个人个性特点与教师职业的吻合度等。在此基础上，教育学院综合各方面的情况选择符合要求的学生。两条途径都非常注重学生的学术潜力，因而，芬兰的师范生群体往往意味着学术能力一流，堪称精英。这样层层选拔出来的学生往往对教育怀有深厚的感情、强烈的责任心和较高的学术素养。

在坦佩雷大学师范学院附属学校，为我们做介绍的是一个8岁才来到芬兰的中国孩子，现为高一学生。他告诉我们，他想申请某大学（芬兰名气较大的一所学校）的中学体育教师的资格。他打算从高二年级开始，就有计划地为报考做一系列的准备。我们问他把握有多大，他说难度很大，但他会努力，若第一年申请不上，第二年可以再继续申请。

二、培养制度规范——联合培养

芬兰没有专门的师范类大学，师范生的培养都是在综合类大学中进行的，全国设有教育学院的大学共9所。师范生入校后，由综合性大学的专业学院与师范学院联合培养，共分为两段：

前3～4年在综合性大学的专业学院与非师范生一起进行专业学习。专业知识的要求与其他学生是完全一致的，要完成规定的学分，参加相应学科设计和毕业论文。通过几年的学习，这些学生已经具有较高的学术素养和较强的专业能力。

后2～3年在综合性大学的教育学院进行教学方面的知识与能力培训，要完成教育专业学生所学的所有课程，完成规定的学分和毕业论文。

这样，一个师范学生从入校到毕业需要花5～7年。联合培养使师范毕业生学科知识与教育知识兼有、专业技能与教育技能兼备、学术发展与师范发展兼得。因而，芬兰教师往往都能进行学术研究。

在赫尔辛基艺术高中，给我们当翻译的是一位来自新疆的维吾尔族女教师，她是学校的美术教师，同时也是一位建筑设计师。据介绍，这样的教师在芬兰是很普遍的。

三、教育实践严格——千锤百炼

芬兰的师范生培养并不仅是在大学里完成，还要到师范培训学校接受相关的实践培训。一般有师范生的综合性大学都有附属中小学校，这些学校除了正常的教学任务外，还要帮助培训师范生的实践技能。

师范生在学习期间，按规定要进行4～5次的教学实践活动。第一次教学实践活动是在师范教育第一年进行。师范生进入培训学校，主要任务是听课、研修和小组讨论。一个学期以后进行第二次教学实践活动，这次是在听课的基础上，小组集体备课、研讨，并在指导教师的帮助下，可以有少量上课的实践机会，在实践中逐渐学会用学科思维来对待教学。第二或第三年要进行第三次教学实践活动，这时会安排两位指导教师，要求师范生听指导教师的课7节以上，与指导教师进行交流与对话，并在指导教师的帮助下，独立上课14节以上。一个学期以后，还有一次教学实践活动，这次会有3个指导教师，须上课18节以上。指导教师会全方位跟进，会对学生进行教学技能和教学实践能力的评价。

师范生在教育实践活动中，必须完成一个教学研究项目，主要是反思类的，要求理论与实践相结合，对自己的教学实践进行反思，查找问题，解决问题。

我们参观的坦佩雷大学师范学院附属学校就是一所师范技能培训学校。在学校的各学段中，每个学期都有来自教育学院的实习学生。我们在与该校学生的聊天中发现，他们并不是特别喜欢来自教育学院的实习生，这与我们国内学校实习生普遍受到学生欢迎的情况完全不一样。因为他们的实习生会带着一些研究项目来校，相应地会增加学生的负担。由此可见，实习生面临的任务和压力是很大的。

四、职后培训常态——立法规范

芬兰教师必须参加职后培训，这个被写入了"三级课程大纲"（国家课程大纲、地方课程大纲和学校教育计划），而国家课程大纲属于教师法的组成部分。也就是说，芬兰教师参加职后培训是法律的规定，必须履行。

芬兰教师培训可以分为三类：一是国家提供的培训。芬兰法律规定，中小学教师每年必须参加3天免费的义务培训，内容一般是关于课程大纲解读与实施、教育理论与方法等的。这个培训一般在学期中间，可能在休息日，也可能在工作日，各地情况不一。二是学校或区域教师工会组织的培训。这种培训，往往根据当地教育实际情况而定，更多的是关于区域教育协调发展和教育教学行为方面的。三是教师个人在学校教育计划框架内的"进阶"或"提升"培训。每学年开始之时，校长会听取每一个教师自己的专业发展规划。如果这些规划与学校教育计划相符，有利于学校愿景的实现，那么校长会给予支持，必要的时候会安排教师参加相应的培训。这三种类型的培训，都由相应的教育机构组织和实施，往往采取小组合作、任务驱动的方式进行。

芬兰的所有教师对教育培训充满热情，都乐意参加，不管是周末还是假期，他们都会积极参与。每学年，校长都会要求教师填写培训经历。

在芬兰，教师职后培训既是法律规定的强制性行为，也是教师自觉、自愿的职业提升行为，是永葆教师教育热情和教育技能的重要保障。

芬兰通过层层选拔、联合培养、严格实践、规范培训等方式，确保有一支有满腔热情、有专业素养、有学术潜力的高素质教师队伍为中小学教育的健康、持续发展提供永久的服务。

第 四 篇

素养与课堂
——历史教学研究

精心打造有效教学的课堂生态

新的历史课程标准已经公布，新的高考改革正逐步推进，改革的趋势不可逆转。"3+1+2"的方案似乎更被普遍接受，有人说"历史"学科成为副主科，也有人说"历史"学科的春天到了。如今，"历史"学科的地位有所提升。但是不是"春天"，还取决于每个人的应对策略：一方面，积极应对，有效把握，"冬天"也会是"春天"；另一方面，消极逃避、应对乏力，"春天"也会是"冬天"。当然，新的高考制度改革对基础教育的历史教师而言，确实是个机遇。抓住机遇，迎难而上，会有一番新天地。

如何抓住机遇，措施很多，方法不一。我个人认为，坚守阵地，充分挖潜，打造出真正有效的课堂教学生态是万全之策。

一、教学有效的含义

王鉴（2006）认为，"有效教学是一种'多快好省'的教学。所谓'多'是指在单位时间里学生进步快、收获多；所谓'快'是指单位教学时间短，更主要指除了教学之外，学生还有娱乐与休息的时间，而不是将所有的时间全部投入教学或学习活动之中；所谓'好'是指教学的质量好，不是个别学生的成绩好，而是整个教学对象的成绩好；所谓'省'就是花的时间、精力与取得的成就相符合，当然，理想的结果是事半功倍"。

姚利民教授认为，有效教学有一些特征，其中最主要、最基本的特征是：正确的目标、充分的准备、科学的组织、清晰的讲解、饱满的热情、促进学生的学习、融洽的师生关系、高效的时间利用和激励了学生的学习积极性等

9个方面。①这是不分学科、不分学段的课堂有效教学的具体表现。每门学科都有其特有的内容、内在的规律和独特的价值。因而，不同的学科其教学的"有效性"会略有不同。

我认为，教学有效是指教育者在一定量的教学时间内通过多种教学方法赋予受教育者实质的、久远的、正向的影响。载体是学科知识及其价值，受众者是所有学生，这个过程具有非强制、不可逆转的特点。要达到这个目标，就需要教育者灵活地运用各种教学手段，这就是教学策略。

《普通高中历史课程标准》（2017年版）明确指出："普通高中历史课程的目标是坚持落实立德树人的根本任务。学生通过历史课程的学习，形成历史学科核心素养，得到全面发展、个性发展和持续发展。"基于此，中学历史教学必须使学科特征鲜明、凸显社会功能、突出历史主题、清晰课堂关系、服务学生。历史学科最典型的特点是时序性和逻辑性；历史学科的重要社会功能是探寻历史真相、体悟历史规律、总结历史经验、顺应历史发展趋势；历史教学的主题是立德树人，这是历史教学的课魂所在。具体来说，历史课堂的有效性包括：强调时序，突出知识延伸；重组教材，重视架构课魂；创设情境，注重引导探究；有效设问，挑战学生思维；激活内驱，激发终身学习。这样的历史课堂才会是真正有效的历史课堂。

二、历史教学应对之策

1. 有"味"——突出学科特征

"味"，指历史味，历史课堂必须要有"历史味"，否则就不是历史课。在日常的教学活动中，我们经常会看到缺乏"历史味"的历史课，主要表现在三种倾向上：一是"串门"，恣意地跨科综合，丢掉学科性，如把《辉煌灿烂的文学》上成语文课、把《美术的辉煌》上成美术课等。二是"闭门"，只有单纯的史实传授，没有系统性；只教教材，没有拓展；只顾书本，没有体系，给学生的是零碎的、片段式的、干巴巴的一堆史实。三是"砸门"，随意的胡言乱语，缺乏严肃性。内容上，道听途说、胡言乱语；教学上，不规范、不严谨。

---

① 姚利民：《论有效教学的特征》，载《当代教育论坛》，2004（11）：23–27页。

教师应做到坚守学科阵地、挖掘学科真实、凸显学科价值，只有这样，才能真正体现课堂的"历史味"。为了避免上述倾向，切实增强课堂的"历史味"，我认为可从三个方面入手。

（1）历史时空。历史学科区别于其他学科的首要之处在于历史的时空性。几乎所有的历史事件、历史人物都能通过时间和空间准确定位，互相串联起来，同时，这些事件之间又都有其内在的逻辑联系，这种逻辑关系将历史构筑成一个浩大的历史网络。这是历史学科的最大特色，也是历史教学的起点，但却是不少一线教师不关注、经常忽略之处。

以"人教版"必修一的第19课"新民主主义革命的崛起"为例。该课共涉及三件大事：五四运动、中国共产党的成立、国民大革命，从1919年延续到1927年。从时间上看，它们依次展开，按顺序进行，但彼此之间有着不可分割的联系。五四运动为中国共产党的成立奠定了思想基础、阶级基础和人才基础；中国共产党的成立及其初期活动又为国共第一次合作提供了组织基础、经验教训及共产国际的帮助和指导；国共合作促成了四大阶级联盟、工农商学兵齐参与，推动了国民大革命的到来。但由于中国共产党成立不久，经验不足，加之国民党右派的分共活动，导致大革命的失败。事事相连，环环相扣，构成了历史的纵向发展。从空间上看，新民主主义革命的崛起阶段的几件大事并不是在同一地方、同一区域开展的，而是随着时局的发展不断地发生位移。五四运动在北京兴起，后来运动中心转移到上海，中国共产党在上海成立，与此不无关系。但后来，随着南方革命势力的迅速发展，共产党的活动中心又到了广州，在这里召开了"三大"和国民党"一大"，实现了国共合作，建立了革命统一战线。随着北伐的进行，革命中心又逐渐从珠江流域转移到了长江流域，后来经历一段较长的时间后，上海又成了革命运动的中心。这种空间的位移既是区域政治、经济发展不平衡的体现，也是革命运动不断发展的反映。"新民主主义革命的崛起"知识点之间的时空关系及逻辑关系见下图。

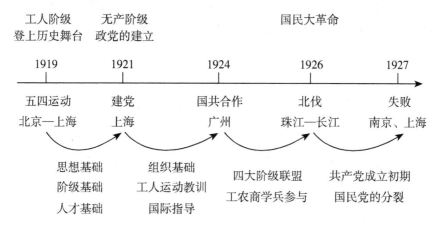

工人阶级　　无产阶级　　　　　　国民大革命
登上历史舞台　政党的建立

| 1919 | 1921 | 1924 | 1926 | 1927 |

五四运动　　建党　　　　国共合作　　　北伐　　　　失败
北京—上海　上海　　　　广州　　　　珠江—长江　南京、上海

思想基础　　组织基础　　　　　　　　　共产党成立初期
阶级基础　　工人运动教训　四大阶级联盟　国民党的分裂
人才基础　　国际指导　　　工农商学兵参与

"新民主主义革命崛起"知识点之间的时空关系及逻辑关系图

时空观念指引下的历史课堂，能让大家感受到立体的历史，只有这样才能激发起学生学习历史的兴趣。

（2）历史记忆。"历史记忆"在2018年度历史学类十大热词中排名第一。历史需要记忆，因为以史为鉴，才能更好地发展。记忆会被遗忘，很多事情我们没有记忆，这并不是我们的过错，但这并不意味着我们就不去承担责任。记忆也会被篡改，不同的时代有不同的历史记忆，学习历史就是要真实地认识历史、尽可能还原历史。这就要求我们在将历史与现实结合的同时，多视角观察历史的差异性，多层面理解历史的独特性。

例如对抗日战争期间的"文天祥记忆"的理解。

九一八事变后，民族危机日益加深。文天祥作为抗金典型人物被从历史记忆中挑选出来鼓舞社会民众，相关事迹不断被叙述和重复。社会各界为应对国难，从传统历史资源中发掘出民族英雄记忆进行社会动员。国民政府十分重视"文天祥记忆"的历史资源，利用各种方式宣传文天祥，试图唤醒和增强"文天祥记忆"，弘扬传统英雄人物精神以应对国难。冯玉祥等抗日将领以文天祥杀身成仁、抵抗强敌的历史记忆来影射国民政府不抵抗政策，国人希望出现文天祥般的人物挽救民族危亡。抗日将领宋哲元觉得文天祥的杀身成仁偏于个人英雄行为，不适合特殊时期国家利益至上的原则。"文天祥记忆"成为各种文化创作的对象与主题，通过传记的编撰、戏剧的书写、诗文的选辑、电影的拍摄等方式得以唤醒和诠释，从而达到动员抗战的目的。历史教育中也积极利用"文天祥记忆"，教科书与教学读物广泛运用和宣传文天祥的爱国精神，或选编文天祥的英雄事迹以供学习，或选录文天祥诗文以供阅读，师生们从中获得爱国情感。[①]

"文天祥记忆"与政治宣传结合在一起，同样的时代背景、相似的历史记忆、雷同的历史资源，却扮演着不尽一致的"角色"。社会各界、国民政府、抗日将领、文学创作、历史教育站在不同的立场、不同的角度有着不一样的需要和解读。这就是历史！历史课堂要允许这种"异像"的存在，不能"一言堂"，更不能"唯书""唯上"。

（3）历史价值。教育部考试中心负责人姜钢在《落实立德树人根本任务，进一步深化高考内容改革》中指出，要立足全面发展的育人目标，构建科学的考查内容。突出对核心价值、学科素养、关键能力、必备知识的考查，强化基础性、综合性、应用性、创新性的考查要求。教育部考试中心主任姜钢在《落实立德树人根本任务，进一步深化高考内容改革》中指出，新高考命题要抓住四个方面：一是强化基础性、综合性、应用性、创新性的考查要求。二是加强对学生的理想信念、爱国主义、品德修养、中华优秀传统文化、奋斗精神等方面的考查。三是加强对学生的独立思考、逻辑推理、信息加工、阅读理解和应用写作能力方面的考查。四是加强对学生审美情趣、健康意识、劳动体验等方面的考查，加强社会实践能力的考查。[②]"四个加强"中的很多内容与历史学科联系非常紧密，如理想信念、爱国主义、品德修养、中华优秀传统文化、奋斗精神等可以借助相应的历史知识、历史人物来达成；独立思考、逻辑推理、信息加工、阅读理解和应用写作能力本来就是历史学科的能力要求；审美情趣、健康意识同样可以通过挖掘历史而得以培养。

以"辛亥革命"一课为例，可以尝试着从不同的层面挖掘出其潜在的历史价值。一是立足时代潮流，找寻深远的现实意义。如《辛丑条约》签订后，民主革命运动高涨，清政府为了缓和阶级矛盾，消弭革命，开展了新政和预备立宪运动，结果反而促进了民族资本主义的发展，壮大了资产阶级革命力

[①] 郭辉，李百胜：《历史记忆与社会动员：抗战动员中的"文天祥"记忆》，载《福建论坛》（人文社会科学版），2018（6）：68-74页。

[②] 见《辽宁教育》2019年版第6期（下半月）。

量，加快了民主革命的进程。这充分说明民主革命的潮流不可阻挡，是不以人的主观意志为转移的。二是立足演变历程，体会宝贵的创新素养。如革命党人建立革命政党的实践、组织军事行动的策略、颁布资产阶级的宪法、确立民主共和的道路、建立政治制度的尝试等都体现了创新素养。三是立足反思感悟，养成求真的科学态度。如引导学生思考：武昌起义是"必然"还是"偶然"；辛亥革命是"成功"还是"失败"；孙中山让位是"理智"还是"妥协"；民国政体是"移植"还是"创新"；共和观念是"深入人心"还是"任重道远"；等等。

作为历史教师，必须明确历史教育的价值所在，充分挖掘、精准实施，在教学中有意识地渗透，使之变成自己的习惯性行动。

2. 有"魂"——呼应时代需要

"魂"即课魂，也就是主题。"主题是课堂教学的灵魂，是教师构思课堂教学设计的基本依据和根本意图，是教学目标最主要的体现。一堂课没有主题，那就是一盘散沙。缺乏主题的课堂充其量只是若干知识的简单罗列，缺乏深度、缺乏思想。"

《普通高中历史课程标准》（2017年版）明确指出："历史课程最基本和最重要的教育理念，是全面贯彻党的教育方针，切实落实立德树人的根本任务，坚持育人为本、德育为先，使历史教育成为形成和发展社会主义核心价值观的重要途径。"现行高中历史教材是以专题的形式编排的，所有单元都是按专题来设计的，课文的标题要么是专题，要么是历史概念或历史事件，主题色彩不强。为每一节课设计有明显情感倾向和价值引领的主题，有助于联系历史与现实，充分发挥"以史为鉴"的学科价值。

主题教学，即以一个主题切入教材，把相关的历史知识重新整合，构建一个新的知识专题，达到既巩固知识，又能提高学生思维能力、发展核心价值的目的。

如人教版必修一"国共十年对峙"一课，我设计的主题是"路在何方——中共的寻路历程"。全课围绕着"路"而展开，十年中，中国共产党先后探索和找到了三条道路：一是大革命失败，白色恐怖笼罩全国，共产党人通过南昌起义、八七会议、秋收起义，找到了"工农武装割据"的道路；二是"左"倾错误导致第五次反"围剿"失利，工农红军通过长征，完成了战略大转移，走上了北上抗日的道路；三是在长征初期与共产国际失去联系的背景下，中共独立自主地解决了党内长期存在的分歧和矛盾，走上了独立发展的道路。中共的三次寻路历程如下图所示。

路在何方
- 腥风血雨：路在农村井冈山
  （一次挫折：开辟农村根据地）
- 反"围剿"失利：路在抗日前方
  （二次挫折：实现战略大转移）
- 国际干预：路在自主绽放
  （走向成熟：独立地处理分歧）

教学主题的设计要紧扣时代要求、契合授课内容、关注学生感受、便于重组知识，文字简洁、表述精准、通俗易懂，同时要指向明确、引人入胜，让人过目不忘。主题确定以后，要以主题为核心对教材知识进行重组，全课要始终围绕主题来展开，切忌主题与授课内容"两张皮"的现象。

3. 有"人"—— 鲜活历史内容

"历史学是一门'人学'，因'人'有史，由史成'人'。历史的主体是人，历史活动离不开历史人物。缺少历史人物的历史课，往往是空洞乏味的。历史课堂教学在关注'事'的同时，更要关注'事'背后的'人'，以历史的'人情味'唤醒孩子心灵中的人情味。"[1]教育的终极目标是人，作为人文学科的历史教育，更应关注人。历史教学要关注三个"人"：历史上的人、课堂中的人、生活中的人，力求做到让"历史上的人"影响"课堂中的人"，成就"生活中的人"。

但现实的课堂中，历史教师关注较多的是历史事件、历史概念，没有或者较少注意到历史人物，这样传递给学生的历史知识是"死"的，缺乏灵气，难以使学生产生心理上的共鸣和情感上的影响。

如"新民主主义的崛起"一课，教材对五四运动着墨颇多，但历史场景仅仅是点到为止，历史人物更是缺失，上课时有必要增加一些"人"的因素。

---

[1] 何林东：《寻"人"启"事"——从学生的角度闲话教学》，载《中学历史教学参考》，2018（16）：44-45页。

这个"人"可以是大人物，也可以是小人物，还可以是人物群体。如北京的游行学生，他们强烈抗议协约国对中国主权的践踏，反对临时政府的卖国行径，提出了一系列合理、正义的要求，他们的行为无疑是爱国的，但在"爱国"的名义下，他们情绪失控，也做出了不该做的事情，如"火烧赵家楼""痛打章宗祥"。很明显，这是违法的。无怪乎当时北大讲师梁漱溟在《论学生事件》中说："纵然曹章罪大恶极，在罪名未成立时，他仍有他的自由。我们纵然是爱国急公的行为，也不能侵犯他，加暴行于他……绝不能说我们所做的都对，就犯法也可以使得。"他主张对火烧赵家楼的学生第一要提起公诉，不公诉不足以维持民国初年刚建立的法治；第二要当庭特赦，不特赦不足以维护学生的爱国热情。鲜活的事例形象地告诉学生"理性爱国"的道理。

又如"古代中国的发明与发现"一课，几乎都是历史事实，很少出现历史人物。我在上课时增加了如下一段史料，并设计了一个问题。

李约瑟在《文明的滴定》中欣赏的两个发明家：

耿洵，原是岭南县令的随从，后加入南方某部落，领导叛乱，挫败后被停。王世绩将军知道他有技术就救了他，收为家奴。耿洵得到时任皇家天文师高智宝的指导，制作了一个通过水力连续运转的浑天仪。后来，皇帝使之为官奴，安排在太史监工作。

马钧，三国时最优秀的机械制造家，被称为"天下之名巧"，喜欢思索，善于动脑，注重实践，勤于动手，尤其喜欢钻研机械。马钧长期住在乡间，关心生产工具的改革，在农业、手工业方面有很多发明创造，但由于封建统治阶级腐败没落，马钧的许多发明创造没有得到重视。

根据材料，概述古代中国发明家的共性，由此概括古代科技的基本特点。

从这两个小人物的身上，我们可以看出中国古代发明家的一些共同特性，由人物联系到发明，由发明延伸到传统科技。因而，两个人物的引入增添了课堂的活力，激发了学生的兴趣；这个材料的使用引申出了"古代传统科技的特点"这一知识要点，一举两得，何乐而不为呢？

课堂教学必须立足于学生实际，关注学生的感受，如：课堂的教学组织要能激发学生兴趣；开发的教学资源要适合学生实际；设计的教学流程要符合学生发展。教学切不可急功近利，课堂上要做到"三忌"：忌堆砌史实，加重学生负担——忙于记笔记，雾里看花；忌乾纲独揽，完全忽视学生——无的放矢，不着边际；忌题海战术，授课变成做题——累死学生，效率低下。

4.有"境"——创设历史情境

历史课传授的都是已经过去的事物，具有不可逆转性，不可能再现、重演。这就要求教师从学生实际出发，巧妙处理教材内容，创设历史情境，让学生在身临其境、心感其情的状态下主动得到知识。情感体验的最好方法是借助相关资料，还原历史场景，创设历史情境，最大可能地重构鲜活的历史，引领学生穿越到当时的历史时空中，带学生"神入"历史，理解历史。

对浩如烟海的史料，教师必须进行甄别和选择，并不是所有的史料都适用于课堂，都适合学生，教师应该参照课程标准，根据学生需要和教学内容进行选择。所有选用的史料必须充分发挥价值，或增强情感体验，或拓展教材内容，或修正教材观点，或培养思维能力，或激发学生兴趣。譬如，人教版必修一"辛亥革命"一课，在课程导入时可用以下两首国歌歌词的材料：

清末国歌：巩金瓯，承天帱，民物欣凫藻，喜同胞，清时幸遭。真熙皞，帝国苍穹保，天高高，海滔滔。（严复作词，乐曲为康乾年间的皇家颂歌）

民国初年国歌：亚东开发中华早，揖美追欧，旧邦新造。飘扬五色旗，民国荣光，锦绣河山普照。我同胞，鼓舞文明，世界和平永保。（沈恩孚作词，沈彭年作曲）

可根据两首歌词体现的历史信息的不同，指出中国历史发展的趋势。

第一首国歌于1911年10月4日由宣统皇帝批谕，第二首国歌于1912年2月25日由临时政府公布。虽然时隔不久，但两首国歌的内容、基调、意境和表达出来的思想情感和价值观念是完全不同的。"巩金瓯"是对近代主权沦丧的讽刺，"民物欣凫藻"是对人民水深火热生活的嘲笑，面对人民革命运动的迅猛发展，奄奄一息的清王朝仍在粉饰太平、自欺欺人，企求封建帝国万世永保。不到半年时间，人们创作了新的国歌，新的国歌则体现了革命党人"揖美追欧""旧邦新造"的决心和激扬"民国荣光"、保护"世界和平"的愿望。通过两首国歌的对比，我们可以明显感受到中国社会的巨变：从维护帝国到建设民国，从宣扬皇权到歌颂民权，从国内建设到世界和平，从封闭保守到融入世界，这是历史发展的大势，不可逆转。材料中还有一个信息也要引起注意，清末的国歌是由严复作词。严复是清末极具影响的资产阶级启蒙思想家、翻译家和教育家，是中国近代史上向西方国家寻找真理的"先进的中国人"之一，但此刻，他反对革命共和。了解严复思想的复杂性，可为下一步学习近代思想埋下伏笔，也能让学生感受到历史人物的复杂性。

5. 有"思"——培养思维能力

《普通高中历史课程标准》（2017年版）要求"学生通过高中历史课程的学习，进一步拓展历史视野，发展历史思维，提高历史学科核心素养""为未来的学习、工作与生活打下基础"。历史思维能力是学习和研究历史的基本能力要求，它包括辩证思维能力、扩散思维能力、创造思维能力、逆向思维能力、形象思维能力等。其中扩散思维能力和逆向思维能力是极为重要的学科能力。

扩散思维，又称"发散思维"或"多向思维"，是创造性思维的一种基本形式，也是历史学习必备的一种重要能力。顾名思义，就是从同一点出发，向不同的方向延伸，从单个到多个，从单向到多向，从平面到立体。美国心理学家吉尔福特（J.P.Guilford）认为："扩散性思维是指从给定的信息中产生信息，其着重点是从同一来源中产生各种各样的为数众多的输出。"

如从"新民主主义革命"这一概念出发，向外延伸可以联想到它的起点——五四运动和它的领导组织——中国共产党，也可以联想到与它并行的概念——旧民主主义革命、社会主义革命等，这就构成了知识"一环"。再往外延伸，由五四运动联想到巴黎和会，由中国共产党联想到共产国际，由旧民主主义革命联想到辛亥革命，由社会主义革命联想到三大民主制度，这就构成了知识"二环"。再往外，形成"三环""四环"……这样，就建立起一个庞大的知识网络体系，所有的知识都能在这个体系中找到其落脚点。这就是扩散性思维的奇妙之处。

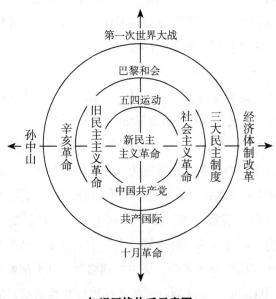

知识网络体系示意图

逆向思维能力，又称"批判性思维能力"。不少学生受到既定知识的影响，受到现有思维的束缚，受到周边环境的限制，往往"逆来顺受"，惯常接受，没有怀疑，也没有想过说"不"。

在"古代中国的发明和发现"一课中，我曾经两次抛出逆向思维的问题，引导学生思考。但在教学中发现，这种思维确实是当今学生最为缺乏的一种学科能力，要培养学生这种能力任重而道远。

如果诺贝尔奖在中国的古代已经设立，各项奖金的得主，就会毫无争议地全都属于中国人。

——［美］坦普尔《中国：发明创造的国度》

你赞同坦普尔的观点吗？

我把这个问题抛出后，学生的观点呈现出"一边倒"的情况，几乎没有人反对。一方面，中国古代科技长期领先于世界，达到了西方国家望尘莫及的水平；另一方面，这又是美国人说的，很明显是对中国古代科技的充分肯定。但我告诉学生：我不同意。我的观点一抛出，一部分学生马上反应过来了。他们说，古代中国科技几乎都是实用的、经验的，缺乏理论概括和规律总结，不符合诺贝尔奖的授奖条件。这就直接引发了一个问题：中国古代传统科技与近代科技有何不同？

江晓原《科学外史》中的两个小故事。

故事1：1952年，郭沫若请中科院物理研究所制作一具司南并把它作为访苏礼物，谁知用天然磁石制作的司南无论如何都无法指南，因为天然磁石的磁力远不足以克服磁勺和底盘之间的摩擦力。最后只好用电磁线圈给磁勺充磁，它才能够指南。虽然这具司南还是被作为礼物送给了苏联，但战国或汉代当然不可能有充磁的电磁线圈。

故事2：2001年6月，联合国教科文组织认定，在韩国发现的《白云和尚抄录佛祖直指心体要节》（印刷于1377年）为世界最古老的金属活字印刷品。

上面两则小故事说明了什么问题？由此你认为应该如何看待古代的传统科技？

很多学生对第一个小故事的解释是：古人制作司南的技术没有传承下来。对第二个小故事的解释是：韩国剽窃了中国的技术。可见，我们的学生对古代传统科技是何等的自豪和骄傲，根本没有正视这两个小故事所反映的现实问题。在引导学生逆向思考后，我告诉他们：过分拔高古代科技成就的狭隘民族主义与刻意贬低古代科技成就的民族虚无主义是同样有害的。

基于核心素养的历史课堂教学设计①

历史学科核心素养的提出，对中学历史教师最大的挑战就是不能再单纯地从历史学科的角度来理解历史教育，而必须从人的素养提升的角度来理解。简单来说，就是为学生的素养而教，而不是为了历史学科而教。这意味着历史教师在观念上、思维方式上和操作方法上都会发生非常重大的改变。但目前，核心素养与历史课堂关联的现状存在着一些问题：一是无视素养，依然我行我素——"玩是玩，笑是笑"；二是素养至上，忽视教学规律——"言必称希腊"；三是生搬硬套，曲解素养本意——"云深不知处"。如何将历史学科核心素养与课堂教学有机地结合起来，进行全面有机的渗透，笔者以"辛亥革命"一课为例进行探讨。

一、教学设计要以"德"为魂，实现价值引领

1. 必要性

党的十九大报告中明确提出："要全面贯彻党的教育方针，落实立德树人根本任务，发展素质教育，推进教育公平，培养德智体美全面发展的社会主义建设者和接班人。"教育部考试中心主任姜钢2017年10月17日强调："以立德树人为引领，在坚持不懈培育和弘扬社会主义核心价值观，传承和发扬中华优秀传统文化，助力实现'四个正确认识'上下功夫，进一步强化、凸显了高考的思想教育和价值引领作用。"②

---

① 本文为2018年4月12日作者在广州大学为广州市第三批历史骨干教师授课的内容，有删减。

② 姜钢：《全面落实立德树人要求，深化高考考试内容改革》，载中华人民共和国教育部网站，2017年10月17日。

《普通高中课程方案》（2017年版）中指出："坚持正确的政治方向"，"培育和践行社会主义核心价值观的基本内容和要求，继承和弘扬中华优秀传统文化、革命文化，发展社会主义先进文化"，"培育良好政治素质、道德品质和健全人格"。

高考评价体系"一核四层四翼"回答了为什么考、考什么、怎么考的问题。其中"考什么"强调必备知识、关键能力、学科素养、核心价值。其核心价值就是"魂"，是全课的"中心"，是统领一节课的灵魂，也是一节课应该达成的根本目标。课堂上教学目标的确定、教学资源的应用、教学情境的创设、教学问题的设计、教学方法的选取、教学活动的开展等，都应围绕这一"中心"。

一节课，必须有一个灵魂，这是名教师长期教学的经验。李惠军老师说："富有价值的历史感必然是深沉的，深沉的历史感是一种深刻的感知和厚重的理念。好的历史课一定要有灵魂。灵魂是历史课堂智慧的精髓，只有在这个灵魂的驱使下，历史才有深度力量，才有神韵风采。"[1]历史课堂必须有灵魂，否则这节课就没有历史味。

2. 如何准确把握"德"，从而准确确立核心价值？

"德"作为课堂的核心价值，应该符合教育发展要求、符合社会现实需要、符合学生认知规律，同时，必须来源于教学内容，与教材紧密相连。例如，"辛亥革命"一课可从以下五个方面进行思考：

（1）立足课程内容，挖掘潜在的历史价值。如辛亥革命烈士不屈不挠的英雄事迹、孙中山越挫越勇的革命精神是对学生进行人生观教育的极好素材：将个人远大理想和奋斗目标与国家前途、民族命运紧密联系起来，形成为中华民族的伟大复兴做出贡献的历史使命感和社会责任感。"中华民国"临时约法体现的法治、民本观念是近代化的重要表现，是人类共同追求的价值。

（2）立足演变历程，体会宝贵的创新素养。如辛亥革命期间，革命党人建立革命政党的实践、组织军事行动的策略、颁布临时宪法的文件、确立民主共和的道路、建立政治制度的尝试等无一不体现了创新素养。

---

① 李惠军：《灵魂的追问（1）——历史教师的视界、心界与历史教学的境界》，载《历史教学》（中学版），2015（2）：13-17页。

（3）立足时代潮流，体会深远的现实意义。如为了消弭革命，清政府进行了新政和预备立宪，进行了一些改革，客观上促进了资本主义的发展，为资产阶级民主革命准备了条件。孙中山让出了大总统的位置，但民主共和已深入人心。这些都体现了中国的进步趋势不可阻挡，印证了孙中山的"世界潮流，浩浩荡荡，顺之则昌，逆之则亡"的名言。

（4）立足唯物史观，形成正确的历史结论。如通过对辛亥革命全过程的把握，理解"辛亥精神"的内涵，即为建立独立、富强、民主的国家而不断进取的爱国意识，追求社会进步（平等、自由、公正、法治）、增强人民福祉的理想信念，勇于承担民族复兴和发展使命的社会责任感与担当意识，不屈不挠、愈挫愈勇的意志品质，与时俱进、制度创新的精神。

（5）立足反思感悟，养成求真的科学态度。如透过纷繁复杂的历史事件，通过对历史的深入了解，形成对武昌起义是"必然"还是"偶然"、孙中山让位是"理智"还是"妥协"、辛亥革命是"成功"还是"失败"、民国政体是"移植"还是"创新"、共和观念是"深入人心"还是"任重道远"的认识，从而学会全面看待历史问题，学会历史地、辩证地评价历史事件和历史人物，养成求真、求实的科学态度。

二、教学设计要有"的"放矢，体现目标导引

教学目标是实施教学的最终目的，也是教学评价的重要依据。新课标对历史学科核心素养的界定是"学生在学习历史过程中逐步形成的具有历史学科特征的必备品格和关键能力"。这里，有两个关键词——"必备品格"和"关键能力"，这也是教学目标设计的落脚点和着力点。那么，如何设计教学目标呢？

1. 要加强五大核心素养目标间的融合

五大核心素养是：①唯物史观，是学习和探究历史的核心理论和指导思想；②时空观念，是了解和理解历史的基础，是认识历史所必备的重要观念；③史料实证，是学习和认识历史所特有的思维品质，是理解和解释历史的关键能力与方法；④历史解释，是在形成历史理解和认识的基础上叙述历史的能力，是检验学生的历史观和历史知识、能力、方法等方面发展水平的主要指标；⑤家国情怀，是学习和认识历史在思想、观念、情感、态度等方面的重要体现，是实现历史教育育人功能的重要标志。从中可看出，五大核心素养之间

存在着密切的联系，尽管五个核心素养的地位有所不同，但却是紧密联系在一起的："历史解释"是对历史事物进行理性思维和客观评判的态度、能力和方法，要以客观的史料为依据，以实证、辩解、叙述为手段，以唯物史观为统摄，逐渐深入事件本质，接近历史真实。为此，历史解释应成为表征核心素养的"关键能力"的核心。而历史解释能力的形成、发展水平的提升却有赖于唯物史观的科学引领和史料实证、时空观念的有效铺垫。同时，"家国情怀"是学习和探究历史所应有的社会责任与人文追求，应成为表征核心素养的"必备品格"的核心。"家国情怀"的形成也需要唯物史观的指引，也是在史料实证、历史解释等过程中逐渐形成的，离开这些载体，"家国情怀"就成了空中楼阁。

《普通高中历史课程标准》（2017年版）在"实施建议"中提出："五个核心素养是一个相互联系的整体，在教学过程中，既要注重对某一方面学科核心素养的培养，也要注重学科核心素养的综合培养。"尽管在面对某一具体知识内容和情境时，可能会侧重或突出某一方面或某几方面的素养，但却要尽可能考虑五个核心素养之间的有机融合。

2. 融核心素养于历史知识和情境中

目标设定："可见知识"→"内隐素养"。核心素养蕴含于知识学习、能力形成与情感提升的过程中，将知识的掌握过程转化为核心素养的提升过程，是认知观和学习观的改变。

目标表述："自然渗透"+"隐性融合"。在具体的教学情境中，要自然而然地渗透和隐性融入核心素养的要求，慢慢滋养出个性化的思维品质和人文情怀，而不是直接"贴标签"，生硬而显性地设定历史理解和认识等目标。

培养方式："蕴含于史"+"慢慢滋养"。有效的培养方式就是将其蕴含在具体的史事和情境中，慢慢滋养而成。

教学过程："掌握知识"→"提升素养"。不以知识掌握为教学目标，而是利用知识养成素养。对知识点的学习是必要的，但知识点仅是达成素养目标的途径和基础，而不是教学目的。

落实到具体的教学设计中，就要以相关的知识和方法为铺垫，通过思维建构，将史事的叙述提升为理解其意义的理性认识和情感倾向，重在对所学结论进行解释和评析，最终形成独特而深刻的历史认识，即"史料—史实—史论—史识"这样的学习和思维路径。

3. 要加强核心素养与三维目标的融合

五个核心素养与三维目标（知识与能力、过程与方法、情感态度与价值观）要默契融合。

历史核心素养本身也是"历史知识、能力和方法、情感态度与价值观等方面的综合表现"，这是对传统的"三维目标"的整合、提升与新的意义建构。为适应核心素养目标的要求，每课教学目标的表述要由"知识与能力""过程与方法""情感态度与价值观"的分列式表述和机械性分离发展为核心素养之间的融合性表述。落实到具体的操作层面，就是以时空观念和史料实证为切入点，以唯物史观为统领，着力提升学生的历史解释能力和家国情怀品质，既不再追求知识与能力、过程与方法、情感态度与价值观等单项目标的逐个达成和简单拼接，也不以知识、过程、方法为终极目标。这样，也就实现了"五个素养"与"三维目标"之间的有机融合。

4. 要加强核心素养与其他学科的联系

必要的时候，历史学科核心素养的培养需要利用和借助其他学科知识，所以，可以加强与其他学科的渗透与联系。例如：唯物史观可以联系政治学科；时空观念可以联系地理学科；史实实证可以联系语文、政治、地理、数学、信息学科；历史解释可以联系语文、地理、政治、数学学科；家国情怀可以联系政治、语文学科。

基于对上述的考虑，我将"辛亥革命"一课的教学目标设计为：

（1）以时间为依据，梳理辛亥革命的发展历程，理解辛亥革命中的重大历史事件，认识到"走向民主，是近代中国历史的发展大势"。

（2）辛亥革命的发生有着极其复杂的原因，涵盖古今中外、主观与客观、偶然与必然、政治与经济、思想与文化等方面，引导学生学会从多种角度理解重大历史事件。

（3）通过材料阅读与问题探究的方式，培养学生史料实证和历史解释的能力，认识革命在现代化进程中的作用，认识到"振兴中华，是辛亥革命留下的伟大遗产"。

（4）通过追问革命的因和果，理解辛亥革命发生的原因和结果，认识到"和平建国是各派政治力量的理性选择"。

三、教学设计要身临其"境"，突显学科特色

史料是再现历史的基本素材和依据，也是历史教学的基础，历史的无穷魅力也在于它包含了大量丰富的史料和内涵。离开了史料，历史知识就成了无本之木。教师通过查找和阅读史料，并把零散的史料整理出来，连贯成整体，尽最大可能重构鲜活的历史，引领学生穿越到当时的历史时空中，带学生"神入"历史，理解历史。

1. 合理选择史料

（1）根据课程标准选取史料。课标是教材编写的依据，更是教师平时备课上课的依据。在史料教学中，教师应紧紧围绕课标的要求，设置每一课的教学目标。"辛亥革命"一课的课标要求：简述辛亥革命的过程，认识推翻君主专制制度，建立"中华民国"的历史意义；简述《"中华民国"临时约法》的基本内容，说明其对中国社会民主化进程的影响。

为了显示民国政体的建立，我采用了下面一段材料：

作为亚洲第一个民主国家，新生的中华民国顺应世界潮流，仿照美国的政治制度，在不到一年的时间里成功将国会、选举、多党制、三权分立、言论自由以及共和精神引进中国人民的政治生活，并在其后十三年的实践中建立了完整的民主政治运作的基本规则……它开创的民主政治迄今为止仍是中国人民努力追求的目标。

——林炯如《中华民国政治制度史》

根据材料，概括"中华民国"民主政治制度建立过程所体现出来的主要特点。（不得照抄材料原文）

（2）根据学生需要选择史料。学生是课堂的主体，学生的情感、行为变化是衡量教学有效性的重要尺度之一，史料的选取要根据学生的实际情况。学生需要什么，就选择什么，学生对哪些内容感兴趣，就可以选择哪些内容。

如"辛亥革命"一课，在教学前先在学生中做一些基本的调研，作为选择史料的参与数据。学生非常关注孙中山退位的问题，于是我选用了下面的材料：

美国史学家费正清：他（袁世凯）同中华民国临时政府和同盟会领袖进行谈判……（孙中山）表示：只要袁拥护民国，他就辞职，让位给袁。……溥

仅于1912年2月12日发布《清帝逊位诏书》，宣布退位。孙辞职。袁在南京被选为总统，3月10日在北京就任。通过一系列特殊的妥协，中国避免了一场持久的内战、一次下层阶级的起义和一场外国的干涉。

孙中山（1924年1月）：曾几何时，已为情势所迫，不得已而与反革命的专制阶级谋妥协。此种妥协，实间接与帝国主义相调和，遂为革命第一次失败之根源。

依据材料并结合所学，谈谈你对这场"妥协"的认识。

根据这样的学情调查，选取相应的史料就更具针对性，课堂教学更有效果。

（3）根据教学内容选择史料。如在讲辛亥革命的背景时，为了让学生了解革命爆发的必然性和武昌起义的偶然性，我运用了下列材料。

考察19世纪末以来华中尤其是中心城市武汉出现的新的经济结构、新的社会阶级和社会思潮，追溯湖北革命党人在长达十年的时间，遵循孙中山民族、民主革命的纲领，在乡邦所做的英勇而坚实的努力，进而注意地望形胜，便会发现：辛亥首义绝非一颗从云端掉下来的幸运之果。

——冯天瑜《"首义之城"的变与不变》

按武昌起义之成功，乃成于意外，其主因则在瑞澂一逃；倘瑞澂不逃，则张彪（注：驻武昌新军第八镇统制）断不走，而彼之统驭必不失，秩序必不乱也。

——《中国近代史资料选集》孙中山语

为什么说武昌起义"绝非一颗从云端上掉下来的幸运之果"？你如何认识武昌起义的爆发和成功？

2. 正确运用史料

从历史研究的程序的角度来说，史料在史学中的地位体现为先有史料而后有论点。因此，选好了材料，还得用好材料，材料只有在恰当地使用中才能发挥其效用。

（1）活跃课堂，激发兴趣。历史是"死"的，无法重现，单纯的教学难以满足学生的要求。运用有趣的史料能激发学生的兴趣，还能加深学生对课堂教学内容的理解。

如"辛亥·真相"一课开篇就引用了两首国歌，可以迅速激发学生的课堂兴趣，从而提高课堂教学的效率。

清朝国歌：巩金瓯，承天帱，民物欣凫藻，喜同袍，清时幸遭。真熙皞，帝国苍穹保，天高高，海滔滔。

民国初年国歌：亚东开化中国早，揖美追欧，旧邦新造。飘扬五色旗，民国荣光，锦绣山河普照。我同胞，鼓舞文明，世界和平永保。

比较两首国歌的内容及情感倾向，由此概括中国历史发展的趋势。

（2）研读史料，提取信息。史料中包含大量的历史信息，对史料信息的提取、筛选、甄别、论证等既是历史研究的重要内容，也是高考命题的主要方向。因而中学历史教学在史料的运用上要重视培养学生阅读史实、提取信息的能力。如"辛亥·印象"一课，在学生纷纷表达自己对辛亥革命的印象后，我展示了南昌市博物馆馆藏的一套双旗图瓷茶杯，让学生从图案中提取关于辛亥革命的信息。

（3）精心设问，置疑解惑。史料选择后一定要根据学生已有的历史知识与史料本身的特点，设计相应层次的问题，让学生带着问题去思考，既能帮助学生置疑解惑，又能培养学生的历史思维能力。设计的问题应能激发学生的探究欲，不能过于简单，应能促使各层次学生进行思考，使他们通过思考有所得并提高能力，激发学生阅读史料的兴趣。问题的解决必须依赖于对材料的解读和分析，问题的解决既是史料研读的目的，也是理解史料的一种途径。只有这样，才能用好、用足史料，促使学生思维向新情境的纵深推进，从而更好地理解教学的难点和重点。

如在"辛亥·真相"一课中我设计了如下的一些问题：

①武昌起义，是"必然"还是"偶然"？

为什么说"武昌起义绝非一颗从云端上掉下来的幸运之星"？你如何认识武昌起义的爆发力和成功？

②孙中山让位，是"理智"还是"妥协"？

有人将《清帝逊位诏书》看成是中国版的"光荣革命"，你是否同意这一论断？依据材料并结合所学，谈谈你对这场"妥协"的认识。

③辛亥革命，是"成功"还是"失败"？

有人认为辛亥革命成功了，也有人认为辛亥革命失败了。请结合材料和所学知识，为以上两种观点寻找理由。

④民国政体，是"移植"还是"创新"？

根据材料，概括"中华民国"民主政治制度建立过程所体现出来的主要特点。（不得照抄材料原文）

⑤共和观念，是"深入人心"还是"任重道远"？

两则材料说明了什么问题？根据材料，围绕辛亥革命后民主共和观念问题，自拟论题，并结合所学知识予以说明。（要求史论结合）

3. 强化情感体验

从学科教学的角度来看，历史核心素养的形成不仅需要知识与技能的习得，更需要习得过程中的体验和感悟，并内化为优秀的品格，外化为崇高的行为。可见，历史教学过程是一个知识与情感相互交织的学习和体验过程，但情感教育不是在朝夕之间便可速成的，而是一种"情动—体验—理解—内化"的过程。

在"如何巧妙设计情境"的教学中，教师、教材、学生三者应该构成一个互动的教学场所。每一个部分都并不是孤立、单独地存在着，而是以其他两个部分作为自己存在的参照物，三者和谐共存才能产生理想的教学效果。

四、教学设计要目中有"人"，关注学生发展

苏霍姆林斯基说："在我们社会的旗帜上清楚地写着：人是最高价值。""历史学是一门'人学'，因'人'有史，由史成'人'。历史的主体是人，历史活动离不开历史人物。缺少历史人物的历史课，往往是空洞乏味的。历史课堂教学在关注'事'的同时，更要关注'事'背后的'人'，以历史的'人情味'唤醒孩子心灵中的人情味。"[1]

学生是课堂教学的主体，是教学活动的主动参与者、积极建设者，所有的教学活动、教学手段都应该服务于学生。如果把教学设计比作一个剧本，教师只是这个剧本的编剧或导演，学生才是这个剧本的主角。一节课的教学目标

---

[1] 何林东：《寻"人"启"事"——从学生的角度闲话教学》，载《中学历史教学参考》，2018（16）：44-45页。

的设定、教学资源的开发、教学方法的采用等，都不能忽视"主角"。教学设计凸显学生的"主角"地位，才能更好地落实学生在教学中的"主体"地位。

1. 课堂的教学组织能激发学生兴趣

课堂教学组织形式有很多选择，一定要有利于激发学生兴趣，营造宽松、民主的课堂氛围。如知识归纳方式："总—分—总"方式；教材切入方式："宏观—中观—微观"；知识突破方式："整体把握+重点解决"。切记要面面俱到、均匀用力。

2. 开发的教学资源要适合学生实际

课堂可用的教学资源，主要是各种历史素材，包括文本资料、音像资料、图片、动画等。在选择这些资料时，教师必须加以整理，一方面要切合教材内容，另一方面要考虑学生的认识水平。同时，数量要适当，不能滥用、泛用资料。教师开发的学生资料包括PPT、学案、习题、阅读书目等，这些都必须合适、贴切。不少教师在课堂上开发了其他一些资料，如课堂历史剧、课堂辩论会、课堂故事会、课堂小老师等，我认为这些要慎用。

3. 设计的教学流程要符合学生的发展

教学流程的设计要适合知识逻辑规律，符合学生认知规律，体现科学性、递进性、流畅性等。如"辛亥·印象"中讲孙中山的民族观时采用的方法：情境渲染—场景体验—教材切入—知识概括+史料印证+拓展提升。教师不能急功近利。课堂上忌堆砌史实，以免加重学生负担；忌乾纲独揽，以免完全忽视学生；忌题海战术，以免把授课变成做题。

五、教学设计要"壁"立千仞，营造课堂氛围

课堂教学是教师的教和学生的学双向互动的过程，它既需要教师富有激情的、能引发学生兴趣的"表演"，更需要学生心在其中、津津乐道的"参与"。课堂40分钟，就像一部电视剧，有序幕、发展、高潮与结局。没有高潮的电视剧是平淡的，没有高潮的课堂也是平淡的。平淡的电视剧耽误了观众的时间，而平淡的课堂不只耽误学生的时间，还会破坏学生的胃口，打击学生的兴趣。气氛活跃、结构紧凑、精彩不断的课堂是授课者所追求的，也是受听者终生难忘的。

1. 课堂"小高潮"的基本特征

课堂小高潮应该是教师的创造性劳动，也是学生获取知识的最佳途径。

这样的小高潮应该具有一些基本特征。

（1）能激发学习兴趣，调动学生广泛参与的积极性。著名教育家乌申斯基说过："没有兴趣的强制性学习，将会扼杀学生探求真理的欲望。"如果课堂教学平铺直叙，没有感情的激荡、高潮的迭起，势必会使学生分散注意力。长此以往，学生学习会兴趣索然，味同嚼蜡，教学效果肯定极差。新课程强调学生的主体作用和参与意识，没有学生参与的"填鸭式"课堂早已被淘汰，只有学生广泛参与的课程才是真课堂，才是有效课堂。而课堂教学小高潮使学生被一种愉快、和谐的特殊气氛所陶冶、感染和激励，从而引起学生情感上的共鸣，唤起学生思想的觉醒，集中学生的注意力，这样，教学效果会明显提高，这是构建有效课堂的途径之一。掀起课堂教学小高潮，能使学生感到教学内容新奇、有趣，学习的心理需求便油然而生，并转化为学习的动力。

（2）能引发思考驳辩，培养学生的思维能力。由于中学生长期在固化和传统的教学模式中成长和发展，封闭性、传统化的教学思路使他们逐渐形成了一种狭窄的、封闭的、陈旧的思维定式，迷信权威，崇拜师训，严重束缚了学习的主动性和思维的创造性。

课堂上，依据教材和学生实际设计具有一定思维含量的问题，引导学生发散思维，张开想象的翅膀，促成学生思维火花的迸溅，进而形成良好的课堂效果，营造课堂的小高潮。只有在课堂上创造有利于学生创新意识、创新精神和能力培养与发展的良好环境，才会使优秀创新人才脱颖而出。历史学科的特点决定了在历史教学中培养创新思维能力不会有立竿见影的效果，而需要一个长期的、渐进的过程，但一个能引发学生思考的课堂教学高潮能极大地培养学生的历史思维能力。

（3）能诱发平等意识，营造和谐的课堂生态。美国教育学家布卢姆认为："知识的获得是一个主动的双向过程，学习者不是信息的被动接受者，而是知识获得过程的平等主动参与者。"因此，师生之间应当相互敞开心扉和彼此接纳，应当建立一种新型的民主平等的共同学习的关系，课堂教学才能较好地达到这一目标。

课堂上，师生平等对话，彼此之间进行交流、争辩、讨论，能打开学生的心扉，有利于教师触摸学生心灵深处的秘密，从而为教学创造良好的基础。同时，畅所欲言、相互启发、明辨是非，又能取得课堂教学的较好效果。创造一个良好的环境氛围，构建和谐的课堂生态，容易让师生在对一些事情的认识上产生认同感，情感上产生共鸣，观念上发生质的飞跃。

2. 提前预设课堂"小高潮"

课堂教学高潮应该是可控的，必须提前预设，包括高潮内容的设定、高潮出现的时机、高潮的形式等，都应该心中有数。当然，对于一位资深的教师而言，应能根据课堂教学状况，随时进行设计。但对于大多数教师来说，提前预设课堂教学"小高潮"是教师备课的重要环节。

（1）创设情境设置高潮。历史是"死"的，无法重现，单纯的知识叙述难以满足学生的需求。精选史料、创设情境，能激发学生的兴趣，还能加深学生对课堂教学内容的理解。因为史料中包含大量的历史信息，对史料信息的提取、筛选、甄别、论证等既是历史研究的重要内容，也是高考命题的主要方向。因而在教学过程中，准确、鲜明、形象、生动、适时地创设出符合教育规律和学生认识规律的情境，有利于叩击学生情感的闸门，激起学生强烈的求知欲与情感共鸣，激活学生的思维，从而掀起课堂小高潮。我运用了以下材料。

以孙中山为首的革命党人一直将武装斗争作为革命运动的主要手段。同盟会成立之后至武昌起义前夕，革命党人先后发动了十多次著名的武装起义，即1906年的萍浏醴起义、1907年的潮州黄冈起义、惠州七女湖起义、钦州防城起义、广西镇南关起义、光复会浙皖起义、1908年钦廉上思起义、云南河口起义、安庆马炮营起义、1910年广州新军起义和1911年黄花岗起义。这些起义反映了革命党人具有脱离群众的单纯军事观点和冒险主义的倾向。这是起义失败的重要原因之一，也是后人总结的历史经验教训。但革命党人为了救国救民，不顾自身力量弱小，义无反顾地投入反清起义，希望以自己的鲜血唤醒民众继续抗争，这又是革命最终取得胜利的原因之一。

——谢放《多维视野下的辛亥革命史研究》

根据材料和所学知识，概述革命党人发动的一系列武装起义的局限性，并指出这些起义与辛亥革命的关系。

这样一种情境的创设，能快速抓住学生的注意力，把他们拉回到历史的现实中去，真实地感受历史。

（2）巧妙提问设置高潮。问题式课堂能使学生焕发出无限的活力、生命力、创造力，能真正提高学生的创造素质。巧妙提问，就是巧设计、巧安排、巧时机、巧语言、巧形式。教师在课堂教学中，用新颖奇妙的方式、生动简洁的语言、准确鲜明的设问、激发学生的学习兴趣，活跃课堂的学习气氛，激活学生的思维，促使学生广泛参与，主动学习，这样就能掀起课堂教学的"小高潮"。如下：

> "中华民国"建立后，"共和"一词不仅成为社会的热点词汇，更上升为国家意识形态，成为政府表述国家政治体制的重要概念。因而，民国政府将共和话语嵌入中小学教科书，以彰显共和政权的合法性与进步性……"共和话语"的叙述往往超出辛亥革命的叙述范畴，成为教科书中的重要内容。编者们在历史叙述中建构了一套由专制而共和的话语体系。这一话语体系构成了辛亥革命叙述的整体框架，并确定革命的性质为政制革命——推翻专制，建立共和。
>
> ——卢敏玲《历史叙述的政治——民国前期中小学教科书中的辛亥革命叙述》

列举辛亥革命建立共和制度的相关史实。结合19世纪末20世纪初的历史，分析革命者选择"共和"制度的原因。根据材料和所学知识，归纳教材编写者"共和话语"的叙述在当时产生了什么影响。

这一问激起千层浪，学生紧皱眉头，不解、困惑、怀疑，他们陆续打开书，急切地想从课文中去找寻答案。这样，学生的思维被激活了，强烈的探索欲望油然而生，巧妙的提问促使他们寻找答案，同时教学也掀起一个"小高潮"。

（3）精彩总结设置高潮。课堂总结是课堂教学的有机组成部分。精彩的课堂总结不仅能对教学内容起到画龙点睛的作用，还能振奋学生的精神。一节课临近结束时，学生已显得疲惫、精神不振，思维也常常处于停滞状态。尤其是学习困难、意志弱、自制力不强的学生，对学习更有一种排斥的心理。针对这种情况，教师设计一个精彩的总结，会唤起学生的学习情绪，激发他们的学习兴趣，使他们再度兴奋起来，焕发激情，使学习的热情达到一个高潮。

如关于武昌起义，在总结时可以出示如下一组数据。学生看到这组数据，随着教师的解释，他们会耳目一新，瞬间出现课堂高潮。

一组关于武昌起义的数据：

8小时——从打响第一枪到占领湖广总督署只用了8小时。

41天——武汉三镇保卫战坚持41天，迎来全国十余个省区的独立。

80天——从武昌起义到"中华民国"建立仅有80天。

123天——从起义爆发到清帝退位历时仅123天。

六、教学设计要"纲"举目张，坚持主题意识

主题是课堂教学的灵魂，是教师构思课堂教学设计的基本依据和根本意图，是教学目标最主要的体现。一堂课如果没有主题，那就是一盘散沙。缺乏主题的课堂充其量只是若干知识的简单罗列，缺乏深度，缺乏思想。因而，每节课都应有一个主题，这是历史教学的需要。

所有主题都必须植根于知识之上，不能超越教材、超越学生的认知水平。主题的确立要遵循几个基本的原则，如知识性、学科性、时代性、学术性、逻辑性等。根据课文内容确立主题是主要的方法。教材编写者把一定的知识放在一起，这些知识往往有天然的亲近感，所以教师在备课时要充分抓住这些知识，把握其本质特征，从中归纳和提炼出主题。

如"辛亥革命"第一目"武昌起义"。这一内容占全课内容的三分之二，无疑是这节课的核心所在。教材不遗余力地介绍了清末新政和预备立宪、学式学堂的创办和留学教育的发展、资产阶级革命团体和政党的建立、"黄花岗起义"和"保路运动"等，而真正的武昌起义的叙述却不足80个字，可见教材编写者并未把重点放在"武昌起义"上，而是重点在于揭示自1894年以来一系列重大事件与"武昌起义"之间的内在联系。基于此，我们可以把这一部分的主题列成一个表格，然后要求学生阅读课文，按时间顺序，将与辛亥革命相关的历史事件填在下列的表格中，并指出其与辛亥革命的关系（地位或影响）。

表4-1　自1984年以来一系列重大事件与辛亥革命的关系

	时间	重大事件	与辛亥革命的关系
背景	1894年	兴中会成立	第一个资产阶级革命团体
	1895—1898年	民族资本主义初步发展	民族资本主义发展，资产阶级力量增强
	1898年	维新变法	民族资产阶级登上历史舞台
	1901年	辛丑条约	清政府成为"洋人的朝廷"
	1901—1911年	新政和预备立宪	客观上促进了民族资本主义的发展，暴露了清政府的反动本质
	1905年8月	中国同盟会成立	第一个资产阶级革命政党，确立了革命的指导思想
	1911年4月	黄花岗起义	军事准备，鼓舞人心
	1911年5月	四川保路运动	创造良好的战场条件
高潮	1911年10月10日	武昌起义	革命爆发
	1911年10—11月	全国十几个省独立	清朝统治土崩瓦解
	1912年1月1日	"中华民国"成立	资产阶级共和国成立
	1912年2月	清帝退位	君主政体结束
	1912年春	"中华民国"临时约法颁布	资产阶级宪法
失败	1912年3月	袁世凯在北京就任临时大总统	辛亥革命失败

　　这个表格以纵向时间轴为核心，串起所有事件，并能让学生直观地感受到这些事件与辛亥革命的关系。表格中的第一部分围绕着辛亥革命爆发的背景，从辛亥革命的概念、辛亥革命的过程、事件与事件之间的联系入手，最后落脚于武昌起义的特点：事发偶然却有必然性，仓促起事却迅猛异常，高歌凯进却潜伏危机。

　　总之，历史教学中确立主题，不仅是必要的，也是有效的，更是对教师的一项挑战。立足教材，准确把握事件间内在的逻辑关系；联系现实，深刻理解知识中蕴含的时代意义；关注学术，密切跟踪研究中出现的史学观点。这些都有助于确立历史教学的主题。

基于核心素养的历史课堂教学策略

——以《古代中国的政治制度》为例①

历史学科核心素养包括五个方面：唯物史观、历史时空、史料实证、历史解释、家国情怀。这将是未来相当长一段时期内历史教育教学的主要方向，也是考试命题的重要角度。中学历史教师应该自觉地将这些核心素养与历史教学结合起来。下面仅仅是笔者在历史课堂上的一些做法和体会。

一、关联历史纵横，增强时空观念

历史的时空观念是指历史时序观念和历史地理观念。其核心内涵是指在特定的时间联系和空间联系中对事物进行观察、分析的观念。任何历史事物都是在特定的、具体的历史时间和地理条件下发生的，因而可以采用多种方式教学，尝试纵横关联，从而增强历史的时空观念。

1. 把握历史发展的脉络

历史知识是丰富多彩且相互联系的，学习历史不仅要掌握单个的历史事件、人物、典章制度、历史现象等，更重要的是把握历史主流，梳理知识脉络，构建知识体系。如古代中国的政治制度主要涉及不同时期的不同制度，这些制度既有区别又有联系，既有传承又有发展。下面的古代政治制度演变图就较好地揭示了古代政治制度发展的主线脉络，它既有时序关系，又能揭示重要政治制度之间的联系，从而能更好地反映历史发展的趋势，既有利于学生从整体上宏观把握，又非常清楚地反映了各个时期的政治制度状况。

---

① 本文发表于《广东教育》（综合版）2017年第8期。

2. 注重历史事件的关联

历史事件不是孤立的，它们之间有着千丝万缕的联系。有些事件看似"风马牛不相及"，实则是"相见不相识"。这就需要教师在教学中，引导学生关注历史事件的上下衔接、前后过渡，并把握其客观联系。只有抓住了这种联系，才能真正地理解和掌握历史。

注意关注历史事件的古今联系。如西周的分封制和宗法制虽然早已被废除，但其历史影响一直得以延续到今天。分封制的历史遗存影响了中国的姓氏和地名，很多姓氏是源于西周的封国，如宋、鲁、郑、陈等，今天不少省份的简称源于西周的诸侯国的国名，如山东简称为"鲁"，山西简称为"晋"等。宗法制被废后，留下不少宗法观念，包括重视家庭建设、尊老爱幼、夫妻相敬、兄弟相亲、和睦相处的社会公德和男尊女卑、等级贵贱、过分强调家庭本位、任人唯亲的思想观念，以及家族家谱修订、宗祠家庙修建、认祖归宗、祭祖扫墓的社会习俗等，当然也滋长了裙带关系、荫庇心态、宗派倾向等不良习气。还要关注同期关联和异期关联。同期关联即同一时期的事件之间的联系，如西周的分封制、宗法制、礼乐制三者的联系，同一时期的地方行政制度与官吏任免方式之间的联系，制度创新与王朝兴衰之间的关系等。异期关联即不同时期历史事件之间的联系。

3. 加强中外历史的比较

人类历史发展有其共性和必然规律，也有其独特的地方，教学中要注意这种共性和个性，因而要加强中外历史的联系和比较。如秦朝的"三公九卿制"、唐朝的"三省六部制"在一定程度上都体现了分权的思想，但与西方的"三权分立制"却有着本质上的不同。前者的目的在于强化皇权，是君主专制的产物；后者的目的是防止专制，是资产阶级民主的产物。明朝内阁与西方内阁也有着根本区别。明朝内阁制是封建经济发展、君主专制强化的产物，西方内阁制是资本主义发展、资产阶级革命和改革的产物；明朝内阁制始终不是法定的中央一级行政机构或决策机构，西方内阁是国家法定的行政机构。

4. 重视历史地图的使用

历史地图大多涉及行政区划、军事路线、物产分布、山川河流等，地图将课本中复杂的文字叙述直观化，既克服了课本知识的局限性，又能表达直观的、确切的地域空间，有助于拓展学生的思维，帮助学生构建明晰的空间观念。因而要充分、有效地利用历史地图进行教学。

如"秦朝疆域图"要关注四个方面：①秦朝政局的特点：实现全国的大统一，珠江流域、西南地区首次纳入中国版图；②秦朝疆域的四至：东临大海、西至陇西、北到长城、南到南海，是东方的一个大国；③秦地方行政制度：郡县制，北方沿边境一带设郡较多，南方相对稀少，目的是加强边境的防御力量；④秦朝长城的规模：东到辽东，西到临洮。

二、展开多向思维，强化历史解释

历史解释是指以史料为依据，以历史理解为基础，对历史事物进行理性分析和客观评判的能力。教学中的历史解释方式多样，可从以下几个方面进行。

1. 多角度解读历史事件

历史本来就是多面体，是丰富多彩的。同一事件，从不同角度，运用不同史观，站在不同立场，会得出不同的结论。历史教学就是要还原历史，让学生在历史的真实中去感悟、去思考、去判断。

如秦修长城一事，历来众说纷纭，褒贬不一。结合下面的材料，让学生谈谈自己的看法。

"生男慎勿举，生女哺用脯，不见长城，尸骸相支柱。"——秦朝民谣

"祖舜宗尧自太平，秦皇何事苦苍生。不知祸起萧墙内，虚筑防胡万里城。"——唐·胡曾

"秦人北筑长城，畏其南下，防之愈严，则隔绝愈甚。"——清乾隆皇帝语

"长城之有功于后世，实与大禹治水等。"——孙中山语

"孟姜女用眼泪拆了帝国的墙角。"——同济大学教授朱大可

"修建长城，是古代人类反战争、保和平、求生存和发展的伟大战略。"——网友

多角度的解读既能还原历史，开阔学生的视野，又能培养学生分析历史事件的能力，这符合《新课程标准》的教育教学理念。

2. 深层次发现历史问题

历史问题隐含在纷繁复杂的历史事件之中，对历史的研究过程就是不断地发现问题、研究问题、解决问题的过程。发现问题比解决问题更为重要，所以2017年的考试大纲增加了一个学科能力，即发现问题的能力。历史教学中，教师要有意识地培养学生自己去发现、寻找、探求历史问题，不能包办代替。

实际上历史问题无处不在。如分封制容易导致地方割据势力膨胀，但西周实行分封制，维持了至少200年的稳定统治，诸侯中没有一个搞分裂。这是什么原因呢？古代中央集权制度的建立，大家都会从政治、经济、思想上寻找原因，有没有谁考虑过它与地理环境有什么内在的联系，即黄河与中央集权制度之间的关系？

只有发现了问题，才会有去研究和解决问题的动力和欲望。因而在历史教学中，培养学生发现问题的能力已十分迫切。

3. 全方位辨析历史概念

任何一个历史概念都有其特定的含义，历史的区分就在这一个个不同的历史概念当中，因此，正确理解历史概念的内涵和外延既是历史学习的重要内容，也是历史学科的能力要求之一。

如古代政治制度的重要特点之一是家国同构。什么是家国同构呢？家国同构是我国传统社会的独特社会结构，它源于"始于殷，成于周"的宗法制度。家国同构的本质就是家、家族、国家在结构上的同一性，也就是家族是家庭的扩大，国家则是家族的扩大和延伸。在家庭、家族内，父系家长地位至尊，权力至大；在国内，君王地位至尊，权力至大。简言之，父为家"君"，君为"国父"，君父同伦、家庭治理的形式扩大到国的范围。古代早期家国同构实现了族权与政权的统一。以血缘关系为纽带的家国同构现象，充分体现了中国早期政治制度的特点。

古代政治制度中有许多似是而非、容易混淆的概念，如西周的分封制与王权专制。分封制并不是王权专制，严格地说分封所形成的政治体制是一种贵族分权政体，因为分封出去的国家都是实体性的存在，他们都有自己的军队，有自己的内政、外交等主权，诸侯国的事情，周王是无权——过问的。

三、找寻情境史料，成就实证意识

"论从史出""史由证来"是历史研究和历史学习的重要原则。历史教学中要重视史料的收集、整理、辨析，去伪存真，去粗取精，从若干史料中得出历史史实，在若干史实的基础上，得出历史结论。史料实证的流程图如下。在这个过程中要注意史料的权威性、呈现方式的多样性、运用史料的科学性解读史料的客观性，避免出现过度运用史料、歪曲史料及孤证不立等现象。

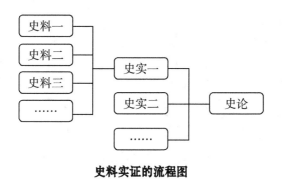

史料实证的流程图

在教学实操中，可以运用多种史料进行论证，给学生一种强烈的史料意识。

1. 图片证史

很多图片非常形象地揭示了历史事件的本质特征，它能够让学生一目了然，无须更多的语言描述。

如明代服饰图。下面的服饰是明朝开国皇帝朱元璋亲自设计并取名的，从服饰的名称"一统河山巾""四方平定巾""六合一统帽"，可以清楚地看到当时政局统一、皇权至上，可以借助这些图片理解明初的政治制度。

一统河山巾　　　　四方平定巾　　　　六合一统帽

明代服饰图

2. 地图证史

历史地图是依据大量历史文献、考古资料等经过分析研究编制而成的，含有大量的历史信息。历史地图是历史空间的客观反映，是教材文字的补充和延续，且具有直观、生动、形象的特点。作为中学历史教师，运用历史地图，发挥其教育功能，能取得事半功倍的教学效果。

如下图是从周到元的四幅地方行政区划图。根据已有的知识，可以准确地判断出四幅图的历史时段及相应的地方行政制度，也可以看出中国古代地方行政制度历经多次变革，呈现出中央对地方控制不断加强的趋势，有利于多民族国家的统一。

从周到元的地方行政区划图

3. 名家证史

著名史学家的史学著作中的一些观点和结论可以直接运用，因为这些都是在反复比较、判断、分析之后才得出的，一定程度上具有可信度。教学中，可以选取相应的一些史料，证实教材中的某些观点或结论。

如关于秦朝皇帝制度的特点，司马迁的《史记·秦始皇本纪》中有如下的描述："朕为始皇帝。后世以计数。二世、三世至于万世，传之无穷。""法令出一，别黑白而定一尊，天下之事无小大，皆决于上，主独制而天下无所制也。"这些描述说明了皇帝制度具有皇位世袭、皇帝至尊、皇权至上的特点，是对教材知识的补充和完善。

4. 史料探史

史料中也不乏非史家所作之言，如旁人描述、时人日记、家谱族谱、文学作品、后人整理等，这些在一定程度上也可以作为史料，但要注意甄别、判断、分析。如关于军机处的运作流程，有人做了一个图示。把这个图示与《清史稿·军机大臣年表序》中的一些记载结合起来阅读，从中我们可以看出军机处的运行特点。

政事上报 ⟶ 皇帝阅览（需征询意见，则召见军机大臣）

⟶ 皇帝决断口授，军机大臣跪奏笔录 ⟶ 皇帝审批

⟶ 谕旨 { 明发（非机密）经内阁、各部院
廷寄（机密）直达地方 }

到雍正七年（1729年）因西北用兵，往返军报频繁，内阁距内廷太远，皇帝不便亲授机宜，故在这年元月，在内廷设立军机处，其全称为"办理军机事务处"。

——《清史稿·军机大臣年表序》

清军机处运作流程图

四、挖掘制度精髓，培育家国情怀

历史上存在的任何制度都有其适应时代的合理性和值得考量的借鉴性，充分挖掘古代中国政治制度的精髓，有助于增强民族自信，培育家国情怀。

1. 制度自信

中国古代有很多制度都是世界领先的，为后世历代及各国所沿用，这些制度足以让我们引以为傲。

如秦朝所创立的专制主义中央集权制度加强了对地方的管理，巩固了多民族国家的统一，奠定了中国古代政治制度的基本格局，为历代沿用。为此黄仁宇说："中国在公元前221年，也就是基督尚未诞生前约两百年，即已完成政治上的统一，并且此后以统一为常情，分裂为变态（纵使长期分裂，人心仍趋向统一；即使是流亡的朝廷，仍以统一为职志），这是世界上独一无二的现象。"[①]

又如，明清时期是中国封建社会的衰落时期，政治黑暗、朝政腐败是一般人的印象，但在美国史学家斯塔夫里阿诺斯看来却不是这样的，"从14世纪中叶到19世纪欧洲人开始真正侵入中国为止，这整个时代是人类有史以来政治清明、社会稳定的伟大时代之一；传统的制度和习俗——农业经济、儒家生活方式、选拔政府官员的考试制度和身居北京的天子的受人尊敬的统治—— 一直在顺利地、令人满意地继续着"。[②]

2. 制度创新

制度创新是指在人们现有的生产和生活条件下，通过创设新的、更能有效激励人们行为的制度和规范体系来实现社会的持续发展和变革的创新。任何一种制度盛行一段时间后，都可能会有不适应时代的局限性，所以必须因时而动。中国古代不乏这样的事例，这也是古代中国社会能够持续发展的源泉之一。

刘建军说："华夏国家是依靠封建制而形成的国家形态。……但是，随着封建制赖以存在的宗法制日渐败坏的时候，再依靠封建制重建国家的企图，

① 黄仁宇：《赫逊河畔谈中国历史》（第2版），北京：生活·读书·新知三联书店，1997年。

② 斯塔夫里阿诺斯：《全球通史》，北京：北京大学出版社，2006年。

就难以实现了。……正是在这一背景下，中国必须再一次重新寻找制度建构的道路，重新踏上制度建构的征程，这就是从华夏国家到官僚制国家的嬗变。"①历史关键时刻，制度创新发挥了重要的作用。

"作为一种上千年的文化存在，科举显然有其客观的历史合理性，否则我们就无法解释其存在的持久性。……科举的创新之处就在于不仅为社会底层的知识分子提供了持续流动的可能，而且将其制度化。……科举制度的最大合理性在于它那'朝为田舍郎，暮登天子堂'式的'机会均等'……的机制，对知识分子的社会心理是一种塑造，客观上激励了个人的奋斗精神。"②文中反映了科举制的三个创新点：推动了社会阶层的流动，提供了机会均等的机制，激励了个人的奋斗精神。

3. 制度监督

习近平总书记强调，要"加强对权力运行的制约和监督，把权力关进制度的笼子里，形成不敢腐的惩戒机制、不能腐的防范机制、不易腐的保障机制"。这是人类长期以来的追求和努力。在古代也有许多这样的尝试，虽然不能一蹴而就，但一定程度上也加强了对官吏的监督和管理，最大限度地减少了腐败。

"秦朝建立了从上至下的比较系统的监察机构，并将这个机构完全置于皇帝的直接掌控之下。秦朝中央监察机构的最高首脑是御史大夫。御史大夫位居三公之尊，是副丞相，主要职责就是统率监察官员……御史大夫之下设副职御使丞、御使中丞各一人，统率众多的御使。御使一部分在中央负责日常监察工作，另一部分常驻地方郡一级机构，负责对郡县两级官员的监察，又称监御使、监察使，或简称郡监。……这样，中央和地方官员，莫不在监察机构的监控之下。秦朝建立了独立于行政系统之外的垂直的监察系统，这个系统直接向皇帝负责。"③这反映了秦朝监察制度的特点：监察制度独立于行政系统之外。

如古代回避制度也能较好地减少腐败，以至于今天仍然被沿用。古代的

---

① 刘建军：《古代中国政治制度十六讲》，上海：上海人民出版社，2009年。

② 薛明扬：《中国传统文化概论》，上海：复旦大学出版社，2003年。

③ 单卫华，赖红卫，张相军：《中国廉政文化史》，济南：山东画报出版社，2010年。

任职回避制度，从东汉时代建立，南北朝时普遍推行，唐宋时期日趋完善，一直沿用到清末。官员回避制度的具体内容可以概括为两大类：

（1）地区回避，即官员的籍贯与就任地区不得相同或接邻。

（2）亲属回避，即有直接血缘关系和姻亲关系的人员，应避免在同一衙门，或有上下级关系的衙门，或互为监察的单位担任职务。[1]

4. 主流价值观

"对历史文化特别是先人传承下来的价值理念和道德规范，要坚持古为今用、推陈出新，有鉴别地加以对待，有扬弃地予以继承，努力用中华民族创造的一切精神财富来以文化人、以文育人。"[2]历史学科应该自觉地承担起这一光荣的使命。历史教师在课堂上要充分挖掘古代各个时期的符合时代潮流的、在今天仍有现实意义的主流价值观，这是学生成长的精神食粮。

如宗法制的历史遗存包括：修身、齐家、治国、平天下的人生信条，尊宗敬祖、认祖归宗、渴望亲情的社会习俗，重视家庭建设、尊老爱幼、夫妻相敬、兄弟相亲、和睦相处的社会公德，同情、宽容的待人观念。这些都是今天仍要弘扬的。

五、巧用唯物史观，解释历史现象

唯物史观，亦称历史唯物主义，是人类社会发展一般规律的理论。历史唯物主义认为，社会历史的发展有其自身固有的客观规律，具有辩证的观点。教师应将唯物史观贯穿教学全过程，将正确的价值判断融入历史叙述与阐释之中，做到思想性和科学性相统一。

1. 掌握重要的唯物主义观

唯物史观的基本内容有：生产力与生产关系、经济基础与上层建筑、人民群众及个人在历史上的作用、继承与发展、原因与结果、现象和本质、主要矛盾和次要矛盾、偶然性与必然性、人类社会的一般进程和总规律、用发展的眼光看待历史、用辩证的观点把握对象、具体问题具体分析等。

这些唯物史观在高考中的运用，可以参照20世纪90年代初的全国高考历史

① 李天容：《我国古代的任职回避制度》，载《人民检察》，1996（4）。
② 习近平：《使社会主义核心价值观的影响像空气一样无所不在》，载新华网，2014年2月25日。

试题，如1992年"清代史学家赵翼在《唐女娲》中说：'开元之初，几于家给人足，而一杨贵妃足以败之。'结合你对唐朝由盛转衰原因的认识，分析评论赵翼的这一观点"；1993年"宋代文化刘迎在诗中写道：'迄今井邑犹荒凉，居民生资惟榷场。马军步军自来往，南客北客相经商。'什么叫'榷场'？举例说明榷场的作用。试从民族关系的角度分析此诗所反映的社会现象"。

2. 利用唯物史观梳理历史

古代中国政治制度按照唯物史观可进行如下的梳理：

（1）演变历程：禅让制（原始社会后期）→王位世袭制（夏商）→分封制和宗法制（周）→专制主义中央集权制（秦汉到明清）的演变历程。

（2）演变特点：①经过数千年的发展，源流分明，沿革脉络清晰，具有继承发展的特点。②以皇权为中心，鼓吹"君权神授"，确保君主专制权力的独断性。③人治高于法治。其实质是权治、官治的独裁专制统治，具有完备性、周密性和成熟性。④从中央到地方设置完备的政治结构，建立起从中央到地方的严密统治网络。⑤宗法关系残余严重影响到古代政治制度的建设，父权观念渗入到国家政治制度中。⑥政治制度的发展演变过程中，儒家经典是君主专制制度的理论基础，是历代王朝制定政治制度与政策的依据。

（3）客观评价中央集权制度的历史作用与社会影响：①历史作用：彻底打破了传统的贵族分封制，奠定了中国两千多年封建政治制度的基本格局，为历代封建王朝所沿用。②社会影响：有双重性。一般而言，在封建社会早期和中期，其积极作用是主要方面；封建社会后期，专制主义中央集权制度的消极作用逐渐增大。

这些梳理中包含继承与发展、具体问题具体分析、现象与本质、辩证分析等唯物史观和论从史出等史学方法。

3. 切忌片面看待历史问题

在运用唯物史观时常犯的错误有以下几种：①群众史观与英雄史观，过分夸大个人对历史的影响，否认人民群众是历史的创造者；②绝对化思维，非好即坏，非黑即白，非敌即友，非此即彼，善恶两分；以偏概全：③只看到局部，不顾全局；④任意夸大阶级斗争的作用，没有从生产力发展的角度看待社会发展的进程。

总之，核心素养与中学课堂的有机结合、核心素养的具体落实是一个永恒的课题，需要中学教师持续不断地研究和探索，从而找出最有效、最有操作性的方式方法。

附：《古代中国央地、君相关系的流变》课例的阅读材料及问题设计

权力的博弈：胳膊拧不过大腿[①]
——古代中国央地、君相关系的流变

材料一

自夏、商、周到明、清，中央与地方的关系并没有沿着固定不变的模式演进，而是经历了"以一个否定另一个"的螺旋式发展过程。如果说夏、商、西周所建立的王（天子）为天下共主与诸侯藩屏四方，是一个松散的封建大一统格局，那么，春秋战国诸侯争霸及兼并就是对夏、商、西周体制的否定。秦统一后，实行极端中央集权，以郡县统制各地，嬴姓皇族无尺寸之封，"一尊京师而咸服天下"又是对春秋战国诸侯纷争的否定。此前后联系的三种形态恰好形成第一个"正—反—合"阶段。……经过上述三个"正—反—合"的曲折反复和螺旋式发展，中央集权越来越完善、成熟，而且在宋、元以后逐渐进入行省督抚分寄式中央集权的较高级形态。

——李治安《论古代中央与地方关系的演化和若干制约因素》

问题设计：根据材料中对"正—反—合"的解释，列举并以史实说明秦以后另外两次"正—反—合"的发展形式。

魏晋时期方镇都督分权或区域性割据，是对秦汉郡县制中央集权的否定。隋朝和唐朝前期，重建中央集权体制，又是对魏晋地方分权割据的否定。自秦汉始前后联系的三种形态及递次否定，构成第二个"正—反—合"阶段。

唐后期藩镇割据是对隋及唐前期中央集权体制的否定，两宋极端中央集权又是对唐后期藩镇割据的否定。自隋朝始前后连续的三种形态及递次否定，又形成了第三个"正—反—合"阶段。

材料二

中央与地方关系是个涉及广泛，跨越领域较多的问题。就古代中央与地

---

① 该课为2018年12月16日广州市越秀区高三学生的培优课程。

方关系而言，诸如封建经济、文化共同性与差异、地理环境和行政区划、中央与地方政府的权力结构、君主专制等，都会给中央与地方关系造成这样那样的影响。当然，上述诸因素在古代社会中的地位不同，对中央、地方关系的影响和制约，也有大小强弱、直接间接、主要次要等区别。

——李治安《论古代中央与地方关系的演化和若干制约因素》

问题设计：举例说明商周时期和封建社会的经济形态对中央集权的不同影响。分析古代不同时期行政区划对中央集权产生了什么样的影响。

在商周封建领主制经济条件下，领主可以通过层层封赐、世袭占有土地和人民。在封地内，贵族不仅有经济权，而且对生活在封地内的人民享有统治权和领属权。一定程度上对地方分权割据产生决定性影响。秦汉至明清大部分时期内，地主土地所有和租佃制占主导地位，地主掌握土地所有权，但不能掌握行政权、军事权和司法权。这些权力长期为郡县专职官吏掌握，遂成中央集权之势，并得以长期维持。但自给自足的小农经济特区长期存在，一定程度上又会出现地方分裂割据。

秦置郡，汉置州，唐置道，宋置路等，大多是依山川地形的自然界限或历史因素来确定地方行政区划的。这种安排无疑是自古以来区域性管理中"山河形便"惯例的体现。然而，客观上又容易被地方长官当作凭险割据称雄的地理条件。自元代起，行省区域主要以军事控制为目的，打破自然地理界限和地区间的经济联系，人为地造成犬牙交错和以北制南的局面，有利于中央集权和国家统一。

材料三

历史事实证明，单纯的中央集权抑或地方分权，并不是处理古代中央与地方关系的最好办法。就中国的历史环境和具体条件而言，中央集权与地方分权相比，进步性、合理性较多。宋元明清时期，中央集权几乎完全取代了地方分权，但这种极端的中央集权又是与宋元以后专制制度相适应的历史产物，主要适合于封建社会后期的中国社会，是为维护家天下的王朝大一统而服务的。从这种特定性质、目标及消极后果来看，极端中央集权并不是处理古代中央与地方关系的最佳方式。

——李治安《论古代中央与地方关系的演化和若干制约因素》

问题设计：（1）单纯的中央集权或地方分权都会给国家带来不利影响，以古代中国的相关史实予以说明。

北宋是单纯的中央集权，收管地方行政权、财政权、军权。一方面地方缺乏自主性和积极性，财力匮乏；另一方面导致中央机构庞大，人浮于事，财政开支浩大。魏晋南北朝和唐末至五代是单纯的地方分权，地方军阀势力强大，中央集权削弱，导致分裂割据，战乱频繁，国家分裂。

（2）在处理央地关系上，作者心目中的最好方式是什么？

最好的方式：中央与地方主辅结合。

材料四

美国联邦制的目的不是别的，而正是要通过联邦的"主权"去抗衡各州的"主权"，从而为个人自由留下充分的空间。正如汉米尔顿在《联邦党文集》第28篇中指出的：可以不夸张地说，联邦制下的人民完全是他们自己命运的主人。权力几乎永远被用来对抗权力，联邦政府每时每刻都准备制约州政府的篡权，各州政府对联邦政府也是如此。人民可以站在任何一边，总是能成功地迫使政府考虑周密。如果他们的权力受到任何一方侵犯，他们可以利用另一方作为救济的工具。

——张千帆《主权与分权——中央与地方关系的基本理论》

问题设计：根据教材和所学知识，指出美国联邦宪法处理央地关系的主要方式及积极意义。

主要方式：联邦制，联邦与地方州互相抗衡。

积极意义：保障人民利益。

材料五

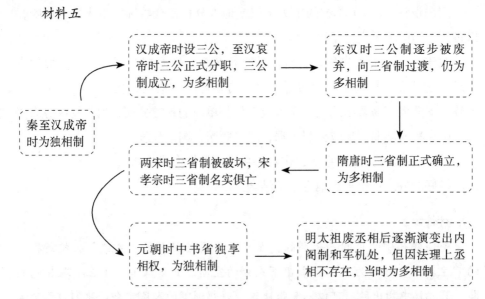

中国宰相制度流变图（来源于朱贤俊等《我国古代官僚制度及其演变》）

问题设计：根据图示，概括古代宰相制度流变的特点。

特点：古代宰相制度历经两千多年，经历三个阶段（三公制、三省制、内阁制），从独相到多相，从单个机构到多个机构。

材料六

秦汉到明清中国宰相制度的流变是有规律可循的。流变的内在动力在于皇帝，皇权与相权的斗争贯穿整个中国历史……流变的标志就在于宰相职权的分化……流变趋势是：在越早的时期，宰相的权力越大；在越晚的时期，宰相的权力越小，即宰相权力大小与时代先后成反比。流变的法则是：通常由皇帝身边的亲近大臣兴起，逐步替代之前的执政大臣掌握国家大权，并随着自身地位的上升逐步远离权力中心，最后成为位高而职轻的闲人，而后皇帝身边其他的亲近大臣再次兴起并执掌大权，然后又随着地位的上升逐步远离权力中心，最后成为位高而职轻的闲人，如此循环往复。

——朱贤俊等《我国古代官僚制度及其演变》

问题设计：根据材料，概括古代宰相制度流变的规律。

规律：流变的动力在皇帝，流变的标志在于宰相职权的分化，流变的趋势是宰相权力大小与时代先后成反比，流变的法则是随着自身地位的上升逐步远离权力中心。

材料七

古代中国，皇权居于权力的最高峰，皇帝是国家的唯一领袖，然而实际上的行政权力则掌握在官僚政治系统手中而不在皇帝手中，官僚政治系统的核心是宰相，宰相是政府的领袖，负责处理全国的一切政务。一方面皇权至高无上，一方面宰相是事实上的政府首脑，政治权力的排他性和扩张性决定了这种双权力中心的政治格局必然会产生权力与权力的争夺。

——郝颜玉等《中国古代皇权与相权之争及其对制度变迁的影响》

问题设计：根据材料，结合所学知识，分析指出古代权力之争出现的原因。

原因：双权力中心的政治格局，政治权力的排他性和扩张性，君主专制制度的弊端。

材料八

秦创官僚政治之初，就已经注意到对相权的限制了。秦的中央官制由丞相、太尉、御史大夫组成，即所谓的三公。……三者互不隶属，各自开府，在分工上各有所侧，互相牵制，有效地防止了专擅、独大，从而保障了君主的绝对权威，可以说形成了中国古代政治体制中独特的皇权专制下的行政、军事和监察的三权分立结构。

——郝颜玉等《中国古代皇权与相权之争及其对制度变迁的影响》

问题设计：根据材料，指出秦中央"三权分立结构"设计的积极意义，分析其与美国的三权分立政体的本质区别。

积极意义：分工合作，提高行政效率；分权制衡，可以防止权力过于集中；初创监察，一定程度上能预防腐败。

本质区别：前者是封建君主专制制度，后者是资产阶级民主制度。

材料九

专制主义与官僚政治的制度结构决定了皇权既排斥相权而又离不开相权作用的发挥。两者的关系在唐代达到了融合。然而在经历了五代十国的动荡后，这种融合被打破。宋代相权分割比较严重……历代君主不断调整机构设置以分割和削弱相权。终于历史发展到明朝时期皇权与相权之争接近尾声。

——郝颜玉等《中国古代皇权与相权之争及其对制度变迁的影响》

问题设计：根据材料，结合所学知识，概括并举例说明古代帝王采取哪些方式来限制相权。

（1）重用亲信，如西汉的中朝。

（2）分割相权，如宋的二府三司。

（3）多相并立，如唐的三省六部。

（4）频繁换相，如汉武帝先后用相12人。

材料十

明清时代专制主义空前强化，明朝帝王废除宰相后不得不寻求体制外的力量，于是又造成了监阁之争以及宦官专权的制度化。这些体制外力量又加紧搜刮社会，从而使得本来就脆弱的小农经济和工商业备受摧残。……使得本来农业就落后的中国古代社会变得更加低效率，社会经济发展更加跳不出小农经济的牢笼。

——徐晓全《中国古代皇权与相权之争及其对制度变迁的影响》

问题设计：根据材料，指出古代权力之争的最终结果及负面影响。谈谈古代权力之争对今天我国的政治体制改革有何启示。

结果：废宰相，君主专制空前强化。负面影响：政治黑暗、经济摧残、社会停步不前。

启示：加强集体领导和民主集中制原则，把权力关进制度的笼子，加强法治建设，加强权力的监督等。

基于高考真题的深度教学

——以"战后资本主义的新变化"一课为例[①]

课堂教学是个"技术活"，需要"策略"。俗话说，工欲善其事，必先利其器。这个"器"就是高考试题。高考是指挥棒，试题是瞄准器。通过高考试题来了解历史，引导课堂，这是提高课堂教学效率的有效方法。本文以"战后资本主义的新变化"一课为例予以说明。

一、真题解读

（2017·新课标全国Ⅲ卷高考·35）20世纪70年代初，美国联邦政府机构臃肿，财政支出庞大。总统尼克松在咨文中呼吁，应当"使权力和资源开始从华盛顿流回到州和地方，更重要的是回到全体人民手中。我们要使各州和地方担负更多的责任，我们将同他们分享收入"。由此可知，美国联邦政府试图（　　）。

A. 消除国家干预经济的弊端　　　　B. 将权力下放到州政府

C. 扩大福利政策的覆盖范围　　　　D. 恢复自由放任的传统

本题的考点是战后国家垄断资本主义的发展。从时间选择来看，本题选择了战后资本主义经济发展过程中的一个"拐点"——20世纪70年代初。这个"拐点"以后，西方各国的经济发展速度、经济政策、经济模式等都有了重大的变动。从切入角度来看，本题是以尼克松总统对当时国家面临的政治、经

---

① 本文发表于广西教育杂志《中学教学参考》2019年第22期。

济问题和政府的打算等内容作为材料切入教材，切口很窄，联系面不大，而且稍不留神就会出现与教材联结错误的情况。从历史关联来看，尼克松的这一文字表述，确实很容易让考生想到很多的历史知识，包括联邦政府与州政府的关系、民主范围的扩大、经济危机、经济政策等。内容丰富，发散多向，这种材料就像"橡皮泥"，可以任意拿捏出各种不同的东西。从设问的角度来看，设问词是"由此可见"，这是一个非常宽泛的设问，几乎没有任何方向、任何角度，只要是从材料中得出的信息均可以，让考生无从下手。幸好题干开头有一句背景性的提示，这个提示至关重要。从选项设计来看，四个选项涉及政治和经济两个方面，包括国家干预经济的政策、建立福利国家、自由主义、联邦制等，它们都与材料有一定的关联，也就是说选项的干扰性是较大的，其中的B项就是一个陷阱，它与材料文字相近，意思相似。而D项则是一面"知识墙"，由原来的国家干预到减少或者不干预，那不就是自由主义吗？于是一到这面"墙"，学生绕不开了，便不知所措。从命题意图来看，本题考查方向明确，指向明确，但无端的"干扰"就是要让考生准确分辨历史，考查考生对史料信息的把握能力、历史思维能力和逻辑推理能力，这既是历史学科的能力要求，也是反猜题的需要。

二、教学要求

本课的课程标准是："以第二次世界大战后美国等国家为例，分析当代资本主义的新变化。"基于高考命题的特点，对本课的把握应该是立足美国，抓住"新变化"，分析变化的原因及影响。

1. 掌握课程线索

全课有一明一暗两条线索。课文的标题是"战后资本主义的新变化"，全课围绕着"变化"而展开，包括国家垄断资本主义的发展、建立福利国家、第三产业的兴起和新经济的出现三个内容。这既是对本课的总结，也是对本单元的总结。这是一条明线，也是本课的主要线索。抓住了这个主要线索，就能理解本单元中各课之间的内在联系。但同时本课还有一条暗线，那就是战后资本主义经济的发展历程。人教版教材并没有单独列出来，但从课文的文字叙述不难归纳，战后资本主义经济发展的几个阶段：经济恢复（战后初期）—黄金时期（50至70年代）—滞胀（70年代）—缓慢复苏（80年代）—新发展（90年代）。每一个阶段的形成原因结合必修一、二的内容可以概括出来。这条常常被大家忽视的线索非常重要，掌握了这条线索，有助于理解战后资本主义经济发展的主要脉络和概况。

2. 加强概念教学

历史概念是人们在掌握具体的历史史实的基础上，通过抽象概括而形成的对历史史实本质性的认识。掌握某一学习领域中的基本历史概念可以使学生抓住该概念所反映的历史史实的本质，从而更准确、更深刻地理解历史史实。

本课涉及的历史概念很多，其中显性概念有：国家垄断资本主义（凯恩斯主义）、经济滞胀、混合经济、自由主义、福利国家、第三产业、新经济、经济全球化、知识经济、信息技术等。隐性概念有：人民资本主义、经营者革命、货币学派、供给学派、里根主义、撒切尔主义等。

完整、正确地掌握历史概念需要从历史概念的内涵和外延两个方面着手。历史概念的内涵就是历史概念的内部结构，包括时间、地点、内容（过程）、结果等史实要素，换句话说，就是事件本身。历史概念的外延是指概念的外部联系，包括背景（原因、条件等）、相关事件的联系、作用、性质和影响等评价要素。

如"经济滞胀"这一概念的内涵包括以下两方面。

含义：经济增长停滞或下降，物价持续猛涨，通货膨胀严重，这是两种矛盾的现象。长期以来，资本主义国家经济一般表现为：物价上涨时期经济繁荣、失业率较低或下降，而经济衰退或萧条时期的特点则是物价下跌。西方经济学家据此认为，失业和通货膨胀不可能呈同方向发生。但是，自20世纪60年代末70年代初以来，西方各主要资本主义国家出现了经济停滞或衰退、大量失业和严重通货膨胀以及物价持续上涨同时发生的情况。西方经济学家把这种经济现象称为"滞胀"。

特征：经济滞胀就是一种结构性的经济危机。与以往的经济危机相比，从时间上看要长得多；从表现形式上看，往往是生产停滞或低速缓慢增长；从波及面看，各国不是同步发展，而是时而伴生美元危机、能源危机，时而伴生贸易失衡、信用危机；从直接导因看，主要是由结构失衡触发的。

"外延"包括以下两方面。

原因：从1971年起，美元霸主地位的结束，美日欧经济关系面临新的调整和1973年中东"石油战"的结果使西方廉价石油原料时代宣告结束，打破了长期以来西方列强垄断世界经济秩序的局面，并在很大程度上影响西方世界20

世纪70年代以来的经济。同时，作为西方经济主流的现代凯恩斯主义经济学说面临难以解决滞胀经济的严重危机，西方世界的强化国家干预政策的某些弊端——追求最大利润和社会严重不公矛盾的加剧，对经济发展和社会稳定带来影响，促使西方国家寻求新的调整对策。

影响：经济发展的黄金时期结束，此后持续低迷；西方国家纷纷减少国家对经济的干预，逐渐形成混合经济；世界经济格局也因此受到影响。

3. 抓住演变趋势

把本课的知识内容与前面学过的相关知识关联起来，可以看到资本主义经济发展过程中的许多变化，这些变化往往是考试的重点内容。

其中涉及的变化包括资本主义生产力的发展变化：蒸汽时代—电气时代—信息时代；资本主义经济政策的演变：重商主义—自由主义—国家垄断资本主义适当减少干预；资本主义经济结构的演变：轻纺工业为主—重化工业为主—第三产业的崛起；西方国家经济发展状况的变化：经济危机—经济恢复—黄金时期—经济滞胀—缓慢发展；资本主义经济增长模式的演变：投入大量人力，增加劳动强度（第一次工业革命）—以科技为依托，以提高劳动生产率为手段（第二次工业革命）—以知识经济为基础，以信息技术为手段（20世纪90年代以来）。实际上这些经济变动的背后还涉及联邦政府权力的变化：联邦制（1787年宪法）—强化联邦政府的权力（罗斯福新政）—适当下放权力到地方（70年代）；联邦政府内部权力机制的变化：三权分立，平衡与制约（1787年宪法）—强化总统的权力（罗斯福新政）—回复正常状态（战后）。

对于这些变化，要抓住关键的时间节点，从这些时间节点入手，把握变化的背景及原因、变化的表现和特点、变化的结果和影响等。

4. 建构知识体系

掌握"战后资本主义的新变化"这条明线。一方面要掌握变化的具体表现，即教材叙述的主体内容，也要上升到理论的高度，概括出这些变化的本质特征；另一方面要延伸到导致这些变化出现的原因，这样既可建立起本课与本单元另两课的联系，还可以建立起与下一单元苏联经济建设之间的关系。同时还要建立起明线与暗线的关系，即资本主义经济发展的不同阶段特征与资本主义变化之间的逻辑关系。下图就比较好地体现了这些要求。图片涵盖了课文的全部内容，也有深化拓展，图片中的虚线箭头也给了我们思考和想象的空间。

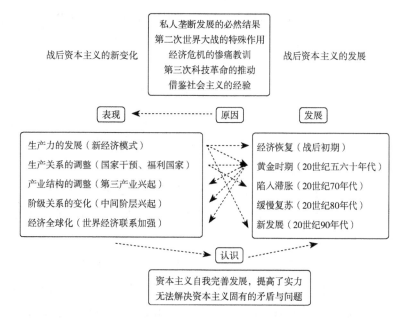

资本主义经济发展的不同阶段特征与资本主义变化之间的逻辑关系图

三、备考导向

在充分研究高考、研究教材知识的基础上，确立课堂教学的重点方向。

1. 从关联历史的角度考变化

本课内容与第二次世界大战前的很多知识有关联，把这些相关的知识联系起来，就形成了一条完整的知识链条。通过这个链条，考查其沿革，包括相似性、发展趋势及规律、特征等。也可以考查不同阶段的个性特点及其成因、影响等，如西方资本主义经济政策的演变历程：福利国家与近代以来英国圈地运动期间的济贫助困，19世纪末德国的福利建设，20世纪30年代罗斯福的社会保障及中国古代救灾等进行比较，20世纪两种社会形态经济的关联，以及战后资本主义国家之间经济的关联。

2. 从关注时政的角度考发展

关注社会现实，影射时代背景，这已经是高考命题的重要方向。本课属于经济史的内容，尤其是经济变革史方面的许多内容在今天仍有现实意义。如从推行政治体制改革，转变政府职能，完善社会主义市场经济体制的角度看国家放权。与本课相关的内容包括资本主义国家减少对经济的干预、缩减福利国家的规模等。应从关注民生、构建和谐社会的角度来看福利国家制度；从大众创业、万众创新的角度看战后资本主义经济政策调整；从产业升级、结构调整的角度看第三产业和新经济。

3. 从数据统计的角度考方法

计量史学研究方法的特征就是运用自然科学中的数学方法对历史资料进行定量分析。以数字信息材料和表格、饼状图、柱状图、曲线图为载体，要求学生将数字信息转化成历史知识和文字信息。材料信息呈现方式比较隐蔽和多样，需要在图表中挖掘有效信息，抓住关键环节。

经济史教学免不了使用大量的数据，可以使用多种类型的数据，如数轴曲线图、表格数据图、坐标曲线图、柱状图、饼状图、时间轴等。要求学生认真审读数据和图表，重点关注图表的标题、图注和数据的变化。其中，数据方面应注意大小；表格应注意横纵栏间的数据大小变化；饼状图应注意各项数据的比例关系；柱状图应注意相互间数据的变化；曲线图应注意与时间联系反映的高低起伏。通过这些数据，学会用定量分析进行定性分析、定位分析和特点分析。

总之，关注高考、研究试题，只要对教材知识进行重组、建构、整合，达到突破重点、难点，实现知识的融会贯通，就能切实提高课堂教学的效率。

复习课如何上出"新"意

为了高考，很多学校在高二年级就已基本学完了全部内容，此后就进入了高考复习的阶段。复习课不同于新授课，它应该有"新"意，譬如新的设计、新的角度、新的史料、新的观点或结论等，只有这样，才能保持学生对历史课的"新鲜度"和"敏感性"，不然，他们会觉得老师在"炒现饭"，在机械重复。这样会影响学生学习的积极性和复习的效率。如何创新课堂、创新复习的方式，这是一个课题，需要中学教师进行不断的思考和研究。下面是我在公开课"罗马法的起源与发展"备课中的一些思考，希望能对大家有所帮助。

一、精心设计教学主题

主题是课堂教学的灵魂，是教师构思课堂教学设计的基本依据和根本意图，是教学目标最主要的体现。一堂课没有主题，那就是一盘散沙。缺乏主题的课堂充其量只是若干知识的简单罗列，缺乏深度，缺乏思想。因而，课堂教学前进行精心设计主题是十分必要的。一个好的主题会吸引学生的眼球，让他们有一种想进一步了解和知道的迫切心情；一个好的主题，也能整合相关内容，达到既巩固知识，又能提高学生思维能力的目的。

本课在备课过程中，曾经设计过几个主题。先是"伟大属于罗马"，虽然点出了古罗马的地位和影响，但并没有突出古罗马留给世人的最宝贵的遗产——法律，扣题不紧，没有一目了然，属于套话。后来又用"永久征服世界"作为主题。有人说过罗马曾三次征服世界：第一次是武力，第二次是宗教，第三次是法律。武力的征服不能持久，宗教的征服也会随着现代科学的发展而逐渐减弱，唯有法律的征服才能持久。但仔细一想，这个主题显得高深，需要解释才能明白，也没有达到一眼即可洞穿的目的。最后我还是采用了"鲜活的法律，永久的生命"作为主题，这是一本教辅资料对罗马法的评价。我认为这个主题很好：一方面紧扣课文内容，无须更多的文字解释；另一方面强调了罗马法的历史地位和影响力。更重要的是，这个主题文字精练，让人过目不忘、扣人心弦。一个好的主题应该具备这些基本的要求。

二、精准确定复习目标

复习目标应该来源于课程标准。但是，课程标准只是教学的"纲"，在实施中必须要准确理解，深刻把握，逐一分解细化，这样才能真正达到指导教学的目的，才能"纲举目张"。复习目标的确立是在精准解读课程标准的基础上，从课标的文字表述、单元的整体安排、模块的宏观要求入手，结合学术研究的最新成果、时代主流价值观的需求和历年高考的要求，进行精准、合理、有效的解读和细化。课标的解读是否准确、是否到位，很大程度上会影响复习目标的确定，从而影响课堂复习的有效性。

本课的课程标准非常简单：了解罗马法的主要内容及其在维系罗马帝国统治中的作用，理解法律在人类社会生活中的价值。实际上就是六个字"内容""作用""价值"。语句简短、精练，但其内涵非常丰富。结合历年高考的情况，我在制定复习目标时相应地进行了一些拓展和挖深。具体来说，我的复习目标有五个方面（详见附件）。这五条内容总的来说是紧紧地围绕着课标的六个字展开的。"内容"体现在前四条中。虽然保护私有财产这个核心内容一直没变，但随着罗马帝国的扩张，其具体内容及适应范围也在相应地调整和完善。"作用"主要体现在第一、二、四条中。从帝国的扩张中可以看到，罗马法调整与缓和着不断出现的新问题和新矛盾，从而维系着庞大帝国的统治。"价值"主要体现在第五条中，要求从文明的传承和发展的角度，长时段地看待法律在人类社会中的价值，这有助于学生真正理解罗马法长久的生命力和影响力，也与本课的教学主题相吻合。

三、精巧渗透核心素养

历史学科核心素养包括唯物史观、历史时空、史料实证、历史解释、家国情怀五个方面。这将是未来相当长一段时间内历史教育教学的主要方向，也是考试命题的重要角度，中学历史教师应该自觉地将这些核心素养与历史教学有机地结合起来，讲求自然的融合、精巧的渗透，不要刻意追求，不要人为强加。

历史学科的主要特点就是时序性，历史时空观也是核心素养的重要方面。为培养学生的时空观，我设计了两个时间轴。一个是中外历史联系时间轴。这个时间轴中将罗马与中国放在一起，用不同颜色的字反映了两国发展的历史线索。这个时间轴的最大好处是让学生建立起中外历史的横向联系，对比了解两国历史发展的基本特点。

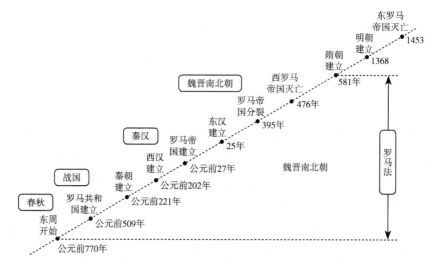

中外历史联系时间轴图

另一个是罗马法的演变时间轴。这个时间轴非常好，它不只是一个简单的时间表，它更多地将罗马法的演变与罗马国家的扩张紧密地联系在一起，也揭示了罗马法演变中三个重要的发展变化，对全课的内容基本上进行了一次非常清晰的梳理，相信会给学生留下一个深刻的印象。

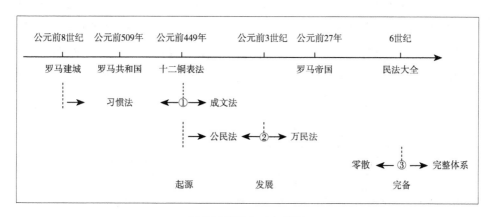

罗马法的演变时间轴图

课堂上我还利用了罗马扩张中的两张地图，结合上面的两个时间轴，很好地培养了学生的历史时空观。

此外，借助罗马法演变过程中对相关概念的理解，帮助学生形成历史解释如习惯法、成文法、公民法、万民法等。通过分析罗马社会的政治、经济状况，从唯物史观的角度了解罗马法发展的阶段性和连续性。通过相关史料，分析罗马法的阶级属性及时代特征，进一步加深学生对唯物史观的认识。通过阅读材料，提取罗马法的内容、特点及影响的相关信息，培养"论从史出、史论结合、史由证来"的史学方法，培养学生史料实证的意识。

四、精确瞄准高考靶心

一切不以高考为目的的复习都是无用的，不瞄准高考的复习都是"害人虫"。一轮复习在高考复习中十分重要，它关系到下一阶段的复习，也直接影响高考的成绩。因而，更应精确瞄准高考的靶心，有的放矢。

课堂上，我出示了对近5年全国各套新课程文综卷关于罗马法的考查情况，共涉题26个，其中选择题21个，非选择题5个，从全国卷（含甲、乙、丙三套）来看，除2017年、2013年外，其他年份均有命题。可见本课内容的重要性。

表4-2　对近5年全国各套新课程文综卷关于罗马法的考查情况表

年份	2017	2016	2015	2014	2013	合计
选择题	2	2	7	7	3	21
非选择题	–	2	2	1	–	5

经过对这26道题的分析，发现试题考查的角度主要有五个方面：罗马法演变的形式、原因，罗马法的内容、特征及影响，尤其是影响，考查的次数最多（详见下表）。这样，这节课的教学侧重点就非常清晰了，学生学习和复习的方向就非常明确了。课堂教学中内容的拓展、隐性的挖掘、问题的设计、史料的选择、语言的组织都紧紧地围绕着这些角度展开。

表4-3　对罗马法各角度的考查次数登记表

考查角度	演变形式	演变原因	内容	特征（特点）	影响
考查次数	4	4	5	4	9

2017年考试大纲修改了历史学科能力，突出了问题意识，强调发现问题。本课教学始终以问题为核心，所有的教学内容全部以问题的形式呈现，包括罗马法三次重要变化的原因和影响，罗马法的核心内容、核心思想、主要调整的关系、运行过程中的特点，罗马法的实质和局限性，罗马法在当时的作用及对后世的影响等。这些问题，有的需要学生结合教材、阅读史料回答；有的需要学生自主思考、纵横联系回答；也有的需要学生自己发现问题后结合相关内容回答，如结合近代西方民主政治发展历程，分析说明材料中罗马法的思想内容能够影响久远的原因。这是全课的最后一个问题，也是难度最大、思维含量最高的一个问题。对这道题，学生首先要发现问题：这个题目要求答什么？怎么回答？答的是"原因"，可实际上，必须涉及罗马法的主要内容、精神、原则等，还要考虑这些东西对后来西方民主政治发展的影响，并把二者结合起来，组织答案。要点示例：罗马法内容丰富，涵盖从国家到个人生活的各个领域，以法治国，有法可依，为新社会制度建设提供了可借鉴的法律规范。这样的答案要求先从罗马法中选取一条内容或主张，再看它在后来西方民主政治的发展过程中有什么作用或价值。这样一个简单的提问，似乎有着高考41题（开放式问题）的印迹。

总之，复习课是中学课堂教学的常态，它应该是授新课的延伸、拓展和升华，不管采用什么方法，能提高课堂教学的有效性，才是复习课的根本。

附：罗马法的起源和发展（一轮复习课课例）

鲜活的法律，永久的生命
——罗马法的起源和发展

复习目标：

（1）结合罗马国家的发展情况，了解罗马法的演变历程，增强时空观念。

（2）结合政治、经济状况，运用唯物史观分析罗马法发展的阶段性特征和罗马法的实质。

（3）掌握罗马法发展过程中的相关概念，加强对历史的理解。

（4）阅读材料，提取罗马法的内容、特点及影响的相关信息，学习论从史出、史论结合、史由证来的方法。

（5）从人类文明的传承和发展的角度，理解法律在人类社会中的价值。

一、罗马法的起源与发展

罗马法发展演变的三个步骤（分析每步变化的原因和影响）如下。

（1）形式上：从习惯法到成文法。

原因：平民反抗贵族斗争。

影响：审判、量刑有法可依，贵族对法律的随意解释受到限制，平民的利益得到保护，但保留了一些野蛮的习惯法。

（2）范围上：从公民法到万民法。

原因：版图扩大，引发文化冲突，造成社会动荡；国际交往扩大，经济活动中产生新问题。

影响：协调了罗马人和外邦人之间的关系及外邦人相互之间的关系，有利于缓和民族矛盾和社会矛盾。

（3）体系上：从零散到完整体系。

原因：皇帝的重视、法学家的努力。

影响：标志着罗马法体系的完备。

二、罗马法的内容和特点

史料一

第3表　债权人可将无力偿还的债务人，交付法庭判决，直到将其戴上足枷、手铐，甚至杀死或卖之为奴。

第5表　凡以遗嘱处分自己的财产，或对其家属指定监护人的，具有法律上的效力。

第8表　期满，债务人不还债的，债权人得拘捕之，押其到长官前，申请执行。

——摘自《十二铜表法》

根据史料一概述罗马法的核心内容。

核心内容：保护私有财产。

史料二

"一切人自始都是生来自由人。"

——徐国栋译《查士丁尼法学阶梯》

任何人不能仅因为思想而受惩罚。

判刑时必须始终考虑罪犯的年龄与涉世不深。

——《民法大全选译》

自由民在"法律面前人人平等"，依法享有国家全面保护的公权和私权。

——《万民法》

罗马法学家西塞罗："人们将正直的行为认作是善，将不正直的行为认作是恶。只有疯子才会得出这样的结论，即这些判断是一个见仁见智的问题，而不是自然先定的问题。"

根据史料二概括罗马法的核心思想。

核心思想：自然法思想（人生而自由、平等）。

史料三

用人为的方法变更自然水流，以致他人财产遭受损害时，受害人得诉诸赔偿。

橡树的果实落于邻地时得入邻地拾取之。

——《十二铜表法》

航海家和商人们活动……一直伴随着并且最终超越了罗马的扩张，商业繁荣自然而然地导致形成一系列体现着商品经济现实的法律关系。

——《世界文明史》

根据史料三概括罗马法主要调整了哪两种关系。

两种关系：财产关系、商品经济关系。

史料四

宁可漏网一千，不可枉屈一人。

提供证据的责任在陈述事实的一方，而非否认事实的一方。

——《万民法》

在成文诉讼中，案件的形式起有巨大的作用：在用语中最小的错误都会使全部诉讼失败。

——科瓦洛夫《罗马史》

行政官……可以根据每一个个别案例的情况做出裁量，而不必僵硬地按照有关法律条文的字面含义进行判决。他的这种决定成为事实上的判例法。

——《世界文明史》

根据史料四概括罗马法运行中的特点。

特点：定案的证据性、判决的灵活性、诉讼的形式性。

三、罗马法的影响

史料五

"皇帝的命令就是最高的法律。"

——2世纪罗马皇帝哈德良讲话

妇女不得参与任何公务；因而她们不能担任法官，或行使地方官吏的职责，或提出诉讼，或为他人担保，或担任律师。

奴隶和隶农必须无条件地服从主人，服从"命运"的安排，对逃亡的奴隶和隶农必须严加惩治。

——《查士丁尼民法大全》

史料六

公元前449年罗马颁布了《十二铜表法》，公开诉讼的程序、债务、家庭关系、财产继承、宗教以及犯罪和刑罚等方面规定。到公元前3世纪中叶，罗马产生的法律统称为公民法，内容侧重于国家事务和法律程序等方面。由共和国到帝国的过程中，罗马法广泛借鉴外邦法规，注重调解贸易及财产等经济和民事纠纷，以自然法观念为指导，认为人人生而平等，都有资格享有某些基本权利，形成了适应帝国时期境内各族人民社会要求的万民法体系，逐步取代了公民法。在帝国时期，法律逐渐影响到国家和个人生活的各个领域，规范了行政行为，调节了大量商业纠纷和债务、继承等个人财产关系，较好地理顺了各种错综复杂的利益关系。罗马帝国灭亡后，对罗马法的研究在中世纪和文艺复兴时期两度掀起热潮。后来，罗马法又成为近代资产阶级法学的渊源和近现代法律的先驱。

——摘自朱汉国主编《历史》（人民出版社）

（1）据史料五指出罗马法有何局限性。

局限性：维护奴隶主贵族利益，范围有限。

（2）根据史料六概括罗马法在当时的积极作用。

作用：规范了行政行为，调节了财产关系，缓和了社会矛盾，维护了帝国统治。

（3）结合近代西方民主政治发展历程，分析说明材料中罗马法的思想内容能够影响久远的原因。

原因：①公开稳定（成文），突出法律程序建设，为法治实践提供了良好的前提条件，也为近现代法制发展提供了经验；②内容丰富，涵盖从国家到个人生活的各个领域，以法治国，有法可依，为新社会制度建设提供了可借鉴的法律规范；③保护物权（私有制），注重调解经济和民事纠纷，为发展资本主义经济提供法制保障；④倡行法律面前人人平等，超出奴隶制时代限制，有利于人类进步，闪耀着永恒的思想光芒，为新兴资产阶级反对君主专权和宗教特权提供了思想武器；⑤崇尚法治，公正至上，既适合近代反对封建主义的革命斗争，也是政治文明的追求。

课堂教学的核心是有效

广州市高一教研安排了两节公开课，陈老师执教"物质生活与习俗的变迁"（以下简称为陈课），刘老师执教"交通和通信工具的进步"（以下简称为刘课）。这两节课的内容基本上都属于考试的"冷点"，也是教学的"盲点"，很多教师都是不重视的，有的可能是一节课把整个单元的3课都讲完了，也有的可能就是让学生自己看书，根本不讲。之所以选择这两节课作为公开课，就是为了给全市教师提供一些别样的思路。这两节课吸引了来自全市高一年级的教师及部分高校研究生共200余人听课。两节课虽然风格不一、模式有别，但追求教学效果的最大化是其共同点。

一、"实"：陈课的最大特点

陈老师有近二十年的任教经历，知识功底扎实，课堂驾驭能力强，有亲和力，课堂上师生互动较好，学生参与度高，气氛热烈。陈课的最大特点是"实"，这主要表现在三个方面。

1. 实在

课堂教学目的明确，方向性强。本课的课标要求是：了解近代以来人们物质生活和社会习俗变化的史实，探讨影响其变化的因素。也就是说，本节课需要学生掌握的内容就两个方面：史实和影响因素。陈课紧紧围绕着这两个内容展开。先是通过一个知识表格，要求学生罗列或者归纳全课的内容，庞杂的知识通过表格的方式直观地呈现给了学生，既避免了烦琐的表述，也显示了知识之间的逻辑关系。在此基础上，以近现代三个时期的服装为例，要求学生概括出服装变化的特征或趋势，并由此分析其变化的原因。全课紧握课标的"手"，步步为营，稳打稳扎，不花哨，不拖沓。

2. 实用

陈课是一堂传统课，实用性较强。全课立足于教材，以知识和能力为核心，以学生的现实需要为抓手，从史实的落实、特征的概括、原因的分析、因素的提炼到认识和启示的升华，层层递进，逐步提升，既是现阶段绝大多数教师日常的教学方式，也符合目前全国高考试卷背景下高考复习的要求。

3. 实诚

陈老师在课后的发言中非常坦率地承认，他的课属于常规课，没有很多新意，对教材的挖掘深度可能也不够，离新课程的要求可能有点远。同时，他也说到了即便是常规课，也还有许多不足之处。确实是这样，课堂上有些似乎可以再优化，包括切入教材的角度不够新颖、教学史料的选择还欠火候、教学视野还不太开阔、课堂语言的口语化严重、对学生思考的提示分解得过于琐碎、对学生身边的历史关注得还不够、缺乏对学术前沿和社会热点的敏感性，等等。这些问题的解决单靠知识的积累是远远不够的，可能需要更长期的积淀和更习惯性的思考。

二、"大"：刘课的独特之处

刘老师有长期的高中教学经历和丰富的教研与备考经验，扎实的知识功底，以及对历史课堂教学的挚爱，他主动请缨承担这样一节公开课。应该说，刘课立意深远，高屋建瓴，对全市历史教师有着极强的示范性。刘课的独特之处是"大"，主要表现在三个方面。

1. 大视野

刘老师注重视野，具有大历史观，他善于在历史大背景中考察历史事件，大范围地挖掘历史联系，从而形成对历史发展的大感慨。例如，上课伊始，他设计了这样一个问题："列举与近现代中国交通、通信发展有关的历史事件。"这就把交通、通信放到了近现代历史发展的大环境中，也自然而然地让学生建立起了交通、通信与政治、经济、科技之间的联系。他跳出教材，视野极其开阔。刘老师还注重大跨度的历史联系。在上课过程中，他多次用学生身边的"生活"让学生感受交通、通信工具的进步，如古人分离时"执手相看泪眼""孤帆远影碧空尽，唯见长江天际流"，到近代竹枝词的商人妇与夫别离时的"轻松心情"，再到今天送客至南站远行的心理感受。这样的例子无须多言，学生已领悟其中含义。刘老师真真切切地把历史与现实、枯燥乏味的教材史实与学生的真实生活融为一体。这样一种大背景、大联系、大感慨是需要大智慧、大胆略的，同时也给学生带来了大收获、大启迪。

2. 大数据

现在是一个大数据的时代。"数据"重在"据"，给人们一个强烈的"证据"意识。这反映在历史教学中，表现为史论结合，论从史出，有一分材料说一分话。刘课非常注重这一点。例如，全课的第三个大问题："分析交通、通信工具发展产生的影响。"他通过一系列的材料，引导学生领悟和感受。这些材料活泼新颖，大多来源于高校专家、学者的学术研究，也有真实的生活叙事，包括政府官员的出行记录、平民百姓的走亲访友等。这样一种史料教学，既培养了学生阅读材料，提取信息的学科能力，也开阔了学生眼界，拓宽了学生视野，使学生意识到历史的多样性和时代变迁的进步性，更重要的是养成了学生的"证据"意识。可谓"一石三鸟"，用心良苦。

3. 大气场

气场是一种感觉，它往往先通过视觉来呈现。尽管刘老师多年没上讲台了，但他的身上有着一股无形的魅力，本能地让学生喜欢，让人佩服，让人尊敬。细究一下，这种魅力是什么呢？他一进课堂，良好的精神气质就感染了学生。随着课堂的深入，大家发现，渊博的专业知识、幽默的课堂语言、亲和的师长形象以及所体现出来的积极乐观的人生态度、与人为善的人格品性、宽容博爱的道德情怀都凝聚在他的身上，使他具有一种让人亲近、让人相信的气场，吸引人去喜欢他、尊敬他，进而信任他、佩服他。一举手一投足都牵引着学生，一言一行都比其他人拥有更大的说服力，课堂结束时，学生热烈的掌声说明了这一切。

毫无疑问，这节课在史料教学、思维拓展、情感培养、能力提升方面极具示范性，是一堂十分精彩的课。但是，在现有的教学和考试体制下，这节课也有一些地方似乎值得商榷：一是学生阅读教材或者教师扣紧教材的时间只有5分钟，知识是否落实？基础能否过关？二是在分析交通、通信工具发展产生的影响时，很多是授课者的人生感悟和积淀，于十几岁的高中学生是不是有点拔高了？三是完整地引用了四首诗词，就是为了让学生感受交通工具进步前后人们送别的心情差异，是不是有点头重脚轻？四是课堂开始时的授课者姓名解读和课程结束时邹文广的演讲材料与课程的联系程度似乎不大。

三、"人"：两课的共同目标

人是历史中最为重要的因素，也是历史教学中的主体。在历史课堂中，要充分关注历史人物和课堂中的人，教师不仅仅是教给学生知识，更多的是要让学生获得对历史的认知，而这种认知，不是简单的认知，应该是一种觉悟，需要学生自己去感知、去领悟。这两节课在"人"的参与和成长方面都做得很到位。

1. 学生广泛参与

现代教学理论认为："教学过程是一个以心理活动为基础的情感过程和认知过程的统一。"[①]课堂教学是教师的教和学生的学双向互动的过程，它既需要教师富有激情的、能引发学生兴趣的"表演"，更需要学生心在其中津津乐道地"参与"。陈课的学生参与度非常高，这主要表现在：一是课前的预习到位。提前发下去的导学案本来只要求学生完成知识表格，但绝大部分学生把整个导学案都做完了。二是课中的热情高涨。课堂上学生很轻松、放得开，回答问题落落大方，条理清晰，时不时会出现集体的认同声、此起彼伏的笑声和发自内心的掌声。看得出，学生很投入，很享受。刘课的学生更多的是跟随教师进行思考、领悟和感受。从表情来看，学生沉醉其中；从对问题的反应来看，学生乐于探究；从师生的交流来看，学生频频主动。很明显，刘老师以学生为主体，关注学生，力图让学生真正体验到课堂的乐趣。

2. 学生得到尊重

尊重学生就是教师平等地对待学生，不伤害学生的自尊心，把学生视为有尊严、有个性、理当得到尊重的个体，在课堂上的表现就是教师不强行灌输知识，而是帮助学生获得知识。如陈老师在课堂上多次走近学生，坐在学生的旁边，与学生交流，参与学生的讨论。在学生的回答出现"另类"观点时，陈老师充分肯定其思维的敏锐性、观点的新颖性及认识的偏颇性等。刘老师进入课堂通过"拉家常"的方式拉近与学生的距离，课堂中也常对学生有赞美之词，如"对""没错""很好""不错"。刘老师的课堂，师生平等对话，彼此之间进行交流、争辩、讨论，创造了良好的环境氛围，构建了和谐的课堂生

---

① 郝颖：《大学英语教学中的情感教学策略》，载《商丘职业技术学院学报》，2007（4）。

态，容易让师生在认识上产生认同感、情感上产生共鸣，使学生观念上发生质的飞跃。两位教师都非常善于运用言语和非言语信号，有效地传递教学信息，表露出对学生的关爱、赞美、好感、友情、信任等，达到既有助于教学目的实现，又促进师生融洽关系形成的双重目的。

3. 学生终身受益

历史教学中，我们寻求的不仅是单位时间内量化的历史知识和技能的传授，而且应该是培养学生进行历史终身学习的能力。两位教师通过大量的生活化的事例、知识化的史料、趣味化的思考、哲理性的感悟来引起学生强烈的兴趣和需要。只有有了兴趣和需要，学生才会有学习历史的动力。"当学生已经能够阅读教材和思考的时候，也就是进入'相对独立'和'基本独立'学习阶段，要先让他们自己去阅读和思考。当然，这时只靠学生自己读书和思考还不能解决全部问题，所以，教师的教学依然是重要的，但是，教师一定要针对学生独立学习中提出和存在的问题进行教学，这就是教学的针对性。没有针对性的教学就是一般化的教学，一般化的教学是低效的，甚至是无效的教学。"[1]历史学习，实际上就是获取历史信息、处理历史信息，并在此基础上获得新知识和发现问题、解决问题的过程。两位教师都非常注重这一点。如陈课把大量的问题交给学生，让学生阅读材料，独立思考，解决问题。在个人无法完整解答时，陈老师曾几次对回答问题的学生说，他们可以找同桌帮助，与同学一起解决问题。这就体现了自主学习与合作学习。刘课在分析交通、通信工具发展的影响时，引导学生得出的几个结论会对学生产生深远的影响，如"交通工具的进步扩大了公共活动空间，为近代公民社会提供了一定的条件"这一结论引入了公共活动、公民社会等概念，有助于培养学生的公共意识、社会意识及社会责任感；"现代的形式，传统的内容"又有助于学生正确理解传统的思维、习惯对现代文明的影响；"技术时代的人文关怀"则能让学生清醒地看到现代科技的"双刃剑"角色。历史教学中，必须着力培养学生终身学习的习惯和能力，只有这样才能让历史学习终身化，使历史的有效性贯穿学生的一生。

"课堂教学的有效性不是看课上得如何漂亮，如何热闹，如何掌声雷动；而是看学生学到了什么，知识有无增长，能力有无锻炼，求知的主动性、

---

[1] 余文森：《有效教学十讲》，上海：华东师范大学出版社，2009年。

积极性如何，思想情操方面有无泛起涟漪乃至掀起波澜，受到文本佳作的'感情的感染'。"①教学需要积累，课堂需要沉淀。教学集知识传授、智慧人生、技巧达成于一体，需要教学者长时段、全方位、多领域地积累，否则难以胜任。课堂融师生互动、思维碰撞、情感交流为一体，有赖教学者精准设计、细致筹划、有效组织，否则不能出彩。教学的重心在课堂，课堂的关键是有效。有效教学是一个永恒的话题，也是教育教学工作者竭力追求的目标。

---

① 于漪：《语文课堂教学有效性浅探》，载《课程·教材·教法》，2009（6）。

融核心素养于一轮复习之中

2017年4月的广州市高二历史教研活动是"新中国外交"一课的同课异构。授课者是广州市越秀外国语学校的康颖老师和广州大学附中的王丙申老师。课题较大，授课者可以选择其中的某一段，也可以从客观上整体把握。康老师授课的课题是"从'一边倒'看现代中国的外交"，着眼于1949—1953年的外交。王老师授课的课题是"现代中国的对外关系"，全程考察中华人民共和国成立60年来的外交。两课内容选择不同、风格各异、侧重点有区别、教学方法不一致，给全市教师带来了一场课堂盛宴。笔者作为市历史中心组组长参与了两位教师的试教和正式上课，感受了两位教师课堂教学的风采。下面是笔者对这两节课的一些个人感悟。

一、核心素养的选择要"淡妆浓抹总相宜"

核心素养既是学科教学的主体方向，也是高考命题的重要趋势，中学教师应该自觉地将历史学科的核心素养与历史课堂教学有机结合起来。但高三的复习课毕竟不同于新课，它更多的是服务于高考，因而瞄准靶心、重构体系、发现问题、升华主题应该是其主要目标，核心素养的选择要基于这一复习目标。也就是说，一节复习课不可能涉及全部五项核心素养，只能根据复习课的特点，在其中进行选择，能突破一两个就足够了。

康老师的课从历史概念入手，侧重于历史解释这一学科素养。全课从概念的解读出发，逻辑递进，环环相扣，有效地落实了这一学科素养。上课伊始，康老师就从解读"中华人民共和国外交"这一概念入手，涉及中华人民共和国成立前后中国外交的不同点和政府对外交认识的不同，并进一步引导学生深入分析导致这种不同的原因，进而归纳影响外交的因素：背景（国内外形势）、判断（对世界的判断和对自身的定位）、核心利益、综合国力、国际影响力等。由此引出本课的第二个概念"独立自主的和平外交"，引导学生从目的、方式、目标、作用和影响、关键词等方面进行理解。然后进入本课的第三个概念，也是本课的重点内容——"一边倒"。通过提供大量的史料，包括第二次世界大战后的国际局势图、中国外交面临的选择、过渡时期的重大事件时间轴、中苏关系的状况等，让学生就"一边倒"外交选择的原因、实践、影响等，在自主学习的基础上进行合作探究，得出相应的认识。在课程最后，康老师抛出了一个颇具挑战性的问题："'一边倒'如何体现了'独立自主的和平外交'方针？"这一问题将本课的两个重要概念有机地结合在一起，既是对教学内容的系统总结，也起到了画龙点睛的作用。

王老师选择了"史料实证"这一学科素养作为课堂教学的重要方向。全课共出示了40多则史料，有图片、实物、地图、数据、文字史料等，史料来源丰富，信息量巨大，权威性强，新颖别致。几乎所有的教学环节都体现了"史料—场景—知识—结论"这一史料实证的重要方法，通过教材内容问题化、复杂问题简约化、历史知识情境化，给学生一种强烈的史学意识。

二、核心素养的落实要"远近高低各不同"

核心素养的选择固然重要，但如何将其稳妥、有效地落实到学生身上，实现"软着陆"则是需要思考的。因为核心素养的落实方式多样和教师个体、学生状况、社会环境、教学手段、史料构成等因素的影响，需要教师在充分研究各种因素的基础上，谨慎、科学、合理地施教，尽可能实现效益的最大化。

历史解释是指以史料为依据，以历史理解为基础，对历史事物进行理性分析和客观评判的能力。康老师在课堂上以理性思维为主，以循循善诱、步步推理、层层递进的方式，引导学生进行理性分析和客观评判。譬如，在分析"中华人民共和国外交"这一概念时，选取了中华人民共和国三部宪法性质的文件（共同纲领、1954年宪法、1982年宪法）对外交的相关文字进行表述，引导学生找出中华人民共和国成立之后外交的"变"与"不变"，通过分析这些"变"与"不变"的关系，自然得出对"独立自主和平外交"的基本认识。这一方式自然生成，学生非常容易掌握和理解。而对于"一边倒"外交的利弊影响，康老师只提供了相关的材料，并没有给出结论，让学生自己进行客观判断，效果也非常不错。

历史是一门实学，对历史的探究以求真求实为目标，以史料为依据，通过对史料的辨析，将符合史实的材料作为证据，进而形成对历史正确、客观的认识，"有一分史料说一分话"。王老师在课堂上采用了不同的方式落实"史料实证"这一素养：一是教会学生如何收集、辨别、选择和使用各种历史资料，在史料中发现线索和有效信息，并经过思辨与探究判断史料是否可以作为实证的证据。二是引导学生根据学习与探究的问题自行进行史料的甄别，考察史料的可信度和使用价值。三是教会学生运用相关史料形成新的问题视野，构建属于自己的历史叙述，从而培养学生"史由证来，论从史出"的证据意识。方法多样，效果明显。

三、核心素养的融入要"夜来春水暖，送冰去无声"

核心素养在复习课中的融入应该是顺其自然，不刻意追求，不留痕迹，有如"春风拂面"，亲切而自然的。在这一点上，两位教师也都做得非常好。这主要表现在三个方面：一是立足教材，始终抓住学科的基础知识。核心素养必须与相应的学科知识有机融合，离开了学科知识，核心素养就成了无源之水，无木之本。两位教师课前准备充分，课堂深入挖掘，广泛联系，旁征博引，知识应用恰当，梯度递进可行，双向沟通有效，既达到了一轮复习的基本要求，也高效地实现了核心素养的落实。二是立足现实，充分发挥学科的教育功能。现代中国的外交现实感强、思想教育功能丰富，两位教师将其精准融入当代中国的政治、经济之中，精确置于世界历史的大背景之下，高屋建瓴，效果明显。三是情感体验，内化品格，外化行为。从学科教学的角度来看，历史核心素养的形成不仅需要知识与技能的习得，更需要习得过程中的体验和感悟。两位教师在教学中，坚持"情动—体验—理解—内化"的过程，运用多种行之有效的方法将价值观无痕地渗透到历史课堂教学中，让学生在感知、体验和思考的过程中，深化对史事的认识与判断，进而生成鲜明的历史价值观，以陶冶情操。

培养与发展学生的历史核心素养没有捷径可走，必须靠一线教师在观念上更新，在专业上提升，在教学中渗透，在日常教学中积累，唯其如此，才能真正培养学生的优秀品格与创新能力，使学生得到全面发展。

心理健康教育在历史教学中的渗透①

　　心理健康教育是以开发人的身心潜能、完善和提高新一代合格公民应具有的心理素质为目的的教育。因为人的心理是人的整个精神活动的基础，所以心理健康教育是整个素质教育的基础，是其他素质赖以发展的前提。青少年学生正处在心理发育的"断乳期""危险期"，中国的独生子女更是存在着较为严重的心理问题。中小学心理健康教育在当前显得尤为重要和迫切。学科渗透是心理健康教育的一种有效手段，中学历史教材本身蕴含着丰富的心理健康教育素材，因此，如何充分利用历史资源，将历史教学与心理健康教育相结合，将是以后历史教学研究的方向之一。下面是笔者的一些思考。

一、在历史教学中实施心理健康教育的主要内容

（一）在历史教学中，培养学生正确的人生观、价值观和理想信念

　　"对中学生进行正确的世界观、人生观、价值观教育。中华民族传统道德中有许多非常优秀的成分，蕴藏着丰富的精神内涵。要发扬这种优秀传统，教导青年立志，做正直的人，树立对国家、为民族的奉献精神。"（朱镕基《努力开创基础教育改革和发展的新局面》）人格健全的青少年应该具有正确的人生观、价值观和理想信念，并能以此为中心，把需要、愿望、理想、目标、行为统一起来。如教学《中华文化的勃兴》一课时，教师可以引导学生学习和探究孟子的"富贵不能淫，贫贱不能移，威武不能屈"的人生观和价值观，促使学生从中受到良好的教育。又如，教学《科学技术的成就》一课时，教师可以引导学生思考、讨论：为什么美国方面的关押、软禁、监视丝毫减弱

---

① 本文发表于《考试报》2006年12月26日。

不了钱学森回国的决心；华罗庚"梁园虽好，非久居之乡"；钱三强冒着生命的危险，转辗回到祖国的怀抱，投身于祖国的建设。海外中华赤子的报效祖国之心，深深感动着学生，使广大学生受到了爱国主义教育，树立了祖国和人民的利益高于一切的理想信念和"为中华之崛起而读书"的崇高理想。

（二）利用历史人物的高风亮节和远大抱负，对学生进行品德教育

当前，部分中学生由于是独生子女，常以自我为中心，具有自私、心胸狭窄、缺乏集体责任感等弱点。然而，中学生正处于少年期和青年期（这也是他们的理想形成期），模仿力强，特别喜欢模仿英雄人物的具体行动，榜样的力量对他们的影响非常之大。因此，在对此类学生进行心理健康教育时，应充分利用历史人物的言行，去感染学生的心灵，从而鼓励他们继承中华民族的优良道德传统和崇高的气节。如对自私、心胸狭窄的学生，可引导其通过鲍叔牙让贤和齐桓公重用管仲，看鲍叔牙与齐桓公的为人，认识他们具有的博大胸襟和过人的胆识。这样，历史人物的博大胸襟、高风亮节就把学生带到一个崇高的思想境界，对学生心理产生了积极影响。又如，对缺乏集体责任感的学生，利用诸葛亮的"鞠躬尽瘁，死而后已"，范仲淹的"先天下之忧而忧，后天下之乐而乐"，顾炎武的"天下兴亡，匹夫有责"，周恩来的"为中华之崛起而读书"等历史人物的远大抱负，对学生进行情感教育，使其树立起强烈的责任感和远大的理想。

（三）利用历史英雄人物事迹，对学生进行磨砺教育，增强学生的意志和抗挫折能力

心理承受能力较弱是当今青年一代的普遍特征。由于缺乏承受挫折的心理准备，他们一旦在学习或生活中遇到小小的挫折，有些学生便会自卑、灰心丧气，甚至走向极端。因此，利用历史资源优势对学生进行意志教育和承受挫折的心理健康教育是迫切的、必要的。孟子说："天将降大任于斯人也，必先苦其心志，劳其筋骨，饿其体肤，空乏其身，行拂乱其所为，所以动心忍性，曾益其所不能。"凡是有作为的人，都遇到过大困难，都受过艰苦磨炼，其不屈不挠的精神和坚忍不拔的意志正是成功的钥匙。越王勾践"卧薪尝胆"二十年后"三千越甲可吞吴"，"鉴真东渡"经历了六次风浪袭击，即使身心俱疲，也要高高地昂起头来承受。司马迁在《史记》中说："文王拘而演《周易》；仲尼厄而作《春秋》；屈原放逐，乃赋《离骚》；左丘失明，厥有《国语》；孙子膑脚，《兵法》修列；不韦迁蜀，世传《吕览》；韩非囚秦，《说难》《孤愤》。"这些毅力顽强、无畏困难、勇于探索的鲜活生动的历史史实给学生的启示是：凡是有作为的人，必先艰苦磨炼自己，才能排除万难取得成功。这样一来，学生就能冷静地对待生活中的挫折和失败，认识到事物总是在矛盾中发展，在曲折中前进的，在遭遇困难时能够坦然处之，不心灰意冷，丧失意志，始终保持正常的心态和乐观的情绪。

（四）利用历史学科优势，让学生获取成功的心理体验，使其建立自信心

自信是学生获取成功的精神支柱，但在现实生活中，一些学生因缺乏自信而自暴自弃，甚至误入歧途。针对学生的这一心理特点，可在实践中尝试对其进行成功的心理教育，如让学生搜集我国近代科学家李善兰、华蘅芳、詹天佑和冯如等人的成就并表述成文，既达到使学生体验成功的喜悦，建立起自信心的目的，又使学生领会到在旧中国饱受外国列强蹂躏的环境下，他们却以报国之志和坚定的自信心战胜了种种困难，获得了成功，从而使学生在潜移默化中增强自信心。再如，让学生搜集有关我国成功爆炸第一颗原子弹的资料，使学生了解我国当时面临的严峻形势：20世纪50年代末，中苏关系恶化，苏联撤走专家并扬言：离开他们的帮助，我们中国人10年、20年也休想造出原子弹来。但是，中国人民就是凭着一种敢于战胜各种困难的自信心，依靠自己的力量制造出了原子弹。从而激发学生立志求学、报效祖国的热诚，也极大地增强了他们的自信心。

（五）以史为鉴，对学生进行竞争和忧患意识教育

孟子云："生于忧患，死于安乐。"当今社会，随着人们生活条件的改善和家长对子女的溺爱，一些学生形成了经不起风雨，不善于与人合作的性格，缺乏竞争意识和忧患意识。这就要求教师在对学生进行心理健康教育时要因势利导，引导学生对历史进行观察：每一个朝代的皇帝但凡是开国君主都能励精图治，使其统治下的封建王朝出现兴盛局面。其原因在于：他们知道江山来之不易，只有励精图治，才能使其统治长治久安。而每一个朝代后期，统治者大都贪图享乐，政治腐败，最终灭亡。学生明白这些道理后，再引导他们思考：如今社会竞争日趋激烈，科技发展日新月异，如不具备新形势下的综合素质，肯定会被淘汰。学生自然就明白其中的道理了。这对培养学生的竞争意识和忧患意识具有重要意义。

二、在历史教学中实施心理健康教育的要求

（一）认真筛选教育素材

教学过程中教育素材的选择要满足以下两个方面的需要：一方面要符合学生的心理特点、思维发展的过程，符合学生的认知需要。材料尽可能生动、直观形象、贴近学生生活、便于学生认知。另一方面要符合当代社会的发展需要，要有正面教育意义。如在进行学习问题辅导时，若选取"头悬梁，锥刺股"的典故对学生进行启发，会使学生产生一种错觉：只要刻苦就能取得好成绩。这不符合当代社会学习发展的趋势，教师在教学过程中对此要进行正确的引导。教学方法要注意生动性、趣味性的结合，要充分发挥学生的主动性。心理健康教育应以实践活动为主，改变以说教为主的教学方式，活动的形式应当丰富多彩。

（二）要尊重学校心理健康教育原则

学校心理健康教育是一项科学性很强的活动。它有自己的原则，如面向全体的原则、预防与发展的原则、尊重与理解学生的原则、学生主体性原则、个别化对待原则等。我们在历史教学中进行心理健康教育要重视这些原则，注重辅导的科学性。在教学过程中要注意观察学生，尊重学生，如学生课上捣乱问题，我们不能单纯地根据道德标准做出品行不良的判断，而应当注意学生行为问题背后的心理需要。很多时候，广大的教育工作者混淆了德育问题与心理问题的界限，进行错误教育，从而导致问题越来越严重。

（三）要重视历史教师自身素质的提高

要重视历史教师自身素质的提高，尤其对科任教师来说，不仅要对本专业的知识有深刻了解，而且还要掌握关于青少年心理发展的科学知识，了解世界前沿的心理学和教育学发展动态。在教学过程中要具有创新精神，要有高度的责任感。同时，教师自身还应当经常进行心理咨询，应具有较好的心理素质和心理健康水平。只要充分发挥教师自身的主动性、能动性和创造性，鼓励教师开动脑筋，注意积累，重视交流，完全可以将心理健康教育与学校日常的教学活动融合起来。身教重于言教。在课堂上，教师的形象影响着学生的形象，教师的兴趣影响着学生的兴趣，教师的情绪影响着学生的情绪，教师的能力影响着学生的能力。一句话，教师的心理素质影响着学生心理素质的形成和完善。

（四）要坚持"以人为本"，创设和谐宽松的课堂环境

教师要根据学生的生理和心理特点，充分肯定每一个学生的发言。对偏离的发言，要想方设法引导到正确的轨道上来；对错误的发言，也要先肯定学生敢于发表不同见解的勇气，然后加以引导，并请其他学生讨论，发表见解。为了给学生一个自主学习、合作学习、探究学习的良好环境，教师要尊重、理解学生，用开放的心态去接受每一个学生，并爱护和培养他们的好奇心和求知欲，鼓励他们大胆质疑，积极探索，为他们创造一个积极、民主、富有个性的环境。

心若在，梦就在

《巅峰上的孤独：历史广角镜下的明清政治制度》是笔者应广州某校之邀上的"同课异构"课。课题是举办方提供的，不过，准备时间比较充裕。该课例获得了2016学年"一师一优课、一课一名师"区优、市优和省优，同时还获得了"2016学年广州市历史教师技能大赛优质课竞赛"一等奖。下面是笔者在备课过程中的思考及对本课的一些感受。

一、课程设计特点

单从学案来看，就可以发现这节课的设计有四个特点。

1. 提示清晰

五个环节非常清晰，表述恰当，字数对等，结构一致，逻辑递进。课标理解——细细解读；基础明示——点点盘清；视角突破——步步提升；单元整理——井井有条。在视角突破的环节中，几个步骤也体现了这一特点：演变之中、道西说东、认识追踪、各抒己见。

2. 详略有当

作为一堂复习课，落实基础是首要任务，但由于这一课的基础知识相对较少、相对简单，这一步基本上由学生自己完成。课堂重点放到了"视角突破"这一部分，这里既有基础的再现，又重能力的提升和素养的渗透。

3. 试题原创

课堂上分别从白钢的《中国政治制度史》、徐晓全的《中国古代皇权与相权之争及其对制度变迁的影响》、孟德斯鸠的《论法的精神》和钱穆的《中国历代政治制度得失·序》4本书中引用了4段材料，原创了5个问题。问题的设计既有对本课知识的概括，又有对前后知识的联系，更有对演变的趋势的体现；既有纵向的递进，又有横向的比较，更有三个模块的融合；既有对观点的评判，又有对结论的验证，更有给学生自主发挥的空间。

4. 渗透素养

课堂教学较好地体现了历史学科核心素养的实施，整个设计体现了时序的演进（历史时空）、辩证的认识（唯物史观）、概念的解读（历史解释）、史论结合的学习方法（史料实证）、制度巅峰的积极作用（家国情怀）。五个素养都有不同程度的渗透和实施。

二、备课准备充分

1. 阅读是必须的

为了这节课，笔者阅读了涉及本课内容的8本书和1篇文章：《中国历代政治得失》（钱穆，生活·读书·新知三联书店，2002）；《中国政治制度史》（上下卷）（白钢，天津人民出版社，2002）；《中国政治制度史导论》（张鸣，中国人民大学出版社，2004）；《中国政治制度通史·明代卷》（杜婉言、方志远，人民出版社，1992）；《中国政治制度通史·清代卷》（郭松义、李新达、杨珍，人民出版社，1992）；《明代皇权政治研究》（李渡，中国社会科学出版社，2004）；《明史简述》（吴晗，中华书局，1980年）；《万历十五年》（黄仁宇，生活·读书·新知三联书店，1997）；《中国古代皇权与相权之争及其对制度变迁的影响》（徐晓全）。

2. 思考是必要的

看完这些书和文章后，我有一些别样的认识：

（1）精确把握。几本书不约而同地谈到了"明朝政治制度的历史地位"问题，而对清朝政治制度却没有讲历史地位，这说明了什么呢？从字里行间可以看出几个理由。一是传统性。元是少数民族政权，对原有的传统制度有比较大的冲击，甚至完全偏离了传统轨迹，到了明朝很大程度上又回到了传统的轨道上来。如加强君主专制和中央集权，重新恢复科举考试。二是创新性。朱元璋在继承传统政治制度的前提下有创新：废除了两千多年的宰相制度，设立内阁等。三是延续性。清朝虽也是少数民族政权，但在政治上基本上承袭了明朝的政治制度及其发展方向，如君主专制的强化、思想控制的加强等。注意这个细节有什么意义呢？看看下面的表格就有答案了（见表4-4）。

表4-4　明清政治制度考点

考　点	明朝政治制度		清朝政治制度	
试题类型	国家命题	地方命题	国家命题	地方命题
选择题数	6	3	3	2
	9		5	

（2）精彩描述。读书过程中发现的一些非常精彩的文字既能开阔眼界、澄清认识、补充教材，又是极好的命题素材。如杜婉言、方志远著的《中国政治制度通史·明代卷》关于明朝政治制度的历史影响和评价，钱穆关于"明朝政治是恶化的政治"的论述。如白钢在有关明朝政治制度的评述中就宰相制度和士大夫有这样一段精彩描述："明代的制度不是一个高明的制度，其关键在于它违背了自秦朝以来这种官僚帝制的客观规律。这种官僚帝制的关键环节在于官僚体系和皇权之间的平衡，以及官僚体制的有效性。宰相制是这种平衡和有效性的核心环节。废除宰相之后，势必要寻求某种制度补偿或替代，但替代物毕竟不能起到原来宰相制的作用，所以制度的惰性暴露得特别充分。同时，如果士大夫积极性受阻，官僚制的有效性依然难以发挥。如果所有官员只是皇帝的雇员甚至奴才，制度的弹性就变成了制度的弊病，无法弥补其缺疏部分。但是经过元朝残酷的统治，士大夫格外珍惜这个好不容易得来的王朝，所以，尽管朝廷摧折，但一有机会，还是会尽量效忠尽力，使其免于崩溃。孟森先生曾经感到很是诧异，为什么像明武宗这样空前绝后的昏君，居然能够内平大乱，外御强敌，保持王朝不倒？他将之归结为明初几帝遗泽，士气未衰之故，显然不确。其实是士大夫自己不乐意让士气衰落下去，硬撑的结果。"

三、主题设计精巧

近年来，笔者很注重主题教学，即以一个主题切入教材，把相关的历史知识重新整合，构建一个新的知识专题，达到既巩固知识，提高学生思维能力的目的。一堂课没有主题，那就是一盘散沙。缺乏主题的课堂充其量只是若干知识的简单罗列，缺乏深度、缺乏思想。因而，每节课都应有一个主题。

本节课在思考主题时，笔者颇费了一番脑筋。笔者前前后后准备了几个主题，后来都被自己否定了，都是从"顶峰""别具一格"这个方向思考的，一直没有找到合适的词或句子。笔者曾经打算用两句诗句做主题：一是南宋诗人杨万里的《晓出净慈寺送林子方》中的前两句"毕竟西湖六月中，风光不与四时同"。这句话强调的是"别具一格"。二是苏轼的《书双竹湛师房二首》中的第二首"暮鼓朝钟自击撞，闭门孤枕对残缸。白灰旋拨通红火，卧听萧萧雨打窗"。意思是，报时的钟鼓自在那里击撞，诗人闭门独卧对着将熄的灯光。白灰一拨又亮起通红之火，他躺在床上静听冷雨打着寒窗。笔者觉得当时苏轼的心情及境况与明清政治制度的演变状况十分相似。历史的车轮滚滚向前，已进入近代社会的前夜，但明清王朝依旧闭门孤枕，不了解世界发展的大势，好似将要熄灭的灯光。虽然经过一番改革，灯光又再度亮起，明清王朝也一度繁荣，但却是夕阳西下。曾经笔者非常喜欢这个主题，觉得它既能较好地切入课题，又能显示出自己"腹有诗书"的气质，心里窃喜了几天。但后来笔者还是否定了这个主题，因为它晦涩难懂，不做一番解释，学生不知道这节课要讲什么。

最后确定的主题是"巅峰上的孤独——历史广角镜下的明清政治制度"。笔者觉得这个主题非常好。一是简单明了，不用解释。二是两个词都与课题密切相关，而且概括了明清政治制度的特点，同时又把它置于中国历史和世界历史的背景之中。"巅峰"是就中国政治制度的纵向发展而言的，"孤独"又是从当时世界横向发展的大势来看的。三是逻辑上也没问题，能到达"巅峰"的本来就少，用"孤独"是可以的。于是就有了课程导入的一段话："张鸣在《中国政治制度史导论》中说，只有到了明清时期，中国的帝制才真正具有了专制的意味。所以他把这一时期的政治制度定义为'绝对王权'。方志远在《中国政治制度通史》中也说，明代政治制度的改革客观上有力地助长了皇权从强大走到泛滥，这既是皇权的末日，也是国家和民众的灾难。'会当凌绝顶'之时，放眼寰球，西方已出现民主的曙光，中国却依旧在专制的道路上孤独前行，可谓'雨打寒窗'，夕阳西下。"对这段导入语笔者个人是非常满意的。笔者认为，它既向听课者解读了主题，又非常自然地切入了课题。

教学主题应该文字简洁、表述精准、引人入胜，使人过目不忘。一个好的主题应该具备这些基本的文字要求。

四、课标解读到位

本课的课标要求表述简单：了解明朝内阁、清朝军机处设置等史实，认识君主专制制度的加强对中国社会发展的影响。就是两个内容：一个史实，一个影响。结合近五年高考考情的分析，笔者把这个要求细分为四个方面：归纳明清两朝在政治制度上强化君主专制的措施，辩证认识专制制度的加强对中国社会发展的影响，纵向、横向分析明清政治制度的历史地位，认识到从专制到民主是历史发展的必然趋势。这种解读立足本课，注重单元的概括与综合，同时置身于世界历史的大背景和人类文明的演进之中。我个人认为这个解读是到位的。

基于对课标的解读、考试的要求、学情的分析，笔者也确定了本课学习的三种方式："抽刀断水"（局部与整体）的方式——在纵向发展的长河中，注重历史的横切面；"求同存异"（联系和比较）的方式——在纷繁复杂的史实中，关注事件的独特性；"史学阅读"（史论结合）的方式——在精选史料的润泽中，提升学生的感悟力。应该说，这些学习方式充分呼应了本课副标题中的"历史广角镜"。

高中历史教材知识补遗

　　高考命题源于教材，又不拘泥于教材，这就决定了高考试题与教材的关系是"若即若离"，甚至是"貌合神离"。不少的试题会在教材知识的"边界处"做文章。对试题中的某些知识，学生似曾相识，或者在教材中有简单涉及，但没有深入，或者是与教材知识类似的其他知识。这实际上就是教材的"隐性知识"，也就是"打擦边球"。对这些隐性知识的考查已成为近年高考知识落点的重要特点。

　　如关于分封制的三个高考试题：

　　1.（2017·新课标全国Ⅰ卷高考·24）周灭商之后，推行分封制，如封武王弟康叔于卫，都朝歌（今河南淇县）；封周公长子伯禽于鲁，都奄（今山东曲阜）；封召公奭于燕，都蓟（今北京）。分封（　　　　）。

　　A. 推动了文化的交流与文化认同　　　　B. 强化了君主专制权力

　　C. 实现了王室对地方的直接控制　　　　D. 确立了贵族世袭特权

　　2.（2014·全国新课标卷Ⅱ高考·24）周代分封制下，各封国贵族按"周礼"行事，学说统一的"雅言"，促进了各地文化的整合。周代的"雅言"最早应起源于现在的（　　　　）。

　　A. 河南　　　　　　　　　　　　　　B. 河北

　　C. 陕西　　　　　　　　　　　　　　D. 山东

　　3.（2011·全国新课标卷文综·24）董仲舒认为孔子撰《春秋》的目的是尊天子、抑诸侯、崇周制而"大一统"，以此为汉武帝加强中央集权服务，从而将周代历史与汉代政治联系起来。西周时代对于秦汉统一的重要历史影响在于（　　　　）。

　　A. 构建了中央有效控制地方的制度

　　B. 确立了君主大权独揽的集权意识

C. 形成了天下一家的文化心理认同

D. 实现了国家对土地与人口的控制

三道题都涉及西周的分封制，考查的方向都是分封制的影响，但其考查的角度都落在分封制的文化影响方面。这个内容目前高中阶段使用的几个版本教材中均未出现，教材讲分封制的影响主要都局限于政治的范畴，文化影响就属于教材的隐性知识。这就要求教师在高考复习中要注重加强对教材隐性知识的挖掘。

下面是教材中一些比较重要的隐性知识点。

一、明清时期君主专制空前强化

在《明清君主专制的强化》一课中，只提到废丞相、设内阁、军机处的设置等知识。实际上这只是在中央行政机构方面君主专制空前强化的表现，但部分学生思路比较狭窄，不会拓展。

知识补遗：

明清君主专制空前强化的表现如下。

（1）政治：奏折制度（例行公事用题本、秘事有奏本）、厂卫特务机构、宦官专权频现、巡抚的出现、边疆控制的加强、要名节不要性命的士大夫群体的涌现。

（2）经济：专卖、海禁、闭关锁国、资本主义萌芽的出现。

（3）思想：八股取士、文字狱、天朝上国的传统观念、"离经叛道"及进步思想的产生。

（4）建筑：宏大建筑、壁垒森严。

（5）科技：没有突破，进入总结阶段。

（6）学术：考据学、训诂学兴盛。

（7）文艺：反封建的文艺作品的出现，大型丛书、类书的编纂。

二、中外近代民主化进程中的妥协智慧

在中外近代民主化进程中，处处都有妥协。正是这种妥协，确保了中外民主制度的确立、发展和逐步完善。因而，妥协是一种艺术，更是一种智慧。

知识补遗：

（1）英国："光荣革命"是资产阶级、新贵族与封建贵族妥协的产物，避免了流血斗争。责任制内阁中，如果议会通过对政府的不信任案，内阁就要垮台，但首相也有权解散议会，重新选举。资产阶级不同集团权益之争，在议会中以和平的方式得以实现。1832年议会改革，资产阶级获得了更多的议席。现代英国君主立宪制是君主制、贵族制与民主制三者融合为一体的混合物，开创了一种新的政治制度。

（2）美国：1787年宪法的制定体现了大州与小州、中央与地方、北方与南方的矛盾，宪法中，国会由参众两院组成，着力解决大州与小州的矛盾，实行联邦制，着力解决中央与地方的矛盾，黑奴按五分之三人口折算，着力解决北方与南方的矛盾。美国宪法规定，总统有权否决国会通过的法律，但国会复议时若以三分之二多数再次通过，即为有效，体现了总统与国会之间的平衡与制约。

（3）法国：1875年宪法以一票的优势通过。

（4）中国：辛亥革命后，南北议和，孙中山让位于袁世凯，避免了大规模的内战和西方国家的武力干涉。

三、近代中国民族意识的觉醒

在半殖民地半封建社会环境下，反侵略、求民主是近代中国的两大革命任务。各阶级、各阶层纷纷以自己的方式开展了挽救民族危亡的斗争，民族意识逐渐觉醒。

知识补遗：

（1）鸦片战争——民族意识开始萌发。受到鸦片战争失败的强烈刺激，中国官吏和知识分子中的少数爱国、开明的有识之士开始关注国际形势，他们收集、翻译外国书报。此后，太平天国运动、洋务运动兴起。

（2）甲午战争——民族意识初步觉醒。甲午之败，中国国际地位一落千丈。严复在《救亡决论》中喊出了"救亡"的口号；康有为要求中国人发愤自救；孙中山成立兴中会时喊出了"振兴中华"的时代最强音。民族资产阶级先后开展了维新变法和辛亥革命。

（3）五四运动——民族民主意识逐渐升华。在新文化运动影响下，具有初步共产主义思想的知识分子为五四运动准备了最初的群众队伍和骨干力量，促进了马克思主义在中国的传播。中国共产党的建立把马克思主义和中国国情相结合，制定了民主革命纲领，促进了国共合作和国民大革命的开展。

（4）抗日战争——民族意识全面高涨。抗日战争的全面爆发使中国人的民族意识开始由潜隐状态跃升到激烈状态，以国共合作为基础的全民族抗战使民族精神"在侵略者之前突然奋涨起来，成为一道新的、近代的中国长城"。

四、两极格局中的美苏争霸

第二次世界大战后形成的两极格局是美苏两分天下的格局，美苏冷战对峙是其显著特征。但两国的战略态势是有所变化的：战后初期斯大林致力于战时成果的巩固，到赫鲁晓夫上台后提出与美国平起平坐、共同主宰世界的设想，这样就形成了美苏争霸的格局。

知识补遗：

根据美苏争霸中双方战略态势的变化，美苏争霸分为三个阶段：

（1）50年代中期至60年代初，既有缓和又有争夺，战略优势在美方。缓和：1955年苏联主动与西方国家合作，签订对奥和约，并与联邦德国建交；1959年赫鲁晓夫访美。紧张：1961年苏联修筑"柏林墙"，使美苏关系更加紧张；1962年古巴导弹危机，表明苏联开始走上同美国进行全球争夺的道路，同时也表明当时的战略优势仍然在美方。

（2）60年代中期至70年代末，苏联处于攻势，美国转攻为守。勃列日涅夫的改革缩小了苏联与美国的经济差距，苏联推行积极进攻战略：一方面在欧洲集结重兵，另一方面加紧在欧洲以外地区的扩张。1979年入侵阿富汗，标志着苏联霸权主义政策发展到了顶点。美国受经济危机的冲击，经济增长趋于缓慢，侵越战争受到严重挫折，军事力量被苏联赶上，在美苏争霸中从战略进攻转为战略防御。

（3）80年代末90年代初，美国采取强硬政策，苏联退出军备竞赛。里根总统采取强硬态度，遏制苏联在全球的扩张势力；提出"星球大战"计划，以高技术为核心的新一轮军备竞赛拖垮经济力量相对落后的苏联。在争夺第三世界方面，美国立足于在军事上打小规模的局部战争，打击亲苏政权。苏联由于国内经济发展缓慢，在与美国的争霸中背上了沉重的包袱。1985年戈尔巴乔夫上台执政后，开始放弃争夺军事优势的做法，转为裁减军备，从对外扩张转向全面收缩。

五、古代经济重心南移

古代关中地区开发最早。春秋战国时期，商鞅变法推动了秦国经济的发展；秦汉时期，郑国渠、六辅渠、白渠的兴修，使关中成为当时经济较为发达的地区。此后，关中衰落，中原得到发展。后随着长江流域的开发，江南逐渐成为新的经济重心。教材关于经济重心南移只有结论，没有史实，学生不甚明了。

知识补遗：

（1）经济重心南移的历程。

① 六朝（魏晋时期都城在南京的六个政权：曹魏，东晋，南朝的宋、齐、梁、陈）时期，江南开始开发，南北经济逐渐趋向平衡。

② 隋唐时期，在统一的中央政权之下，江南的土地资源得到进一步开发。

③ 两宋时期，"苏湖熟，天下足"，说明南方经济发展已超过北方，经济重心南移得以完成。

（2）经济重心南移的原因：北民南迁、南方安定、政治中心南移、优越的自然条件。

（3）经济重心转移的启示。

① 政治稳定是经济发展的前提。

② 生产力的进步是经济发展的最重要的因素。

③ 经济的发展必须得到统治者的重视。

④ 古代农业经济的发展伴随着生态环境的破坏。

六、工业革命的影响

教材将工业革命放在经济模块中叙述，因而工业革命的影响也仅仅局限于经济范畴。实际上，工业革命给整个世界所带来的影响不完全是在经济方面，它对政治、思想、文化、风俗习惯等都产生了重大的影响。

知识补遗：

（1）经济：生产力水平提高，进入蒸汽时代；生产组织形式变化；自由主义经济政策确立；经济危机出现；城市化进程加快；资本主义世界市场初步形成。

（2）政治：两大对立阶级形成，工人运动和社会主义运动兴起，资产阶级革命和改革潮流出现，加快殖民扩张和殖民掠夺的步伐。

（3）国际关系：加紧对外侵略，殖民体系初步形成；东方从属于西方；客观上传播先进的思想和生产方式；民族主义运动兴起。

（4）意识形态：民族主义、自由主义、社会主义成为三大思潮。

（5）自然环境：严重破坏自然环境。

（6）家庭：几世同堂的大家庭逐渐转为以夫妻为核心的小家庭（主干家庭—核心家庭）；妇女社会地位提高。

（7）婚姻：婚姻以爱情为基础。

（8）服饰：妇女的裙装被短装所取代。

（9）文学艺术：现实主义出现。

七、资本主义经济发展不平衡的规律

资本主义经济发展不平衡是一条永恒的规律，从资本主义产生以来就存在，贯穿资本主义发展的始终，在19世纪末体现得更加鲜明。伴随着资本主义经济发展的不平衡，世界的政治经济格局、国际关系都相应地发生了重大的变化。相关史实散布在教材的章节中，教师要帮助学生整理和归纳，以应对逐渐偏离教材的高考试题。

知识补遗：

（1）资本主义经济发展不平衡的表现。

① 16世纪，西班牙、葡萄牙凭着率先开辟的新航路，将大量的黄金、白银从殖民地掠夺回国，两国迅速发展。但这些财富并没有转化为资本，大多用来向英、法、荷兰购买奢侈品和工业制成品，反而刺激了西欧其他国家的发展。因而16世纪后半期，两国迅速走向衰落。

② 17世纪，荷兰凭着有利的地理位置，大力发展金融和国际贸易，成为"海上马车夫"。但荷兰国内资源贫乏，单纯依靠海上贸易，国内手工业得不到发展。后来英国颁布《航海条例》，通过三次战争，打败荷兰。

③ 19世纪中期，英国利用先进的政治制度、充分的原始积累、发达的手工工场、庞大的殖民市场，率先完成工业革命，成为"世界工厂"，由此奠定了其在世界经济中的垄断地位，世界经济由此进入英国时代。

④ 19世纪末，在第二次工业革命中，美国、德国等新兴资本主义国家经济迅速发展，工业总产量逐渐超越英法等老牌的资本主义国家。

（2）19世纪末20世纪初经济发展不平衡的原因。

① 英国经济发展相对缓慢：不愿采用新技术、新设备；拥有庞大的殖民地，即使在经济水平较低的情况下，资本家依旧可以从殖民地攫取巨额利润。

② 法国经济发展相对缓慢：法国大革命中建立起来的小农经济严重制约了工业的发展；法国资本家将资本大多用于放高利贷，投资于国外的远远多于投资于国内的。

③ 美国经济迅速发展：南北战争维护了国家的统一，黑奴制的废除为社会提供了大量的自由劳动力，普遍建立托拉斯等垄断组织，资源丰富，国内市场广阔，少受战争影响，第二次工业革命中重视科技。

④ 德国经济迅速发展：国家统一的完成开辟了广阔的国内市场，科技迅速发展。

3. 资本主义经济发展不平衡的影响

资本主义经济发展不平衡加剧了资本主义国家之间的矛盾，引发了世界大战，从而对世界产生了深远的影响。

经济发展不平衡导致世界科技中心逐渐从英国转移到美国。

八、道家思想的发展演变

儒学是传统文化的主流思想，但道家思想也对中国历史产生过深远的影响。近年来，高考试题中也涉及不少的道家内容。

知识补遗：

（1）形成：春秋末年，以老子《道德经》的问世为标志，道家思想已经完全成型。

（2）兴盛：战国时期，庄子集道家之大成。其中的黄老思想成为田齐的治国思想，战国末期形成了蒙文通先生所说的"黄老独盛压倒百家"的局面。

（3）挫折：秦朝选择法家思想，焚书坑儒，使包括道家在内的诸子百家全部受挫。

（4）辉煌：汉朝建立后，由于长期受到战乱的破坏，需迅速发展生产恢复经济。在反思秦统治思想的基础上，开始选择道家思想作为治国思想，并造就了一个"文景之治"的盛世。

（5）压制：汉武帝执政后，采纳董仲舒的建议，"崇尚儒术"，道家的发展暂时受到压制。

（6）复活：魏晋南北朝时期，谈玄之风兴起，道家思想重新复活。不过这一次的重点不是黄老，而是对老庄的重新阐释，并形成了影响深远的魏晋玄学。此后老庄成为道家正统，一直延续至今。

（7）潜藏：魏晋后，道家思想屡次成为大乱之后治国的"急救包"，也是士大夫失意之后的精神寄托，但只能在哲学、科技等方面继续发挥作用。直到两宋时期，道家思想对程朱理学和阳明心学的形成起到了重要作用。

（8）复兴：晚清，随着西方的冲击，儒家统治秩序受到强烈冲击，道家思想与西方自由民主等观念多有相合之处，故道家思想再次复兴。1991年，董光壁先生首先精练地提出了"当代新道家"的概念，并得到热烈响应。

第 五 篇

考试与复习

——高考试题分析及备考策略

一览之顷，纲提领挈

2016年10月，教育部考试中心公布了《2016年普通高等学校招生全国统一考试大纲（文科）》及《2016年普通高等学校招生全国统一考试大纲的说明（文科）》（以下合称为考纲）。作为普通高考的"风向标"，考纲是高考命题的依据，也是考生复习迎考的参考标准。考生在备考复习中要通读和研究考纲，明确和了解"考试形式与试卷结构""考试内容及题型示例"，做到知己知彼。下面是对2016年全国高考历史考试大纲的解读，期望对考生有所裨益。

一、考试内容

原文：

历史学科考查对基本历史知识的掌握程度，考查学科素养和学习潜力，注重考查在科学历史观指导下运用学科思维和学科方法分析问题、解决问题的能力。

解读：

这一表述强调了历史学科的考试内容，主要包括三个方面：基本历史知识、学科素养、科学历史观。

启示：

（1）"基本历史知识"，就是教材的基础知识，即考纲所列的全部内容。俗话说，基础不牢，地动山摇。注重基础知识教学，力争做到点透、线通、面全，形成立体动态的知识网络结构。点透指历史事件知识点，分析透彻、全面；线通指某知识点在不同时期、不同领域的表现连成一线，以知识纵向归纳为主，注重历史事件的因果联系的分析并形成小专题；面全指同一时期社会各方面的概括并形成历史阶段特征。

（2）"学科素养"，指从历史和历史学的角度发现问题、思考问题及解决问题的富有个性的心理品质，它包括历史史实的敏锐性，历史知识的准确性与连贯性，历史思维的深刻性、广阔性、独特性等。[①]提高学生的学科素养就要求在复习备考中，一方面要关注知识的"酶化"，即把"死"知识变活，把活知识变灵，进行多层次、多角度、多方面的转化；另一方面要教给学生思考问题的角度与习惯、价值衡量的标准以及情感文化认同等。对一个问题，习惯于从具体材料出发，着眼于社会发展的宏观大势，结合古今中外的经验教训，遵循诸如一因多果、一果多因、对立统一、矛盾转换的辩证思路，就是具有历史意识的实际表现。

（3）"科学历史观"，即以当今史学界比较流行的历史观分析和评价历史，如以整体史观看待近代以来资本主义的扩张与全球历史发展之间的关系，以文明史观看待不同国家和地区的冲突，以生态史观看待两次工业革命以来的世界经济发展等。复习备考时，要有打破常规的勇气，对历史事件、历史人物进行多角度、全方位的考察。

二、命题方式

原文：

命题不拘泥于教科书，运用新材料，创设新情境，古今贯通，中外关联，把握历史发展的基本脉络。

解读：

这一表述包括三个内容：一是高考是"用教材"，而不是"考教材"；二是试题呈现方式为新材料、新情境；三是强调学科内综合。

启示：

（1）复习备考要合理使用教材。因为教材是学生应对考试的唯一有效文本，毕竟试题中的大多数知识是来源于教材的。但同时在现有教材的基础上必须进行适度的拓展。这主要从三方面入手：一是"关注"，充分关注课文中的"历史纵横""资料卡片"等，其间有一些知识需要向学生做一些解释和说明。例如，必修一第6课《罗马法》，在罗马帝国版图的旁边出现过"长城""行省""皇帝"等概念，学生不一定很清楚这是怎么回事。二是"拓

[①] 吴伟：《历史学科能力与历史素养》，载《历史教学》（中学版），2012（11）：3-8页。

展"，适当地补充与教材有关的一些知识，帮助学生理解和延伸。例如，必修三第二课，从先秦儒学一下子过渡到汉代儒学，其间必须给学生补充秦代"焚书坑儒"和汉初"无为而治"等内容，否则，知识缺乏过渡，显得突兀，学生不可能接受和理解。三是"挖深"。如"第一次工业革命"，教材中含有大量的隐性知识，如"圈地运动"不只是英国有，欧洲很多国家都出现过；飞梭不是工业革命开始的标志的原因；技术革新首先出现于新兴工业部门——棉纺织行业，而不是出现于传统工业部门——毛纺织行业的原因；工业革命期间主要发明人都是些什么人；等等，这些问题可以提出来，让学生思考，也可以直接做一些说明和解释。

（2）历史课堂上，史料教学十分必要，不能只是干巴巴地教教材，要选择一些能营造情境，让学生能真实地感受历史的史料，对教材知识进行说明、解读、补充或延伸，同时教给学生应用史料的基本方法，如甄别材料、准确解读、信息提取、观点论证等。选择的史料要有权威性，最好选取经典史学著作、名家作品中大家都比较认可的材料，野史、日记、族（家）谱等史料在使用时要慎重。

（3）贯通古今，关联中外已成为高考命题的基本思路，打破国界、代界、模块界，一竿子插到底。这种题型一般围绕一个中心展开，跨越不同时段、不同地域，考查考生综合分析问题的能力。它要求复习备考时要有"大历史观"，要胸怀全局，要全面占有知识，站到一定的高度，高屋建瓴，才能"一览众山小"。

三、样题示例

原文：

"考核目标与要求"分为获取和解读信息、调动和运用知识、描述和阐释事物、论证和探讨4大类、12小类，每一小类提供近几年高考的一个例题，共12题。

解读：

12个例题的综合分析见表5-1、表5-2。

表5-1　例题的内容界定

题型考查		中外考查			模块考查					
选择题	非选择题	中国历史	世界历史	中外关联	必修一	必修二	必修三	必修综合	选修三	选修四
5	7	4	5	3	3	2	3	2	1	1

表5-2　例题的考查特点

题号	知识点	提问词
例1	马歇尔计划	反映
例2	中国抗战	指出、说明
例3	古代文学	表明
例4	西周政治	理解
例5	美国制度	体现
例6	甲午战争	说明
例7	牛顿时代	指出、列举
例8	人权	分析、概括
例9	曹操评价	概括、指出
例10	科技作用	探讨
例11	西方崛起	评述
例12	中英纺织业	概括、说明、阐述

启示：

（1）高考试题中，选择题的数量多于非选择题的数量，但考纲中的例题却不是这样，非选择题超过了选择题。为什么出现这一"反常"情况？唯一的解释是考试中心对近年来高考试题中非选择题的命制比较满意，也就是说，在非选择题中体现出来的命题思路、题型特点、考查视角、立意方式、知识选择，乃至材料类型等可能都是今后一个相当长时期内的"方向"。

（2）中外关联、必修综合类题入围，要求后期复习的重点应该放在对知识重新整理的层面上，教会学生采用多种方法整理知识，包括多角度划分历史阶段、全方位确立历史主题、深层次挖掘历史联系。阶段的划分要注意历史知识的逻辑性、知识归纳的便利性、节点事件的转折性、发展规律的阶段性等。历史主题往往可以从社会形态的递进、多民族国家的发展、生产力的进步、生产关系的调整、民主革命的演变、世界联系的加强等角度来归纳。加强历史知识的纵横联系，尤其是知识之间的横向联系，即政治、经济、思想文化之间的联系及中外的联系。

（3）试题的模块考查分布比较均衡，这反映了"知识覆盖面广，信息量大，涵盖了各断代史和政治、经济、文化等方面的内容"[1]。因而，复习中要全面把握，不要顾此失彼，千万不能画所谓的"重点"，也不要过度关注所谓的"高频考点"，所有知识都可以"入题"。

（4）重视材料解读。"反映""表明""体现""概括"等提问方式几乎占据了试题的"半壁江山"，越来越成为命题的重要方向。这样的提问实际上考查的都是材料的解读、信息的提炼、表述的准确等学科能力，而这一切都建立在"阅读"的基础之上。所以，在高考复习过程中，"拓展阅读"变得尤其重要。这种阅读，不是为了考试，不是为了做题，更多的是培养学生阅读的兴趣和阅读的能力。

（5）重视开放性试题的训练。样题中的主观题几乎都具有"小切口""大跨度""深冲突""广迁移"的特征，大多属于"分析""说明""探讨""论证"等开放性试题，要求能够运用历史学科的专业术语、典型的史实和论据、精准凝练的语言、首尾呼应的逻辑，围绕观点展开层层剥茧式的阐释。[2]学生不是天才，这一素养是需要经过反复的训练才能养成的，因而平常有针对性的训练十分重要。

教育部命题中心主任刘芃说过："考试是一只兔子，与其想逮住它，不如守株待兔。多种几棵树，总会守到兔子。新课程带来的变革，我们领会了多少？一句话，多去栽树。"[3]研究考纲、研究考题和认真复习、脚踏实地一样，都是"栽树"。

---

[1] 教育部考试中心：《高考文科试题分析》（2015年版），北京：高等教育出版社，2015年。

[2] 王生：《全国卷历史论证题考查特征的"变"与"不变"》，载《历史教学》（中学版），2015（9）。

[3] 摘自2011年武汉年会刘芃讲座实录。

2016年全国卷历史试题的考查特点及备考启示

2016年全国高考历史试题的命制，深化了新课标的理念，诠释了新课程的内涵。试题立意高瞻远瞩、材料选取丰富多彩、命题技巧日益娴熟，在传承中不落窠臼，在创新中不拘一格，较好地发挥了高考的选拔功能，也对高中新课程教学起到了积极的导向作用。

一、立足主干的考查方向一脉相承

坚持以课标主干知识为主要考查内容，并以此作为能力考查的主要依托，是新课标高考的命题原则。考试题坚持以教材为本，从史实出发，着重考查学生的基础知识和基本能力。材料在书外，但答案在书中，不片面求新求异，不刻意追求覆盖率，不故意刁难考生，该怎么考就怎么考。高考考查的都是教材的重点知识和主干知识，避免了僻、怪、难知识的出现。

2016年高考命题以基础主干知识为内容，突出了对基础知识的活用，侧重考查阶段特征、时代背景、重大历史问题的影响与评价。试题的切入角度虽具有多样性，但考查的落脚点都着眼于基础主干知识的理解和应用。例如：乙卷选择题考查的是儒学、宋明中央集权、列强的经济侵略、洋务运动、英国的君主立宪制、马歇尔计划；甲卷考查的是古代文字、科举制度、列强侵略、"一五"计划、工业革命的影响；丙卷考查的是汉代中央集权、明代江南经济、诗界革命、法国政体等。这些都是基础知识和主体内容，且反复考过。对这些知识，多从背景、影响、知识拓展等角度进行深度考查。主观题涉及的明清经济、启蒙思想、近代中国经济等也都是学生所熟知的主体知识。同时，注重考查学生对学科知识体系的掌握，如乙卷40题的清代和近代人口问题、甲卷40题的世界人口迁移和中国历代移民问题、丙卷40题的中外社会救济和福利制度问题等，突出了学科知识体系，体现了"古今贯通、中外关联"的特点。试题坚持考查学生对主干知识的理解和应用，不迁就和拘泥于高中课本，对优化教学内容、减轻课业负担具有良好的导向作用。

启示：这种导向非常重要，那就是告诉我们应该继续坚定不移地落实基础知识。抓主干、抓阶段特征，把握历史发展的脉络，这是现阶段复习中学生尤其应该注意的地方。因为第一轮复习已经对教材进行了全面的梳理，有了一个整体的框架和理解，所以在第二轮复习的过程中，可以对教材进行大胆取舍了，该强化的不能放过，该忽略的不要重提。对近年来常考的主干知识，要准确把握、全面理解、多向思维、系统训练。同时，要注重主干知识之间的逻辑关系，形成完整的、系统的知识体系和阶段特征。

二、创新题型的命题尝试从未间断

全国卷试题历来是以稳定为主，稳中有变，变中有新。例如，2016年历史试题在叙述上有了突破性创新，具体表现在三个方面：一是叙述更为简练。以乙卷40题为例，材料及设问的字数逐年减少，2014年为632字、2015年为596字、2016年为512字。此外，三套试题的选择题的叙述、41题的内容、选做题的材料等，其简练程度超出了以往任何一年的试题。同时，试题极少有直接引用原典文化的内容，没有晦涩难懂的材料和文言文，学生无丝毫阅读障碍。二是叙述原则忠于历史事实。试题特别注重在题干材料中引入第一手史料，并直接用双引号标明，如24题的"五经"、29题的"西方人士认为"等。三是叙述有技术，用见微知著的手法，展示历史发展的规律与特征，实现对历史学科主干知识的考查，这也是文综历史试题叙述的重要特征。

其他一些试题虽创新不够，但延续了传统风格，以常规为主。例如，前几年高考比较重视的因果型题也大为减少，新材料情境型题几乎独尊。选择题的设问词也出现了重大的变化，主要是"反映了（出）""表（说）明""据此可知"之类的试题。这说明考查的主要方向是论从史出，从历史材料中得出结论已成为高考命题的主要趋势。

启示：题型训练是复习备考的重要环节。复习过程中的训练是必需的，而且应该常态化。学生在进行训练时要遵循"1种类型、2个来源、3种方式"，即试题类型必须是情境材料题，试题来源以经典高考题和大市模拟题为主，训练方式为第一轮练基础、第二轮练能力、第三轮练规范。也就是说，在第二轮复习过程中，更多的应该是练能力和规范，不要过多地练基础知识。按部就班，循序渐进，日积月累，成绩定然不差。

三、创设情境的命题方式一统江山

提供新材料，创设新情境，借以考查学生获取、解读信息和调用知识分析问题的能力，成为高考的主要题型。这种题型既能很好地体现高校对人才选拔的要求，也是考查学生学科能力的重要途径。"新材料、新情境、新问题"在高考试题中已是一统江山。从史料形式上看，材料类型多样，题材丰富，来源广泛；以文字性的叙述材料为主，大多数又来源于专家学者的著述、史书或时人的评论。此外，还有其他类型的材料，如地图、漫画、图表、各种统计数据图等。从难易程度上看，全国卷为了适应多省高考转型的形势，不仅进一步压缩了史料的长度，同时也没有了大段有阅读障碍的文言文或西式翻译语言，如乙卷12道选择题的题干叙述通俗易懂，其中不乏26题那样生活气息很浓的历史小故事；6道非选择题大部分是摘编自现代文献，或对历史文献进行重新转述，不存在阅读障碍。

启示：在复习备考和题型训练时，务必重视史料的解读。阅读史料时要注意以下几点：一是充分挖掘史料中的有关信息，包括表层的、深层的，显性的、隐性的，正确的、不正确的，把它们一网打尽，一个都不放过。二是结合教材知识对史料信息进行分类，并进行甄别、筛选、判断、提取。三是关注史料所创设的情境。它可能是为了论证、说明教材中的某一结论和观点，也有可能是颠覆你已有的结论或认识。不管是哪一种情况，都要立足于命题者设计的试题要求，按他们的要求有效地利用史料。

四、创新思维的考查方向持续走高

历史思维能力既包括分析历史事件、评价历史人物、比较历史事物异同、概括历史过程、归纳论证某些历史观点等方面的思维能力，也包括从历史角度分析问题的思维观念和方法。高考试题以对历史思维能力和学科素养的考查作为命题的原则和方向，较好地融入了课程改革的理念，鲜明地体现了历史学科的特点，符合学生的学习与认知规律。

2016年高考全国卷在考查方式上，综合运用了选择、判断、概括、说明、比较、评价、图文解析等多种题型，有效考查了考生的各项基本能力。选择题主要考查考生的辨识、理解、分析、推理和判断等基础思维能力。例如，乙卷第25题考查的是汉代农业。在一般考生看来：小农经济从春秋战国时期就已经建立，到汉代则是进一步发展，这是一个思维定式。但是，试题呈现的是一张有6个人集体从事农业生产的汉代画像砖的图片，如果不从史料的具体信息分析，进而联系汉代土地兼并导致的大地主田庄，考生就会受思维定式的影响，错选"精耕细作农业的不断发展"。非选择题全面考查学生论证与阐述、探究与评价等高层次思维能力。例如，乙卷第40题第（1）问中的"原因"及"影响"，需要从政治、经济、税制、生态环境等多个角度来回答，意在引导考生多角度思考问题；甲卷第40题材料的呈现方式为统计图表和文字材料，这不仅强调考生对史料的信息提取和分析，还需调动政治史、经济史和文化史的相关知识进行综合思考。为鼓励考生从多个角度分析问题，养成独立思考的学习习惯及考生的个性思考与表达，各卷第41题作为开放性试题，分别以启蒙思想、玄奘和鉴真出游、商埠开辟为切入点，要求考生根据已有信息独立思考，自己发现问题，并寻找适合的角度，允分调动已有知识进行阐释与论证，寻找解决问题的路径。这极大地有利于创新思维的培养。

启示： 新课标历史试题的这一特点要求学生在今后的复习备考中，不能简单地停留在知识的再现上，应当重视对教材的挖掘，要有强烈的问题意识，只有这样才能提高历史思维能力。可从以下几个途径入手：一是进行探究性学习，充分挖掘教材中的隐性知识，拓宽视野；二是加强知识的纵、横向联系，培养归纳概括能力；三是强调自主思考、求异思维、多向思维，培养批判性思维能力；四是注重理论分析，提升全面、客观和辩证地看待历史问题的能力。

五、关注时代的命题视角继续加强

关注时代、关注现实，既是课程改革的原则，也是历史高考命题的原则。2016年全国卷处处都洋溢着鲜活的时代气息。试题精心选择了反映时代主题、贴近生活、贴近社会的题材，创设问题情境，立足知识和能力考核目标设计问题、组织答案，注意正确引导考生在解决问题中体现的价值取向。仅就非选择题来看，乙卷第40题的人口题回应了我国人口政策的调整和人口红利问题，无疑与当前国家"放开二胎"的人口政策和社会热点相呼应；甲卷第40题的关于玄奘和鉴真出游题，更是回应"一带一路"国家倡议问题；丙卷第40题的社会救济和福利制度，直接体现了解决社会贫困的世界性问题。同时，乙卷第41题围绕"制度构想与实践"，则自然让人联想到当前我国的制度创新和民主法治建设应该遵循什么原则，应该汲取哪些历史教训；第45题考查唐太宗谱牒改革，首先与当前社会上的"修家谱热潮"相呼应，进而又渗透了选任官员、国家统一、社会稳定等社会热点问题。其他选择题，也涉及了儒学与传统文化、社会主义核心价值观、行政效率与透明度、现代化、立法机构问责行政机构、外交政策、区域集团化等时政热点问题。

启示：历史是"活"的，历史是有价值的，历史复习不能只是简单地掌握教材知识，更多的应联系社会现实，充分发挥历史学科的功能。这要求学生在复习中解决好两个方面的问题：

第一，历史复习中应关注社会现实问题，不能把自己封闭起来，要多关注"窗外事"，大到世界局势、国家政策、社会动态、新闻人物等，小到环境变化、社区文化、人情世故、生活琐事等。别小看这些无关"历史"的事情，它们往往可以作为引子切入历史试题之中。

第二，有效地建立起历史与现实的联系。历史与现实的联系可从以下两个方面进行处理：一是分析历史问题的现实意义，如西周宗法制与当今祭祖热、秦筑长城与中华民族精神、20世纪30年代各国应对危机与G20峰会等。重大社会现实问题有其历史由来，关注历史问题的现实切入点和现实问题的历史链接点，在复习中是必要的。二是寻找现实问题的历史依据。与现实热点问题相关的历史知识点要归纳和罗列，更要注意对相关历史知识点的理解，明确其现实意义，还要上升到一个新的高度——理论或规律性知识。现实热点问题是广泛的，与现实热点相关的历史知识点众多，而同一个知识点又可以从不同的角度去理解，在历史复习备考中，我们对现实问题的思考应该渗透到基础的、日常的历史学习与复习备考中去。

稳中求变，变中求新

本文以2017年全国高考Ⅰ卷、Ⅱ卷的历史试题为例，谈谈试题的命题特点及对复习备考的启示。

一、主干考查鲜明

2017年高考试题考查的知识点相对集中，并且都是教材的主干知识和重点知识。如：Ⅰ卷的西周分封制、西汉郡国并行制、明朝经济发展、洋务运动、抗日战争、经济全球化、人文主义、工业革命、苏联工业化、20国集团、三民主义、民族主义等；Ⅱ卷的传统文化、古代选官制度、近代经济结构的变动、新民主主义革命、"一五"计划、雅典民主、工业革命、苏联的工业化等。所有这些知识均是教材的主干知识，杜绝了僻、怪、难知识的出现。对于一些重要的知识点，两卷都有命题，一般采用变换角度、反复考查、不避热门、不考冷门、凸显历史韵味的方法。

启示：重点内容重点考、反复考，但随着命题技巧的日臻完善、命题水平的日益精准，考查同一知识点的试题也是日益多变。不管怎么变，无非是变换角度全方位命题、创设情境多思路设问、关注隐性深层次挖掘、建构知识大跨度重组这四种方式。这就要求中学课堂要以主干知识为核心，深挖、拓展、广联、多练，做到"以不变应万变"。

二、核心素养彰显

随着核心素养的提出，高考命题的立意在经历了知识立意、能力立意之后，逐渐进入素养立意阶段。历史学科核心素养包括唯物史观、时空观念、史料实证、历史解释、家国情怀五大方面。2017年高考试题不同程度地体现了对学科核心素养的考查。例如，"唯物史观"在Ⅰ卷的第27题玉制器皿题、第29

题留学分布题、Ⅱ卷的第24题经商巨富题、第30题党员发展题、第33题扩建教堂题等试题中较好地体现出来了。绝大多数试题都是提供史料,通过史料得出历史信息,形成历史结论,这就是"史料实证"。不少试题都从历史概念出发,以问题为核心,从不同角度考查学生对这些概念的理解和把握,这就涉及"历史解释"。"家国情怀"主要涉及情感、态度与价值观的问题,这在Ⅰ卷的第24题西周分封题、第47题季札出使题,Ⅱ卷的第29题广告畅销题、第47题颜回事迹题中反映得很突出。"时空观念"在试题中有更多的反映。对核心素养的考查在主观题中体现得淋漓尽致,如Ⅰ卷第42题中外信息题几乎涵盖了全部五大素养。所有史实都以时间为序,按中外排列,体现了历史时空观;政治、经济与文化的相互影响及中外之间的相互关联体现了唯物史观;从史实中提出信息,并以相关的史实来说明又体现了史料实证;提取信息本身就带有对历史的解释;通过中外对比,可以树立起民族的信心,有助于对家国情怀的培养。

启示:素养立意时代的高考试题已呈现出"不一样"的风格,这就要求中学教师也要跟上命题改革的步伐,关注核心素养,关注课程改革,正确处理好素养与知识的关系、复习与练考的关系、资料与教学的关系、命题与讲评的关系、学科与学科的关系、教学与生活的关系、课内与课外的关系等。

三、学科能力突出

2017年高考历史试题侧重"基础性、综合性、创新性"。基础性主要体现在对主干知识的考查和基础知识的落实上。综合性主要是通过科学设计试题内容与形式,着重考查考生对知识的掌握程度和综合运用所学知识发现问题、分析问题和解决问题的能力。试题综合运用了史实再认、史料阅读、信息提取、归纳概括、比较分析、判断说明、认识评价等学科思维,有效地考查了学生的各项学科能力,特别强调史论结合能力、概括比较能力和认识判断能力。创新性体现在材料的情境性、设问的开放性、思路的活跃性、答案的非唯一性上。例如,全国Ⅱ卷第42题以钟表的演变为主题,要求考生自拟论题并进行阐述,较好地考查了学生信息整合、提炼概括和阐述论证的能力。

启示:教师一方面要关注考试大纲的变化和学科能力的细化,在教学设计上要充分体现学科能力的培养与渗透;另一方面要加强对学生的思维能力训练,精选经典高考试题或模拟试题,通过专项训练提升学生的学科能力。

四、生活气息浓厚

2017年全国课程卷历史试题很多与学生的生活密切相关，真正体现了高考试题必然是源于生活而高于生活的命题原则。例如，Ⅰ卷第28题、Ⅱ卷第41题都以煤为切入点；Ⅰ卷第35、第45题都考查了工资收入及工资改革，Ⅰ卷第41题中涉及茶叶、高产粮食作物和戏剧等。另外，玉器（Ⅰ卷第27题）、广告（Ⅱ卷第29题）、水电站（Ⅰ卷第34题）、茶叶（Ⅱ卷第26题）、钟表（Ⅱ卷第42题）、教堂（Ⅱ卷第33题）、婚礼（Ⅲ卷第29题）、留学（Ⅰ卷第29题）、高考（Ⅱ卷第31题）、成人宣誓仪式（Ⅲ卷第32题）等频频入题。这些命题让学生视野可见、切身可感，能感受到历史就在身边，这才是真正的历史！

启示：历史教育不能离开人，人是历史教育中最重要的因素。因而，让学生从身边的生活细节开始，以学生喜闻乐见的形式，让学生真真切切地参与到历史中来，领会、理解、感悟！这样的历史才是有灵魂的。历史课堂应该关注学生的真实感受，从学生的角度感知历史，以学生的眼光看待历史！

五、时代旋律高扬

2017年全国新课程卷Ⅰ、Ⅱ历史试题非常鲜明地表达了对外和平、对内统一的主旋律，呼应了时代的需要。试题中体现了自古以来中外间的和平交往。例如，Ⅰ卷第42题的朱元璋与30余国的官方贸易、郑和七下西洋的和平壮举、朱子学的东传、茶叶的输欧、白银的流入、高产作物的传入、利玛窦的来华、西学的东渐等，折射出一幅邻里和平往来的场景。但面对强权我们要敢于斗争，竭力维护祖国统一和国家主权。例如，Ⅰ卷第30题展现了通过各阶层的平等，以实现全民族共同抗战的局面；Ⅰ卷第41题列举了国民党一大中的民族主义内涵，表达了反对外来侵略，实现民族统一与独立的思想；Ⅰ卷第42题出现了郑成功打败荷兰殖民者，收复台湾的史实。同时，试题也体现了历代政府维护统一，打击分裂的史实。例如，Ⅰ卷第25题通过西汉朝廷直接管辖的郡级政区变化，考查了政府打击边疆侵扰势力，维护国家统一的坚定决心；Ⅰ卷第26题通过不同史书对唐秦王李世民战薛举的记载，考查了唐初的统一不可逆转。试题还强调文化认同对国家统一的重大作用。例如，Ⅰ卷第24题通过西周推行分封制的行为，强调了文化的地区交流与文化认同，从而强化并巩固了国家的统一意识，这是周政权能够维持几百年之久的一个重要原因。第47题通过季札"出访"中原诸国途中对诗乐的点评、对政治的研判、对蛮荒的关注、对徐君的剑诺、对王位的坚拒等，塑造了一个"贤人"的形象，他对儒家思想有精深的理解，并践行儒家礼仪观念。作为"文明"的使者，他推动了中原文明在江南的传播，并促进了黄河流域与长江流域文化的认同，对后来形成的祖国统一的意识也产生了重大的影响。

启示：历史教学不能唯"历史"论，应该关注时代，关注社会发展。历史教师不能躲在历史的故纸堆中，要有政治的敏锐性，要紧跟时代的步伐，创新历史课堂，给予学生符合现实需要的"正能量"。

高考是指挥棒，要想对这支指挥棒准确拿捏，绝非易事。但方向比努力更重要。对试题的分析有助于准确把握方向，有助于更好地拿捏指挥棒。

清新脱俗，稳健行远

2018年全国卷Ⅰ历史试题似一股"清新"之风扑面而来，让大家眼前一亮，由衷地赞叹：这是近年来少有的"贴心"试题！它赢得考生的一片欢呼。高考试题呈现的新风格尽管是"千呼万唤始出来"，但其就像2018年高考期间登陆的"艾云尼"台风，"移动慢、后劲足"，影响力必将"行远""持久"。

一、突出主干，考查重点知识

"稳健"是高考命题的一贯风格，成功的经验、经典的思路、优秀的做法不会随时间的推移而消失。高考不讲求覆盖率，而是始终如一地突出对主干知识和重点知识的考查。

2018年全国高考Ⅰ卷涉及的知识包括诸子百家、古代手工业、藩镇割据、郑和下西洋、甲午战争、中共成立、中共外交、村民自治、"一五"计划、雅典民主、早期殖民扩张、工业革命、马克思主义诞生、第三世界崛起等。这些都是课程标准的核心知识、历史学科的必备知识、课堂教学的主干知识。选做题涉及的第二次世界大战的历史及美国外交政策的演变也是考纲和教学的重点。试题涵盖了一些重要的历史概念和历史事件，如"安史之乱"、"藩镇割据"、甲午战争、人文精神、第三世界、农村基层民主。试题还涉及一些重要的历史人物，如墨子、郑和、梭伦、马克思、汉武帝、毛泽东、华盛顿、罗斯福等。全卷以政治史、经济史为主要考查对象，思想文化史占比约为20%。中外历史考查比例大约为57∶28（必做题），这与往年几乎一致。

启示：务必突出重点，分清主次，有张有弛，没必要均匀用力。

二、追求本真，导向历史教学

高考作为指挥棒，一直承担着导向和引领中学历史教学的重任。长期以来，中学历史教学也始终在追随高考命题的步伐，但"超前的试题、滞后的教学"现象备受教育人的关注。不管教学怎么努力，一直只能"望其项背"，差距永远都在那里。这种情况让不少中学教师都在思考：是不是我们一直都错了？2018年的试题却告诉我们，方向并没有错。

知识是真实的，认知才能是清晰的；考查是明确的，选拔才会是有效的。2018年全国高考Ⅰ卷命题语言朴实，通俗易懂，所有的文字表达都完全符合学生的现实理解水平，全卷无晦涩难懂的文言文材料、无难以理解的欧化语言、无捉摸不透的图表漫画，试题真实、清新直白。所有的试题就像"邻家大哥"那样亲切，没有明显的偏怪难题，没有人为的思维障碍，没有刁钻的设问角度，没有高度疑似的干扰设计。从某种程度上说，大家需要的并不是所谓的"容易题"，而是真实题。这才是学生"叫好"的主要原因。

启示：掌握基础知识是前提，考查知识是王道，从源头上备考才能"以不变应万变"。

三、关注时政，鲜明学科特点

"究天人之际，通古今之变"是史家的追求，"知史以明鉴，查古以至今"是史学的功能。高考试题从不回避社会热点和时代焦点，不少试题都以社会现实或热点事件为突破口，切入教材，提出问题，考查考生学以致用、联系实际的学科能力。

2018年全国高考Ⅰ卷同样涉及大量的热点事件，主要体现在三个方面：一是注重对中国共产党党史的考查，包括第29题考查中国共产党成立时的思想状况，第46题涉及中国共产党对第二次世界大战性质的认识，第30题考查夺取政权时的外交政策，第31题考查社会主义建设时期的经济方针，第41题考查改革开放深入时期的农村基层民主建设。五个试题涵盖了中国共产党从成立、壮大、夺权、经济建设和民主政治建设的全过程，充分体现了中国共产党为中华民族伟大复兴而进行的持续不断的努力。二是关注周年事件，如梭伦诞辰（公元前638年）、墨子诞辰（公元前468年）、汉武帝去世（公元前87年）、平定"安史之乱"（763年）、郑和第七次下西洋（1433年）、华盛顿首次当选总统（1789年）、马克思诞辰（1818年）、马克思主义诞生（1848年）、富兰克林·罗斯福第一次入主白宫（1933年）、"一五"计划实施（1953年）、《中华人民共和国村民委员会组织法》颁布（1998年）。三是关注社会焦点事件，如科教兴国在第24题、理论创新在第29题和第33题、工匠精神在第26题中均有体现。

启示：历史备考要有强烈的时代意识，坚持"历史问题现实思考"和"现实问题历史反思"。

四、优化思维，凸显学科素养

随着新的历史课程标准的公布，核心素养渐渐深入人心，高考试题的"素养立意"也渐成常态。不少试题均是以时空观念为定位、以唯物史观为指导，着力考查学生的史料实证、历史解释及家国情怀等方面。

全卷所有的试题都有明确的时间提示，或为直接的数字提醒，或为历史概念呈现，或以历史事件告知，这样就将试题置于特定的历史背景之下，考查其时代特征。第25题从藩镇的类别入手考查其对唐朝政治统治的辩证影响，第30题考查中国共产党原则的坚定性和策略的灵活性相结合的外交政策，第34题考查历史研究视角的多面性，第42题涉及对鲁滨逊行为及其反映的历史现象的评价，第46题涉及中国共产党对第二次世界大战性质的不同认识，这些都直接考查了对唯物史观的应用。从科技、"藩镇"、"工匠"、"舆论"、"试探"等方面体现"论从史出、史论结合"的史证意识。试题还涉及大量的历史概念、历史现象和历史情境的解释，如民营手工业、朝贡贸易、村民自治等。家国情怀在第24题的劳动人民智慧、第30题中共外交政策、第41题亿万农民的伟大创举等题中均有体现。

启示：学科核心素养是课堂教学的灵魂，必须透彻理解五大素养的基本内涵、具体体现和实施途径。

五、加强综合，打通知识隔墙

现行历史教材在编排上有一个弊端，那就是割裂了政治、经济与思想文化之间的关联，学生学习时会出现关联上的障碍、认知上的偏差和理解上的困难。高考试题实际上一直在纠正这些问题，力图给学生一个完整的、清晰的、真实的历史。这在两个主观题的设计上体现得淋漓尽致。

第41题考查乡村治理，属于政治史的范畴，但涉及三本必修教材的内容，包括政治上的古代君主专制、近代民族危机、现代民主政治；经济上的小农经济、民族资本主义、改革开放；思想上的儒家思想、理学教化、西学东渐等。第42题的"故事梗概"实际上就是文学作品简介，但考查的却是历史知识，包括政治上的早期资产阶级的出现、开拓殖民地，经济上的新航路开辟、殖民扩张、黑奴贸易，思想上的文艺复兴、宗教改革等。这两个题都是不折不扣的"大杂烩"，它们将政治、经济、文化无缝衔接、有机融合，体现了命题者的高超技艺。

启示：历史是一个整体，有其内在的规律和结构，任何孤立地、分散地、单个地理解历史都是有害的。

六、重视学术，关注研究前沿

近年来，高考试题越来越关注史学研究，学术研究成果频频入题。这是史学发展的要求、知识更新的需要、教材滞后的必然趋势。

第25题以"安史之乱"以后藩镇的类别告诉学生一个与教材完全不一样的"藩镇割据"：藩镇割据削弱了中央集权，导致了社会的动荡、政局的不稳，是唐朝后期日益衰败的重要原因，最终使唐朝走向灭亡，但各藩镇的存在却又能有效地防止边疆民族的骚乱和各地农民的暴动。同时，它们之间的相互牵制又有力地避免了藩镇的骄横和对中央政权的威胁，这都有利于维护和延续唐朝的统治。这些知识几乎颠覆了学生的认知。这是史学研究的成果，也是对历史事件逆向思维的必然结果。第30题英、法、美的外交"试探"也告诉学生：并非一开始西方列强就想孤立、封锁、包围中国，中国的"一边倒"政策是有其深刻的历史渊源的，这有助于改变学生的惯性思维。第34题也告诉学生：随着学术研究的深入，对英国工业革命发源地的原因分析，也逐渐地从经济技术因素，延伸到政治因素和自然条件等，这说明研究历史应该多视角、多领域、全方位。这些做法都体现了学术研究融入高考试题的意识和努力。

启示：学习历史要留意前人，也要立足当下，关注未来。历史教学要脚踏实地，也要仰望星空。

2018年全国高考Ⅰ卷历史试题呈现的清新、稳健之风，必将对中学历史教学起到很好的引领作用。

研考题·明方向·求策略①

高考试题的命题技巧日趋娴熟，命题水平越来越精准，对中学教学的指导作用越来越权威，因而认真、系统地研究高考试题这一"风向标"，对教师的"教"与学生的"学"都是有所裨益的。本文立足教育部考试中心四套题（三套文综卷和海南单科卷）中涉及的"思想文化和科技活动"（必修三）试题的研究，力图从命题特点、命题趋势中找出规律，期望对来年的复习备考有正确的指导。

一、思想文化模块试题分析

表5-3　思想文化模块试题考点分值占比表

卷　别	试　题	考　点	分值/必修占比
Ⅰ卷	24.墨子科技题	中国古代科技	12分/14.1%
	29.国情讨论题	马克思主义的传播	
	32.梭伦诗作题	古代希腊人文精神	
Ⅱ卷	27.昆曲流行题	中国古代戏剧	12分/14.1%
	29.中山反思题	新三民主义思想	
	34.俄国戏剧题	现实主义文学	
Ⅲ卷	26.古代药学题	中国古代科技	32分/37.6%
	27.书籍礼物题	印刷术	
	28.严复思想题	近代维新思想	
	29.根本改造题	马克思主义的传播	
	33.思想活跃题	法国启蒙运动	
	42.汉书人物题	汉代儒学成为正统	

---

① 本文发表于《试题调研》2018年第3辑的"百家讲堂"。

卷 别	试 题	考 点	分值/必修占比
海南卷	1. 书写材质题	汉字字体	23分/27.1%
	10. 七大主张题	毛泽东思想	
	15. 人物传记题	人文主义的传播	
	17. 学者评价题	达尔文进化论	
	21. 孔子礼制题	先秦儒家思想	

1. 地位：小占比的情形依然如故

思想文化史部分的试题在四套试卷中共79分，占必修部分的比例为23.2%，次于政治和经济部分，多年来地位都是这样，它不可能从根本上"翻身"。这主要是由其自身的知识内容决定的。思想部分相对重要，考查也较多，因为它与政治、经济的联系非常密切，但科技、文学、艺术部分知识杂乱、繁多、琐碎，难以成为考试的重点。不过，2018年的四套试卷中，Ⅲ卷对思想文化部分的考查力度是近年来"罕见"的，占比超过了1/3。海南卷占比也比较大。一般而言，思想文化史部分主要是选择题，如果非选择题有涉及，分值就会扩大。

2. 题型："情境"题目一统天下

除了海南卷的汉字字体题是直接提问以外，其他全部是提供新材料、创设新情境，考查考生在获取和解读信息基础上的归纳概括、理解综合、形成结论、辩证分析及迁移运用的学科能力。在材料的选择上，除主观题外，其他均是综合的、信息量大的、不常见的陈述类材料，没有出现往年的晦涩难懂的现象。在情境的创设上，大多是还原历史、重现真实、拓展教材、简单朴实、不刻意求新，没有出现往年的超越教材的现象。在问题与材料的关联上，联系紧密、逻辑清晰、理答顺畅，没有出现往年的"两张皮"的现象，这也是不少考生反映今年的试题"不太难"的重要因素。

3. 考点："主干"考查有所扩大

从往年考题来看，思想文化模块试题考查的知识点相对集中。按"单元"来说，大多集中于古代传统文化主流思想的演变、西方人文精神的起源及其发展、近代中国的思想解放潮流等前五个单元；按"知识点"来说，诸子百家、理学、明清思想家、洋务思想、维新思想、新文化运动、工农武装割据、古希腊思想、文艺复兴、宗教改革、启蒙运动等无疑是高考的"常客"。2019

年试题的知识落脚点仍然是教材和教学的重点知识、主干知识，这一命题思路并没有改变。但似乎知识的覆盖更多了，常考的知识点也"不见"了，如理学、明清思想、文艺复兴、宗教改革、新文化运动都没有涉及。往年考得较少的部分知识点"回归"了，如古代科技（第3题）、古代文学艺术（第2题）、世界文学（第1题）。这一方面与"反猜题"有关，另一方面也与当前弘扬传统文化不无关系。

4. 立意："素养"立意特征鲜明

随着新课程标准的公布，学科素养正式进入中学历史教学。2018年思想文化部分试题也从多角度、多层次考查考生的学科素养，引导考生适应时代发展要求。例如，几乎所有的题目都是时空定位，要求考生关注特定的时代背景。家国情怀素养的考查在墨子科技题、国情讨论题、昆曲流行题、古代药学题、严复思想题、根本改造题中都有鲜明的体现。历史解释素养在梭伦诗作题、昆曲流行题、古代药学题、严复思想题、思想活跃题中不同程度地有所反映。史料实证素养在书籍题、唯物史观在古代药学题中有所涉及。不少试题涉及两个或两个以上的素养。

5. 跨界："综合"命题趋势明显

2019年思想文化模块试题的最大亮点就是综合性。选择一个主题，通过一个或几个材料，打破知识界限、时代界限、国家界限、模块界限，"一竿子"考到底，不再是单纯地考某一个知识点。这种学科内综合的试题，以往主要是在主观题中体现，而2019年的选择题也有很多体现。例如，Ⅰ卷第32题梭伦思想题将必修一的雅典民主奠基、选修一的梭化改革和必修三的古代希腊的人文精神有机地结合在一起，Ⅰ卷第29题国情讨论题涉及必修一的中国共产党的成立和必修三的马克思主义的传播两个知识点，Ⅲ卷第28题考查维新思想，但题目涉及世界科技成就、近代中国民主革命和思想解放潮流。

6. 热点："时代"意识非常突出

呼应社会，映射时代，这是历史学科的功能。今年的思想文化部分试题精心选材，巧妙衔接社会热点。例如，构建试题情境，Ⅰ卷第24题再现了春秋战国时期的重大科技成就，Ⅱ卷第27题呈现了传统戏曲——昆曲的精美与雅致，Ⅲ卷第26题提供了古代政府对医药学的重视和关注，第27题强调了四大发明之一的雕版印刷术所引起的社会风气的变化，海南卷中的关于孔子礼的思想主张等都考查了考生对传统文化的认识能力，有利于考生树立正确的文化观和历史观，引导考生增强国家认同感和民族自信心、自豪感。Ⅰ卷第29题考查了中国共产党的成立，有明确的政治导向。Ⅰ卷第33题和Ⅲ卷第29题都考查了马克思主义的诞生、《共产党宣言》的发表。

7. 前沿："学术"成果频频入题

近年来，高考试题越来越关注史学研究，学术研究成果频频入题。这是史学发展的要求、知识更新的需要、防止教材滞后的必然趋势。今年的思想文化史试题中也有不少的前沿新史料、研究新视角、学术新观点。例如，Ⅰ卷第29题五四运动后关于中国国情的讨论、海南卷第15题的读者来信等都是非常新颖的史料；Ⅱ卷第27题关注了大众文化——昆曲的流行，Ⅲ卷第27题关注了士大夫流行将书籍作为礼物的现象，海南卷第19题涉及了大众休闲文化，这都体现了从社会群体层面研究历史的崭新视角；Ⅱ卷第29题通过孙中山的反思考查了对加强革命的领导核心的理解，海南卷第10题考查了中国共产党允许私有制发展的新民主主义理论，这些题都反映了学术研究的新成果。

二、复习备考的方略

1. 坚持基础至上，活化主干

基础知识永远是第一位的。不管考题形式如何千变万化，新颖材料怎样层出不穷，但归根结底都要落实到历史知识上来。因此，复习时必须重视基础，全面准确掌握重要史实、历史概念、历史结论、阶段特征、基本线索、发展过程等才是学习、提分之道。必修与选修要主次分明，整体与局部要强弱得当，中国与世界、古代与近现代要配置合理。建议第一轮复习进行"全景扫描，宏观建构"，拉网式扫荡，地毯式轰炸，不留任何死角；第二轮复习进行"战略收缩，重点进攻"，特别关注高频单元和课；第三轮复习做到"收放自如，大胆取舍"，传统的"猜点"与"猜题游戏"依旧有效。

2. 坚持隐性挖掘，吃透教材

由于篇幅的局限，教材不可能把所有的知识都呈现出来，有些是"浅尝辄止"，有些是"若隐若现"，有些甚至是"犹抱琵琶半遮面"。这种隐性知识一般被称为教材的"盲区"，它已成为近年高考所要考查的主要对象和方式之一。教材的隐性知识主要有两类：一是教材中出现过但没有详细解释的"边缘知识"；二是教材中根本就没有涉及的"课外知识"。这些知识是潜藏于教材中不易为人注意而高考中又常常考到的，如果把握不好，会造成知识结构的欠缺和在考试中失去很多不该丢掉的分数。因此，在学习和复习中，要高度重视教材中隐性知识点的挖掘、归类和掌握，不断探索其规律性，形成完整、缜密的知识结构。只有弄懂了不同时期相关知识的内在联系，才能让学生做到吃透教材、理解教材，才能让学生善于联系相关知识，才更有利于在高考中拿高分。

例如，人教版第2课"罢黜百家，独尊儒术"中必须要向学生讲清的隐性知识有：秦"焚书坑儒"的背景和影响；阴阳五行家是个什么样的思想派别；汉武帝"举贤良对策"是怎么回事，它与必修一的汉察举制是什么关系等。

3. 坚持问题拓展，步步深入

复习中坚持以一个或几个重点问题为中心进行有目的、有针对性的教学，既能提高学生的学习兴趣，也能发现学生的知识漏洞、思维缺陷或亮点。以问题为中心，有助于帮助学生站到一定的高度去分析历史，构建历史知识的整体结构，突破复习教学的重难点，培养学生良好的历史思维习惯。

在问题教学中，要注意两点：一是问题的设计要符合学生思维的规律，设问要具有逻辑性，这样才能在教学提问中真正地训练学生的思维能力；二是答案的设计要鼓励学生思维的活跃性和创新性，为了让学生有不同见解，要注意设问角度的全面性、答案的开放性。例如，人教版第7课启蒙运动，复习中可以设计出如下一些问题以深化知识：启蒙运动与近代自然科学的发展之间是什么关系？伏尔泰在批判法国君主专制的同时，为什么又推崇中国的专制制度？启蒙思想家是如何继承和发展人文精神的？启蒙运动与文艺复兴在批判对象、批判领域、批判形式、思想特点方面有何不同？启蒙思想为什么能超越欧洲，影响全世界？等等。

4. 坚持史料教学，论从史出

史料教学既是应对高考的需要，又是学生将来进行史学研究和终身学习的保证。因而历史教学必须从史料出发，教师在课堂上要精选史料，恰当引用。引用时要注意：一是史料的典型性和权威性。以重要的历史专著为主，中国史部分主要是《史记》《汉书》等正史，世界史部分这几年高考涉及较多的是被誉为"当代《资治通鉴》"的美国著名史学家斯塔夫里阿诺斯的《全球通史》。二是史料的多样性和多元化。除文字资料外，表格数字资料、文物遗迹资料、地图人物资料等都应涉猎，还要包含不同史家对同一事件不同甚至相反的评论资料等、让考生从各种材料中获取有效信息，支持自己的论点或者说明某一观点。三是与教材联系的紧密性和学生知识水平的适应性。史料浩如烟海，要选择与教材知识有内在联系的、不超越学生知识水平和理解能力的，让学生学会从史料的海洋中拾取"贝壳"，提炼历史信息，进而了解相对客观的历史，并通过深入解读逐步形成历史"见识"。

5. 坚持高效训练，错题淘金

复习必须要与练习相结合，正确而科学的训练能巩固复习的成果，排除思维障碍，从而培养学科能力。高效训练要注意三点：

一是精选题目。选题应有三类：教材基本内容的重现或变通的题、培养历史思维能力的题、史学理论应用方面的题。

二是科学做题。不能仅仅停留于获取答案的层面，要关注做题的过程：归纳答题方法、分析错因、总结规律和技巧。

三是重点讲评。既要讲知识，又要讲方法。既可以分门别类地讲，也可以就题论题或借题发挥，达到由一题而解多题的练习效果，训练学生答题规范化、知识系统化、思路规律化、知识能力化。

训练过程中，要特别关注错题。错题是师生的一笔共同的"财富"，平常考试中错得越多，问题暴露得就越充分，对复习就更有利。错题反映了学生某一方面知识的欠缺、不足，从而使学生修订、改正，获得正确的知识。如果没有平常的考试，没有这种错题，学生可能永远都不知道自己在某一知识上的缺陷，或许在某一问题上得到的永远都是错误的知识。所以，对错题要有正确的认识，谈"错"色变，闻"错"逃之夭夭，就是"错上加错"。对待错题要有正确的方法，"错"海漫步，"错"尝辄止，更是"错中之错"。要知道，"错"中纠"错"，"错"中淘金，能延伸成功之路。

政治史一轮复习方略①

高考复习备考是一个系统工程，它不仅需要教师的精心策划、精密实施、精准传授，也需要学生较高的接受理解能力、持久的恒心和毅力、良好的心理和身体素质。一句话，高考复习备考是个"技术活"，需要"策略"。本文以教育部考试中心命制的新课程文科综合2015—2017年三年共8套试题为例，对必修一政治模块所涉及的高考试题进行分析，探求命题规律，预测来年走势，科学建构策略，以正确指导新一届高三教师和学生的复习，提高效率。

一、研究：近年高考考什么、怎么考

表5-4为2015—2017年全国新课程卷对必修一的考查情况。

表5-4　2015—2017年全国新课程卷对必修一的考查情况

考查内容	2015年	2016年		2017年	
	选择题	选择题	非选择题	选择题	非选择题
商周制度	—	卷Ⅲ西周铭文	—	卷Ⅰ武王分封	—
中央集权	卷Ⅰ汉代外戚 卷Ⅱ汉代吏治	卷Ⅰ宋代史官 卷Ⅰ明代巡抚 卷Ⅲ汉承秦制		卷Ⅰ西汉政区 卷Ⅱ宦官识字	
选官制度	—	卷Ⅱ科举作用		—	
近代列强 侵华	卷Ⅰ抗战意图 卷Ⅱ日本 控制金融	卷Ⅰ甲午预测 卷Ⅰ抗战词语 卷Ⅲ抗日火柴	卷Ⅲ通商口岸	卷Ⅰ中共 民主平等	
太平天国	—	—	—	—	—

---

① 本文发表于《试题与研究》2017年第26期。

考查内容	2015年	2016年		2017年	
	选择题	选择题	非选择题	选择题	非选择题
辛亥革命	—	—		—	
新民主主义革命	卷Ⅰ军阀混战	卷Ⅱ根据地建设	—	卷Ⅱ革命力量壮大 卷Ⅲ"紫石英号"事件	卷Ⅰ国民党一大
新中国民主	—	—		—	
现代中国外交	—	卷Ⅰ中西贸易变迁			
希腊罗马	卷Ⅰ正义女神	卷Ⅰ歌德论法 卷Ⅱ公民大会	—	卷Ⅱ雅典僭主 卷Ⅲ雅典宣誓	
代议制	卷Ⅰ英王与议会	卷Ⅰ英王与政党 卷Ⅲ法国政体	卷Ⅰ制度构想与实践	卷Ⅱ美国内阁 卷Ⅲ新联邦主义	卷Ⅰ法国大革命
社会主义	—	—	—	—	—
世界格局	卷Ⅱ专著撰写	卷Ⅰ马歇尔计划 卷Ⅱ美国海外巡演	—		

从这三年的高考情况来看，对必修一（政治模块）的考查有以下特点。

1. 占分比例起伏大

相对而言，在政治、经济、思想文化三个模块中，政治史因知识的丰富、广泛和完整在高考中的地位仅次于经济史，被誉为"千年老二"。但总的来说，政治模块试题占分起伏比较大，从全国卷来看，最高的是2016年卷Ⅰ，涉及政治模块知识的试题达42分，占比49.4%，几乎是"半壁江山"，其地位远超经济史。可最低的2015年卷Ⅱ，只有12分，占比为14.1%。由此可见，各模块占比是没有什么规律的。此外，政治模块命题大多是选择题，强调知识的覆盖，非选择题的命题相对比较少。

2. 重点知识反复考

2015—2017年三年政治模块试题考查的知识点相对集中，分封制、宗法制、专制主义中央集权制、科举制、甲午战争、辛亥革命、中共在民主革命阶段的探索、中华人民共和国成立后外交的变迁、雅典民主、罗马法、英国君主立宪制、美国1787年宪法、德意志帝国宪法、两极世界的形成等单元或课是命题的重点。其中有一些知识点的命题频率非常高，命题者特别"眷顾"，属于考查的"热点"。例如，英国君主立宪制的形成：2015年Ⅰ卷的第33题通过国王与议会的关系考查《权利法案》颁布后国王的权力；2016年Ⅰ卷的第33题通过国王与政党的关系同样考查了《权利法案》颁布后国王的权力。两题命题特征相似、考查角度相同、呈现方式相仿。上述考查的重点内容均是教材的主干知识，杜绝了僻、怪、难的知识，而且大多属于对人类历史产生重大积极作用、进步影响的正面的知识，而对那些落后的、消极的负面知识则考查较少，如明清君主专制的强化、国共内战与对抗、当代社会主义的重大挫折等。当然也有一些重点内容，这三年高考很少涉及，这就是所谓的"冷点"，如太平天国运动、辛亥革命、中华人民共和国成立后民主政治建设、科学社会主义的诞生、巴黎公社革命、十月革命等。

3. 考查概念视角广

政治模块大部分试题都是从历史概念（见表5-5）出发，以问题为核心，从不同角度考查学生对这些概念的理解和把握。

表5-5　近三年高考政治模块涉及的重要概念

历史时期	重要概念
古代中国	宗法制、分封制、推恩令、外戚干政、郡县制、君主专制、行省制、巡抚、察举制、九品中正制、科举制、官宦
近现代中国	清末新政、北洋军阀、通商口岸、甲午中日战争、国民党一大、工农武装割据、根据地建设、土地革命、抗日战争、陕甘宁边区、国共合作、渡江战役、另起炉灶、全方位外交
近现代世界	公民大会、陶片放逐法、梭伦改革、罗马法、君主立宪制、光荣革命、权利法案、1787年宪法、联邦制、法国大革命、国民公会、议会、法国共和政体、两极格局、马歇尔计划、美苏争霸、不结盟运动

试题考查历史概念的角度是不一样的：有的考查历史概念的背景，如2015年Ⅰ卷的第25题考查西汉外戚干政的背景；有的考查历史概念的含义，如2016年Ⅰ卷的第41题考查法国大革命和国民党一大中的民族主义的含义；有些考查历史概念的本质特征，如2017年Ⅲ卷第32题考查雅典宣誓的本质内涵，2015年Ⅰ卷的第29题考查军阀混战的特征，2016年Ⅰ卷的第35题通过马歇尔计划考

查美国对欧政策的本质；有些考查历史概念的作用和影响，如2017年Ⅰ卷的第24题考查分封制的影响，2016年Ⅰ卷的第32题通过歌德的描述考查了罗马法对后世的影响，2016年Ⅱ卷的第25题通过历代选官制度的变迁考查科举制的历史作用，2016年Ⅱ卷的第29题通过根据地粮食产量的增加考查土地革命的积极作用，2016年Ⅲ卷第35题考查了法国共和政体确立的历史意义，等等；有的是对几个历史概念的比较考查，如2016年Ⅰ卷的第33题涉及议会制、君主立宪制、内阁制、权利法案四个概念的比较，2016年Ⅱ卷的第25题考查了察举制、九品中正制、科举制等古代三种选官制度等。

4. 联系教材切口小

政治史试题与教材的联系基本上有两种情况：要么是"貌合神离"，粗略一看与教材有关联，实际上"风马牛不相及"；要么是"形散神聚"，表面上没联系，本质上是一致的。不管是哪种情况，试题与教材的联系口都很小。这主要表现在：一是全部试题都是材料型试题，均提供新材料，创设新情境，借以考查学生获取、解读信息和调用知识分析问题的能力，很少直接考查教材史实。二是试题与教材联系面很窄，往往是在一个极小的知识点或一个知识点的某一个方面上做文章，这也是试题难度较大的一个表现。例如，2016年Ⅰ卷第26题考查宋太祖的相关信息，选择的点是太祖与史官的关系，点小面窄。三是超越教材，考查隐性知识的试题不少。有些教材根本没有出现，甚至与教材观念不一的东西频频入题。例如，2017年Ⅲ卷第30题"紫石英号"事件、2015年Ⅰ卷第25题外戚干政等内容，在现行高中任何版本的教材中均没有出现。2016年Ⅰ卷第27题考查明代巡抚，这对学生而言也是十分陌生的知识。

5. 关注现实趋势强

历史高考从来就不回避热点，关注社会，关注现实，这是历史学科的功能之一。政治史中的绝大部分试题都是社会现实的反映，都不同程度地隐性介入社会现实问题。

试题涉及了当代社会十分关注的焦点问题。追求社会公平公正、构建和谐社会，在2017年Ⅰ卷第30题中共民主实践、2015年Ⅰ卷第32题正义女神像、2016年Ⅱ卷第25题科举考试等试题中较好地体现出来了。反腐倡廉、整顿政治秩序体现在2015年Ⅰ卷第25题西汉外戚干政、2015年Ⅱ卷第25题汉宣帝重视吏治等试题中。重视法治、依法治国在2015年Ⅰ卷第32题强调法律的强制力、2016年Ⅰ卷第32题罗马法对后世的影响等试题中有所体现。深化人事体制改革及公务员考试热在2016年Ⅱ卷第25题古代选官制度演变趋势中有所反映。2017年Ⅱ卷第30题体现了中共的群众路线，Ⅲ卷第32题直接点到18岁成人宣誓仪式，"十四年抗战"在Ⅲ卷第45题出现。

试卷中涉及周年问题的有很多。例如，2015年试卷中有抗战胜利70周年（Ⅰ卷第30题、Ⅱ卷第30题），两极格局初步建立70周年（Ⅱ卷第35题）。2016年试卷中有甲午战争120周年（Ⅰ卷第29题），不结盟运动兴起55周年（Ⅱ卷第35题），九一八事变85周年（Ⅲ卷第30题），红军长征胜利结束80周年（Ⅰ卷第30题），欧洲煤钢联营建立65周年（Ⅰ卷第35题）。2017年试卷中有陕甘宁苏区改为"陕甘宁边区"80周年（Ⅰ卷第30题），十月革命100周年和斯大林格勒战役75周年（Ⅰ卷第34题），抗战胜利80周年（Ⅰ卷第30题、Ⅰ卷第46题、Ⅱ卷第30题、Ⅲ卷第45题），宋太祖赵匡胤诞辰1090周年（Ⅲ卷第27题），欧共体建立50周年（Ⅱ卷第46题）等。

6. 能力考查力度大

主观题几乎都是开放性的论述题，这种题型围绕一个中心展开，多信息、宽视野、全开放，考查考生发现和解决问题的能力。

最经典的题是2016年Ⅰ卷第41题"制度构想与实践"题。该题提供了法国启蒙思想家卢梭民主思想的要旨，要求考生结合所学知识，围绕"制度构想与实践"自行拟定一个具体的论题，有理有据地完成论证。该题力求做到最大限度的开放，只给出少量材料和一个思考方向，没有字数限制，也没具体要求其观点的正反，因而给予考生非常宽广的选择空间。例如，可以联系古代希腊民主制度，验证卢梭的直接民主制构想；也可以联系近代初期民族主权国家的建立，结合卢梭的相关理论认识主权对一个国家的重要性；还可以联系美国的三权分立，批判卢梭的主权不可分割的观点等。[1]该题考查了历史学科学习与探究的几乎所有环节：解读材料、发现问题、形成观点、完成论证以及情感、态度与价值观等。2018题全面考查了学生的学科素养和学科能力，试题难度相对较大。

---

① 教育部考试中心：《高考文科试题分析》（文科综合分册）（2017年版），北京：高等教育出版社，2017年。

二、备考：如何备考最科学、最高效

1. 强化思想性，渗透核心素养

历史学科核心素养包括唯物史观、历史时空、史料实证、历史解释、家国情怀。这是历史教育教学的主要方向，也是考试命题的重要角度。历史教学中，教师要有高度的责任感和敏锐性，发挥历史学科的"史鉴"功能，切实渗透学科素养。例如，人教版必修一第一单元《古代中国的政治制度》，可以充分挖掘古代中国政治制度的"精髓"，培育家国情怀。包括：

（1）制度自信。古代中国有很多制度都是世界领先的，这为后世历代及外国所沿用，这些制度足以让我们引以为傲，增强制度自信心。

（2）制度创新。任何一种制度盛行一段时间后，都可能会有不适应时代的局限性，所以必须因时而动、顺势而变。古代中国不乏这样的事例，如管仲改革和"商鞅变法"，这些都是古代中国社会能够持续发展、长时间保持世界领先地位的原因之一。

（3）制度监督。习近平总书记强调："加强对权力运行的制约和监督，把权力关进制度的笼子里，形成不敢腐的惩戒机制、不能腐的防范机制、不易腐的保障机制。"这是人类长期以来的追求和努力。在中国古代有许多这样的尝试，如秦朝开始建立、后世历代王朝承袭的监察制度，东汉建立、南北朝推行、唐宋日趋完善、沿用到清末的"任职回避"制度等。虽然难以达到显著的效果，但一定程度上也加强了对官吏的监督和管理，最大限度地减少了腐败。

（4）主流价值观。例如，宗法制虽然早已湮没在历史的故纸堆中，但其传承下来的一些历史遗存却影响极为深远，包括修身、齐家、治国、平天下的人生信条，尊宗敬祖、认祖归宗、渴望亲情的社会习俗，重视家庭建设、尊老爱幼、夫妻相敬、兄弟相亲、和睦相处的社会公德，同情、宽容的待人观念。这些在今天仍是要提倡和弘扬的。

2. 寻找发散点，弥补教材缺陷

教材由于篇幅的限制，很多知识点只是简单的结论和观点，缺乏大量的素材和纵横向的联系，因而造成学生理解不到位，从而容易形成知识的错位。弥补的办法就是上课时尽力拓展，补充一些史料，寻找知识与知识之间的"连接点"，以帮助学生形成完整的知识链。

以人教版必修一第四单元第10课《鸦片战争》为例，下列问题，可以借助相关史料让学生理解，以便形成对战争的完整认识。

（1）关于"鸦片"：有人说"鸦片战争"这个概念错了，茶叶战争、通商战争、贸易战争、金融战争、白银战争……哪一个更能概括这场战争的本质属性？

（2）关于"战争"：英国第一次进攻到天津白河口时，清政府答应议和，英军退回广东海面。不久，英国又扩大战争，强占香港岛，威逼广州。这中间发生了什么？

（3）关于"人"：面对英国的进攻，广东民众、清朝政府官员、进步知识分子各有何反应？战争结束10年后，作为通商口岸的福州和宁波，外国侨民数量仍只有12人；厦门约25人左右；传统外贸中心的广州也不过300人；即使在外国势力的据点上海，到了19世纪50年代中期，也只有300多外国居民（不计家眷）。这些说明什么？

（4）关于"货"：1855年前的10多年间，英国对华工业品贸易始终在200万英镑左右徘徊。这是什么原因？

3. 设置探究题，增强问题意识

在历史教学过程中，教师要把握教学核心，设计一些有思考价值的探究问题，而且所设计的问题，应该具有追问性，形成问题串、问题链，要体现学习主题本身内在的逻辑体系，从而将学生引向深入，让学生在探究中领悟知识的奥妙，培养思维的敏捷性和顿悟性。问题的设置尽可能考虑到大部分学生的认识水平，由浅入深，步步深入，让大多数学生"跳一跳"能够摘到"桃子"，体验到成功的喜悦，从而激发学生的学习兴趣。例如，人教版必修一第一单元第3课《从汉到元政治制度的演变》，在选取郝颜玉等《中国古代皇权与相权之争及其对制度变迁的影响》一文中的相关材料的基础上，就"权力斗争的历史考察"这个话题，设置四个探究问题：

（1）恩怨探微：根据材料分析指出古代权力之争出现的原因。

（2）君臣权威：指出秦中央"三权分立结构"设计的积极意义，分析其与美国的三权分立政体的本质区别。概括并举例说明古代帝王采用哪些方式来限制相权。

（3）感悟是非：指出古代权力之争的最终结果及负面影响。谈谈古代权力之争对今天我国政治体制改革有何启示。

（4）尽情发挥：在从汉至元的政治制度演变过程中，可以得到哪些启示？

4. 倡导现实感，穿越时空隧道

历史和现实是一脉相承的一个整体，只是时间和阶段不同，不能孤立片面地去理解其中的一段。历史作为一门课程，作为一门文化知识，理应为现实服务，也就是我们常说的理论要联系实际。历史中蕴含着很多是非成败、功过得失的经验教训值得我们现在的人思考。古人就重视"鉴前世之兴衰，考当今之得失"，我们现在的人当然也要懂得历史的价值。比如，历史教学可以让学生更好地理解我们今天的国情和与之相适应的国家各项政策。既然历史和现实一脉相承，既然历史要联系实际，那么历史教学也要与现实相结合。比如，联系热点问题、时事新闻等，这样才好理解历史知识，不至于死板枯燥、空洞乏味，也才能更好地培养学生的"历史感"。例如，人教版必修一第一单元第1课《夏、商、西周的政治制度》，下面的两个探究题都体现了"时代性"：

（1）周天子年老了，他有一个35岁的能干的弟弟，他自己膝下有3个儿子：大儿子（20岁，二夫人所生）、二儿子（16岁，大夫人所生，智商一般）、小儿子（14岁，大夫人所生，聪明，深得天子喜爱）。4个人都想争王位，请问王位该传给谁？为什么？如果是在商朝，王位又可能如何继承下去呢？为什么？如果是现在，他的遗产又该如何分配？

（2）时至今日，宗法制已经消亡，但中国传统文化中的宗法思想影响仍然存在。请你想一想，在我们今天的生活中，有哪些行为是受到了这种制度的影响？结合当今的现实分析其积极作用和消极影响。

5. 强调系统性，构建知识网络

历史虽然是纷繁复杂、丰富多彩的，但历史事件又是有规律可循的。复习中要善于抓历史事件的本质特征和共性，实现历史知识"公式化"、历史事件"步骤化"、历史人物"脸谱化"，这有助于系统而全面地掌握历史知识。构建知识网络则是抓住历史发展的规律、形成历史系统性的很好途径。课时内容、专题内容、模块内容均可以建立类似的知识网络。例如，人教版必修三第五单元《近代思想解放的潮流》，内容重要，可用表5-6知识网络进行概括。

表5-6　《近代思想解放的潮流》内容

近代思想解放潮流	一个主题	救亡图存
	两个学习对象	学习西方—学习苏俄
	三个阶段	器物—制度—思想
	对传统文化的三个态度	中体西用（洋务派）、为我所用（维新派）、全盘否定（激进派）
	四个争论	观念之争（学不学）、内容之争（学什么）、政体之争（学哪种）、模式之争（向谁学）
	五大派别	抵抗派、洋务派、维新派、革命派、激进派
	六大救国方案	师夷长技以制夷、师夷长技以自强、君主立宪、民主共和、民主科学、马克思主义

例如，人教版第四单元《近代中国反侵略、求民主的潮流》共有8课，内容繁多，其知识体系可整理为：

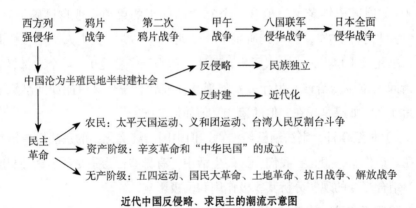

近代中国反侵略、求民主的潮流示意图

知识网络应该以纵向时间轴为经，以历史事件为纬，反映出历史发展的动态过程。范围可大可小，大可到一个单元、一个模块，甚至整个高考知识；小可到某一课，甚至某一个知识点的梳理。

总之，高考复习没有固定的模式，任何策略都必须适合自己、适合学生，这样才有效。不管采用什么方法，提高复习的有效性才是根本。

高中历史选修部分复习策略①

一、考情分析

1. 2015—2017年三年全国高考选做题考查情况统计

从2017年开始，选做题由4个调整为3个，删去了"民主思想与实践"，每个题都是2问，15分。2015—2017年考题情况见表5-7。

表5-7　2015—2017年考题情况统计表

年份	卷别	改革回眸		战争与和平		人物评价	
		1问	2问	1问	2问	1问	2问
2015	甲卷	清朝"养廉银"制度出现的原因	清朝"养廉银"制度的作用	苏联实施"原子武器计划"的背景	苏联原子武器成功的条件和积极作用	俾斯麦政府颁布《非常法》的背景	评析俾斯麦对工人运动采取的政策
	乙卷	唐代币制改革的内容	唐代币制改革的意义	戴高乐坚持抵抗政府投降的理由	法国复兴的历史经验	丘处机意见被成吉思汗接受的原因	丘处机西行的意义
2016	甲卷	清朝新军的特点	清军事改革的影响	罗曼·罗兰二三十年代反战活动的变化	罗曼·罗兰反战活动变化的原因	郑板桥画作的艺术特点	郑板桥艺术风格形成的历史背景

---

① 本文发表于《试题与研究》2018年第8期。

续 表

年份	卷别	改革回眸		战争与和平		人物评价	
		1问	2问	1问	2问	1问	2问
2016	乙卷	唐太宗时谱牒改革的内容	唐太宗时谱牒改革的作用	美中在越南战争中没有发生直接冲突的原因	美国结束越南战争的原因	高仙芝成为唐朝名将的背景	评述高仙芝的功过
	丙卷	孝文帝庙号改革的内容	孝文帝庙号改革的意义	威尔逊"十四点计划"的背景	威尔逊"十四点计划"受阻的原因	蔡元培在北大推行校务改革的原因	北大校务改革的特点及蔡元培的贡献
2017	甲卷	清末北京街道管理改革的原因	清末北京街道管理改革的困难及启示	欧洲联邦设想的背景	欧洲联邦设想未能实现的原因	颜回成为孔子最看重的弟子的原因	颜回在后世受到尊崇的原因
	乙卷	80年代工资改革的特点	80年代工资改革的意义	中美《开罗宣言》的内容及其意义	中美首脑会晤反映的战后东亚秩序构想	历代儒者尊季札为"贤人"的原因	季札出使在文化融合方面的意义
	丙卷	隋代法律制度改革的特点	隋代《开皇律》制定的意义	日本侵略口号的变化	日本侵略口号的企图	陈云经济思想及形成的背景	陈云对新中国经济建设的贡献

2. 选做题考查的特点

（1）从材料来源来看，选做题材料大多来源于史学著作的原始材料。例如：改革类题有《中国货币史》《中国俸禄制度史》《魏晋南北朝隋唐史三论》《清史稿》《魏晋南北朝史》《新中国工资史稿》《清廷戊戌朝变记》《隋书》；战争类题有《战争回忆录》《俄罗斯现代史》《越战初期中美之间特殊的"信息传递"》《欣悦的灵魂：罗曼·罗兰》《美国外交政策史1775—1989》《中国外交史》《欧洲观念的历史哲学》《日本外交史》；人物评说类题有《元史》《德国史纲》《中国通史》《蔡元培传》《史记》《陈云传》等。这些著作都是名家大作，是比较流行的作品，具有较高的权威性、较强的普及性。这说明材料的选用非常注意历史性、科学性和说服力。

（2）从设问方式来看，直接提问，指向明确。每个题目都是两问，都是开门见山提出问题，而且内容大多是背景（原因、条件、目的）、内容（特点）、影响（作用、意义）等，其中对前因后果的考查最多。提问词往往是指出、概括、说明、简析（剖析、简评、分析）、总结等，比较注重对历史现象、历史结论的理解和分析。

（3）从考查内容来看，时段侧重非常明显。改革类题考查的全部是中国史的内容，除了2017年涉及清末和改革开放时期以外，其他均为古代史，大多集中在唐朝和清朝。战争类题考查的全部是世界史的内容，涉及俄、美、法、日等大国，侧重于反战与和平思潮。人物评价类题除2015年考过俾斯麦以外，其他全部是考查中国历史上的人物，以古代人物为主，兼顾近现代历史人物，其中文化类的人物占比较高。

（4）从能力要求来看，以阅读材料、提取信息、解决问题为主。几乎所有的试题都要求阅读材料，从材料中提取有效信息，并能够对信息进行筛选、甄别、判断、理解，然后运用相关信息考查分析、归纳、概括、比较问题的能力。试题的答案一般与教材无关，几乎所有要点均来自材料。

（5）从试题与教材的关系来看，去教材化倾向严重。改革回眸和人物评价的16个题基本与相应的选修教材没有直接的关系，与教材的关联度较弱。部分试题涉及的内容，如清末新军、俾斯麦、郑板桥、蔡元培等在必修教材中有体现，虽然内容较少，但学生还有点印象。至于清朝的"养廉银"制度、唐太宗时的"谱牒改革"、孝文帝"庙号改革"、清末北京街道管理改革、隋代法律制度改革、《非常法》、丘处机、高仙芝、季札、陈云等，学生基本上"闻所未闻"。这在一定程度上会影响学生的选择和答题。相对而言，战争与和平的试题与教材的关联性较强。例如，戴高乐抵抗、罗曼·罗兰反战、越南战争、威尔逊"十四点计划"、欧洲联邦、《开罗宣言》、日本侵华等史实，选修三教材都有不同程度的涉及，学生相对熟悉。现在不少学校，既使选修教材基本没有上课，学生也能较好地应对考试。

（6）从考查结果来看，改革类题得分一般高于其他选做题。从近几年各省的考查结果分析，选做改革类题的考生最多，得分也最高。这固然与选修教材的排列顺序和试题的排列顺序有一定的关系，但也与学生的知识储备和试题本身有关。战争类题难度并不大，但一直以来得分较低，可能也与文科以女生为主，对战争感兴趣的不多有关。人物类题与文化密切相关，而对文化现象的分析一般难度较大。

二、应对策略

近年来高考历史选做题与其他试题一样，也经历了由"知识立意"到"能力立意"再到"素养立意"的变化，试题与课本的关系也"渐行渐远"，但是试题的呈现方式和问题的数量未变，考查历史主干知识的方向未变，唯物史观的指导地位未变，密切联系社会现实的命题思路未变。基于此，历史选做题的备考策略也基本上可以"守株待兔"。

1. 教材的处理

选做题与教材关联度较小，试题的难度也相对较低，因而不少学校集中精力研究必修，对选修教材"不闻不问"，没有上课，甚至学生连书都没有。然而，学生也能够从容应对高考。我认为，近几年的选做题对选修教材的知识要求并不高，因而学生自己看书、熟知试题特点和规律，也能掌握基本的方法。但要想得高分，选修教材必须认真对待，这样才能以"不变"应"万变"。

2. 题目的选择

适合自己的才是最好的。要根据自己的情况和试题的基本规律与要求进行题目的选择。一般来说，从问题的呈现方式来看，根据材料回答问题，往往适合阅读、归纳、分析能力较强的学生；根据材料并结合所学知识回答问题，适合基础知识掌握得比较扎实的学生。从材料的形式和内容来看，阅读障碍较少、问题比较直接、要求较低的试题往往是首选。从全国各地的数据来看，选择改革类题的约占七成，人物评价类题占一至二成，而战争与和平类的题最少。总之，选择题目时要有主见，不要盲从，切忌跟风。一旦选择，就安心答题，不能反复，不要犹豫。

3. 材料的阅读

材料的阅读至关重要，读通、读懂、领会，这是答题的前提。主要阅读方法有三种：一是主干阅读法，找出材料中的主干内容，去除无关紧要的；二是关键信息法，从材料的关键字、词入手，注意引言、材料出处、括号、注释、分号、省略号等；三是长文分段、短文分句法，化整为零，分层画点，层层剖析。在读完材料后，将有效语句"分门别类"，把提取的材料按相似度或逻辑类别进行整合与梳理，为下一步提取准确的历史信息奠定基础。

4. 信息的提取

信息包括显性和隐性两类。显性信息也就是表层信息，或者说现象，往往可以直接从文字表述中提取，阅读材料的过程中要非常明确地把这些信息标记出来。隐性信息就是深层次的信息，或者说是本质，对这类信息的把握在很大程度上决定了最后的得分。隐性信息可从三个方面提取：材料反映和体现的作者意图、史料作者的阶级立场及其动机、否定他人的观点中暗示了自己的主张。

例如，2016年新课标全国甲卷第48题：

郑板桥，清代杰出的艺术家、文学家，"扬州八怪"的代表人物。他从小生长在农村，历经康、雍、乾三代。郑板桥提倡"文必切于日用""笔墨之外有主张"，反对"皆拾古人之唾余"。他说："千古好文章，只是即景即情，得事得理，固不必引经断律。"郑板桥一生最爱画兰、竹、石，其画构图简单、主题鲜明，诗、书、画、印完美结合。他尤喜画竹，曾在一幅画作上题诗说："衙斋卧听萧萧竹，疑是民间疾苦声。些小吾曹州县吏，一枝一叶总关情。"郑板桥的诗画极富生活气息，深受时人喜爱。他晚年靠卖画为生，曾题诗云："画竹多于买作钱，纸高六尺价三千。任渠话旧论交接，只当秋风过耳边。"

——摘编自白寿彝总主编《中国通史》

（1）根据材料并结合所学知识，概括郑板桥画作的艺术特点。

（2）根据材料并结合所学知识，简析郑板桥艺术风格形成的历史背景。

本题考查古代艺术，涉及的考点是明清时期的文人画。材料是对郑板桥画作的描述，材料中有些语句十分重要，也有些语句是没有用的。因而，阅读材料时要画出关键语句，剔除无用的文字，然后透过关键语句看出其画作的艺术特点，并分析其形成的时代背景。（见表5-8）

表5-8 对郑板桥画作的描述

考查内容	关键语句	结论
艺术特点	笔墨之外有主张	个性鲜明
	反对"皆拾古人之唾余"	
	千古好文章，只是即景即情，得事得理	借物抒情
	一枝一叶总关情	

考查内容	关键语句	结论
艺术特点	其画构图简单、主题鲜明	以形表意
	文必切于日用	生活化、写实化
	疑是民间疾苦声	极富生活气息
	诗、书、画、印完美结合	多种艺术形式完美结合
历史背景	清代杰出的艺术家、文学家，历经康、雍、乾三代	从清朝政治、经济、思想方面分析
	极富生活气息，深受时人喜爱	社会世俗化
	晚年靠卖画为生	商品经济发达
	文必切于日用	受经世致用思想影响

5. 答案的组织

一般而言，背景类答案可从国际、国内（古代史部分试题尤其关注国内总体社会环境），政治、经济与思想，改革主导者或民主方案设计者的主观因素等方面考虑。内容及特点一般是材料信息的归纳。影响要从积极与不足（阶级局限性）、对当时与对后世影响等角度考虑。

对选做题的答案组织要注意以下几点：一是扣紧材料，但不能照抄材料；二是答案往往较简洁，不要白话连篇，大段作文；三是注意完整性、多方面（政治、经济、文化）、多角度（广度第一，深度第二）、多层次（分时间、空间、类别）；四是克服思维定式，注意史学观点的运用；五是"语言组织"，要用历史学科特色的语言作答，尽量避免口语、俗语。

三、重点突破

（一）改革的规律总结

1. 改革的背景（原因）

改革的背景一般应从两个大的方面思考：

（1）旧的生产关系阻碍生产力的发展：一方面旧的东西顽固，如旧制度、旧习俗、旧生产方式、旧思想文化等；另一方面，新东西的传播。

（2）统治面临着重大危机，如土地兼并严重、阶级矛盾尖锐、财政收入减少、国贫兵弱、民族危机等。例如，2017年全国乙卷"清末北京街道管理改革的原因"就是从外来影响（西方的影响）、城市自身的问题（政出多门互相推诿、城市宜居性差、影响城市形象，日常维护不力、经费被官吏贪污）两个方面回答的。

2. 改革的影响（意义）

改革既然是为了解决问题而进行的，因而其影响或意义之一就要看是否达到了预期的目标，如阻碍因素是否扫除，统治危机是否缓解，社会矛盾是否解决等。同时，还要从长时段、大视野的角度来分析其对历史所产生的影响，如是否被后来者采用，其精神是否被传承，其价值是否得到发展，等等。例如，2017年全国丙卷"简析隋代《开皇律》制定的意义"，答案要点包括总结和发展了前代立法的经验，提高了法律的文明程度，为隋朝发展与强盛提供保障，为后世法制建设提供有益的借鉴，既有对时代的作用，也有对后世的影响。

3. 改革的认识和启示

认识和启示是相对开放的题，主要应从以下几个方面思考：改革的必要性（是革除弊政、促进国家富强的重要手段）、改革的艰巨性（必然会损害部分人或集团的利益）、曲折性（不会一帆风顺）、改革的精神（勇于改革的同时，要具备坚决的斗争精神）、改革的措施（必须行之有效、循序渐进）、改革的模式（具体问题具体分析）、改革的经验教训等。

（二）战争与和平的规律总结

1. 20世纪战争与和平的知识框架

相对而言，选修三试题与教材的联系相对密切，因而，对这部分知识学生必须有一定的了解。

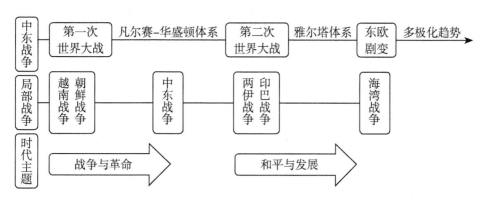

20世纪战争与和平的知识框架图

2. 重点透析

通过战争与和平运动的发展脉络和重要的历史事件、人物和现象，提高观察、分析历史问题的能力，进一步培养热爱和平、关爱人类的正义感和高尚情操；进一步认识战争的根源和现实的危险性，树立忧患意识与和平意识，从历史经验的总结中提高保卫世界和平的自觉性；进一步弘扬世界人民在世界反法西斯战争中表现的爱国主义，国际主义和不畏强敌、百折不挠、不怕牺牲的献身精神，为维护世界和平的神圣事业进行不懈努力。

（1）对第一次世界大战，我们要注意三个方面：一是认识到非正义的战争是必然要失败的，狭隘的民族主义不仅对本民族而且对其他民族和国家都会带来灾难性的后果，从而树立正确的民族主义立场。二是认识到战争对国际政治的影响，认识到资本主义一统天下的局面被打破的历史意义，养成多角度、多层次分析问题的思维能力。三是认识凡尔赛-华盛顿体系的实质，认识国联只是少数帝国主义国家维护自己利益的工具。例如，2016年新课标全国乙卷第47题对罗曼·罗兰二三十年代反战活动变化原因的考查中就涉及第一次世界大战的非正义性质、各国的民族主义宣传及战争的教训等。

（2）对第二次世界大战，我们主要应该把握反法西斯同盟建立的原因和影响，多方面理解第二次世界大战胜利的历史意义，总结第二次世界大战留给世人的深刻教训，坚持正确的、和平发展的价值观。例如，2017年新课标全国乙卷对"欧洲联邦"设想提出背景的考查，就涉及战争对欧洲造成的巨大破坏，有识之士认识到，只有走欧洲联合的道路才能实现和平，《洛迦诺公约》和《非战公约》的签订缓和了欧洲局势等。

（3）对"和平与发展"，主要要在把握当今国际形势发展总趋势的基础上，更多地运用现实，从正反两方面认识和平与发展的重要性及它们之间的辩证关系，树立为维护世界和平、推动中国和平崛起而做出努力的信念。

（三）历史人物评价的要求

唯物史观认为，历史人物所进行的各项重大活动既受到历史环境的影响和制约，同时又与其个人的主观因素密切相关；要把历史人物置于特定的历史条件下，进行具体分析，尤其要关注个人在历史发展进程中所起的作用，正确认识个人与社会的关系；对历史人物要一分为二，在评价历史人物的是非功过时，必须抓住主要方面。

1. 评价历史人物的标准

根据历史唯物主义的要求，评价历史人物主要应该看其是否顺应历史发展潮流，是否促进国家、民族、社会的进步与发展，是否代表广大人民的利益。当这三个"是否"出现冲突时，应遵循时代潮流、社会进步、人民利益的顺序。这三个"是否"应是评价历史人物的基本标准，也具有普适性。过去的阶段分析法、道德评判法、"成王败寇"论都具有一定的局限性。

2. 评价历史人物的方法

以史料为依托，以事实为依据，以时代为背景，以唯物史观为指导进行阶段评价、多维评价是主要方法。历史人物往往是复杂的，是"多变的"，虽已"盖棺"，但并未"定论"。抓住历史人物的主要活动，结合时代背景，进行深入的剖析，切不可超越时代。所有的结论和评述都要有事实依据和时代依据，即所谓的史论结合。例如，2017年全国甲卷第47题对颜回的评价：从材料"居于陋巷，'一箪食，一瓢饮'，依然淡泊达观"，可知颜回性情淡泊达观，品德高尚；从"颜回天资聪颖，能很快领悟老师的教诲"，可知颜回天资聪颖，学习悟性高，接受能力强；从"夫子循循然善诱人，博我以文，约我以礼"，可知颜回尊敬老师；从"他践行孔子的学说，认为如果自己的才能、智慧能够为世所用，就行其道；不为世所用，则独善其身"可知颜回身体力行，努力践行孔子的（儒家）学说；从"孔子非常悲痛：'有颜回者好学，不迁怒，不贰过。不幸短命死矣。'"可知颜回品格端正。至此，颜回的人物形象跃然纸上，所有的结论都源于史料，源于其历史活动。

3. 评价历史人物的原则

历史性、科学性、全面性是评价历史人物应该遵循的基本原则。"历史性"是指历史环境、历史背景、时代特征。评价历史人物时，一定要把人物放在他所处的历史条件下进行，绝不能脱离当时的社会现实，否则，就会出现三种偏差：用今天的标准去苛求古人；对历史人物的局限性估计不足，不妥当地拔高、颂扬古人，把古人现代化；把古人与今人简单类比，牵强附会。"科学性"是指既要关注其时代性，也要关注其阶级性，更要注意历史人物的复杂性，绝不能简单化，唯成分论，一刀切。"全面性"是指全面观察，防止片面性和感情用事，既要关注时代背景，也要注意个性特点；既要注意主观时机，也要关注客观效果；既要关注时代节点，也要用发展的观点来看问题。例如，2017年全国丙卷第47题对陈云的评价，就必须注意历史性。根据"政务院副总理陈云很快将上海局势稳定下来，进而稳定了全国经济形势。面对工业化建设资金短缺等问题……被中央采纳实施"得出"为中华人民共和国成立初期国民经济的恢复发挥了重要作用"的结论；根据"他在中共八大上系统地提出了改进经济体制的'三个主体、三个补充'的设想"等信息得出"突破了苏联经济模式的限制，提出了许多影响深远的重要思想"的结论；根据"1979年春，陈云指出……提出整个社会主义时期经济必须有计划经济部分和市场调节部分"得出"对中国社会主义现代化事业和改革开放做出了重要贡献"的结论。

4. 评价历史人物时应注意的几个问题

（1）要正确处理历史人物与人民群众的关系，克服英雄史观。时势造就英雄，同时也要承认人物的个性特点对事物有一定的影响力。

（2）要正确处理主观愿望与客观效果之间的关系。既要注意主观动机，又要看客观后果，尤其应把客观后果放到评判的首位。

（3）要正确处理道德评价和历史评价的关系，不能用一些过时的或抽象的道德标准来评价历史人物，也不能用现在的道德观去苛求古人，而应着眼于他的历史作用。

联系、推理、主题：历史通史复习的三大目标①

历史学科的最大特点是时序性、连贯性和不可分割性。历史的发展有其自身的规律，同时代的不同事物彼此单独存在，又彼此相互关联。为了方便研究历史，往往把历史分割成若干段、若干块，有横切的，也有纵割的。现行高中历史教材既不是横切，也不是纵割，而是分方面、按专题进行组织，结果也将历史知识弄得支离破碎，学生很难得到一个比较完整的知识体系。而高考却力图还原历史的真相，多方位考查学生的历史整体把握能力。所以进行通史复习是十分必要的。通史复习，顾名思义，就是打破模块、打通章节、贯通古今、关联中外的一种复习方式。这种复习方式需要站得高，也要看得远，更要联得广。

一、挖掘历史联系，能够从单一引出群体

历史事件不是孤立的，它们之间有着千丝万缕的联系。有些事件看似"风马牛不相及"，实则是"相见不相识"。这就需要教师在教学中，引导学生关注历史事件的上下衔接、左右关系、前后过渡，并把握其客观联系。高考复习需要帮助学生建立广泛的历史联系，将一个一个历史知识组成一个不可分割的体系。只有抓住了这种联系，才能真正地理解和掌握历史。

例1（2017·新课标全国Ⅱ卷高考·33）

13世纪后半期，佛罗伦萨市政府决定扩建一座小而简陋的教堂，并专门发布公告称，教堂要与"佛罗伦萨的众多市民的意志结合而成的高贵的心灵相一致"。这反映出，当时佛罗伦萨（　　　　）。

---

① 本文发表于《试题调研》2019年第4辑"百家讲堂"。

A. 工商业阶层成长壮大　　　　B. 人文主义广泛传播

C. 教会权威进一步提升　　　　D. 新教理论初步形成

本题引入意大利市政府的公告，意在考查城市商品经济的发展，实质上是一个经济类题，但需要联系政治、思想等领域的知识。选项涉及阶级关系、天主教统治、文艺复兴、宗教改革等相关内容。虽然题目不难，选项的干扰性不大，但命题者的意图却非常明显，要求考生综合同时代的各种因素，建立起广泛的联系。

历史事件之间的联系十分广泛，比较重要的有古今关联、中外关联、同期关联、异期关联等。这需要复习课上教师的知识高度、认识深度、视野宽度与学生的占有广度、发散力度、联系速度相结合，让学生有一种强烈的挖掘历史联系的意识，从而养成一种习惯。例如，"鸦片战争"一课，教材是放在必修一政治模块中的，但这场战争不仅仅是政治事件。复习中要帮助学生建立起几个联系：一是战前的中国与英国的关系，包括被称为"一场盲人和聋人的对话"的1793年马戛尔尼访华与战争的关系、中英两国社会发展状况与需求、鸦片与贸易、鸦片与战争等；二是战争与传统中国的关系，涉及战争对传统的农耕社会的冲击和产生的影响，以及农耕社会的根深蒂固和反冲击；三是战争与社会转型的关系，主要体现在"千年未有之变局"在政治、经济、思想等方面的表现，以及彼此之间的关系；四是战争与民族命运之间的关系，包括战争带来的耻辱、耻辱激发斗志、斗志历经挫折、挫折铸就伟业，历史的进步与历史的沉沦在这里交织；五是涉及鸦片战争与后来几场战争的关系、中国与世界的联系、英国的侵略与其他国家的侵略之间的关系等。这是一个非常庞大的知识体系，建立了这样一个体系，就有了"大历史观"，就能够真正触摸历史了。

二、强化逻辑推理，能够从已知得到未知

"历史逻辑推理能力是在历史理解能力基础上，对所阅读的历史陈述和历史资料进行合理的逻辑推理，得出与历史研究相近的结论。"[1]当前，逻辑

---

[1] 孙立田，任世江：《论历史思维能力分类体系》，载《历史教学》（中学版），2014（6）：3-8页。

推理能力在高考试题命制中十分突出。因而，培养学生逻辑推理能力是历史高考复习中的重要目标和关键环节。教师除了教会学生知识的选择和组织方法外，更应该注重传授逻辑方法。

例2（2016·新课标全国Ⅱ卷高考·26）

宋代，有田产的"主户"只占民户总数的20%左右，其余大都是四处租种土地的"客户"。导致这种状况的重要因素是（   ）。

A. 经济严重衰退   B. 土地政策调整

C. 坊市制度崩溃   D. 政府管理失控

例3（2013·新课标全国Ⅱ卷高考·25）

汉唐制定土地法规，限制私有大土地的发展，宋代一改此法，"不抑兼并"。据此可知宋代（   ）。

A. 中央集权弱化   B. 流民问题严重

C. 土地兼并缓和   D. 自耕小农衰退

上面两题考查了同一个知识点——北宋的土地政策"不抑兼并"。但命题角度稍有不同，前者是从社会现象反推出当时的土地政策，是从结果到原因的逆向考查；后者直接考查"不抑兼并"反映的社会现象，是从原因到结果的正向考查。本质上都是因果关系类题。

什么是"不抑兼并"？北宋为什么实行"不抑兼并"政策？"不抑兼并"政策的具体表现有哪些？"不抑兼并"政策会带来什么样的影响？此类问题，教材限于篇幅很少涉及，教师授课也可能无暇一一兼顾，这就需要学生"悟"。"悟"历史实际上就是一种历史的逻辑推理能力，即要能够由已知的知识推断出未知的知识，再用未知的知识印证已有的知识。这种逻辑推理，需要教师的带动、方法的调动、实例的触动，引发学生的心动、自觉的行动和知识的互动。

例如，在推断"不抑兼并"政策的结果时，不少学生只是单纯地线性思维："不抑兼并"会出现土地兼并，土地兼并就意味着农民失去土地，农民失去土地就会流落天涯，于是自然而然地选择了"流民问题严重"。这种推理本身问题不大，因果关系都是存在的，但忽视了历史的多样性。流民问题出现的原因有很多，失去土地只是原因之一，不堪承受的封建剥削、战乱引发的社会动荡、天灾导致的农业歉收等都是原因。实际上，北宋"不抑兼并"政策导致了封建租佃契约关系的发展和盛行。"封建租佃契约关系逐步取代了封建人身依附关系（包括农民对国家的依附、农奴对封建主的依附），适应了生产力发展的需要，是社会的进步。"①在这种租佃契约关系之下，无地或少地的农民租种地主土地，他们"起移"自由，地位相对提高，只要税收不多、田租可以承受、年成没有大问题，是不会出现流民问题的。而封建租佃关系的发展，必然会使自耕小农数量减少，自耕农经济衰退。因而答案为D。

这种逻辑推理必须建立在庞大的知识体系、有效的链接、无误的流程上，还要知识验证和逆向检验，以避免走入歧途，形成错误的认识。

三、重视主题引领，能够从知识发展素养

例4（2017·新课标全国Ⅰ卷高考·42）

表5-9　14—17世纪中外历史事件简表

时间	中国	外国
14—15世纪	朱元璋在位期间，与占城、爪哇、暹罗等30余国进行官方贸易 废除丞相制度 郑和七下西洋，是世界航海史和中国古代对外交往史上的壮举	德国人古登堡发明了最早的印刷机 哥伦布到达美洲大陆 佛罗伦萨200余家纺织工场雇用3万余名工人
16世纪	张居正进行赋役合一、统一征银的"一条鞭法"改革 李时珍《本草纲目》刊刻 玉米、番薯、马铃薯等高产作物传入中国 汤显祖出生，其代表作《牡丹亭》表现男女主人公冲破礼教束缚，追求爱情自由	哥白尼提出"太阳中心说" 意大利传教士利玛窦到中国，传播了西方自然科学知识 莎士比亚出生，其代表作《哈姆雷特》
17世纪	朱子学在日本为官方推崇，成为显学 茶叶大量输往欧洲 宋应星《天工开物》刊刻 美洲白银大量流入中国 郑成功收复台湾	英国入侵印度，英属东印度公司在印度开展殖民活动 英国早期移民乘"五月花号"到达北美

——据李亚凡编的《世界历史年表》等

---

① 王辉：《北宋"不抑兼并"、"田制不立"政策新论》，载《江西社会科学》，2010（7）：164-166页。

从表中提取相互关联的中外历史信息，自拟论题，并结合所学知识予以阐述。（要求：写明论题，中外关联，史论结合。）

该题可以说是近年来开放性试题的经典之作，是早几年同类试题的传承和发展：从命题技巧来看，该题要求考生从杂乱的史实中提取一组中外关联的信息，形成论题，进而结合所学知识进行史论结合、逻辑清晰的论述。这是前几年开放性试题的延续。从文本材料来看，该题以表格形式部分列举了14—17世纪中西方在政治、经济、思想文化、对外关系领域中的重大事件，这既是命题者的情境设计，更是答题者的重要素材。从学科能力来看，该题涵盖了历史学科的全部四大类能力要求：获取和解读信息，调动和运用知识，描述和阐释事物，论证和探讨问题。一个试题考查全部能力要求，命题者的命题水准堪称独到。从学科素养来看，历史学科的五大核心素养该题考查了四个：唯物史观、时空观念、历史解释和家国情怀。这是对学科核心素养考查的较高境界了。从考查主题来看，该题虽然是开放性试题，可拟论题很多，但不外乎中外经济文化交流、中西方间的侵略与反侵略、中外社会发展的不同趋势三大类，这些既是历史发展中存在的问题，也符合当前的政治主题。从时代性来看，该题引入的全是历史过往，但回应了"一带一路"、祖国统一、国际视野等热点问题，体现了历史对现实和时代的影响，充分发挥了历史学科的功能。该题充分体现了"在考查通用性、主干性知识的基础上，进一步明确关键能力和学科素养的考查内容……进而能够在知识积累、素质养成和能力提升的过程中逐步形成正确的核心价值观"[1]的命题主旨。

考生在解答时存在的主要问题是该题没有论题，或者所拟论题与所列史实不符。这就提醒我们中学教师，历史教学必须要以学科素养和关键能力为目标，抢占素养高地，帮助学生形成正确的核心价值观。这一点在高三的通史复习中尤为重要。这可从两个方面进行：一是提供通史阶段的若干知识之后，除了要求学生归纳阶段特征外，还应要求学生从中提炼出若干主题，并能用史实说明和论证；二是可以先提供一些主题，让学生在主题的引领下，串连起某个

---

[1] 教育部考试中心：《落实立德树人根本任务，推进历史学科考试改革——2017年高考历史试题评析》，载《中国考试》，2017（7）：35-38页。

阶段、某个时期的不同类型的史实，做到主题鲜明，对史实表达准确。这样的设计能使学生的学科关键能力和核心素养得到培养和提升，复习的目标也自然达成。这种课堂需要教师的指导、方法的引导、实践的疏导，更需要学生的迎导、自觉的推导。

总之，通史复习有别于专题复习，它重在"通"，既要通阶段、通古今、通中外，又要通知识、通能力、通素养，甚至还要通技巧、通方法、通思路。因而，通史复习是"技术活"，需要中学教师多研究、多探索。

第 六 篇

德育与管理

——校本课程建设实践

"君子"文化引领下德育课程化的校本研究

——广东仲元中学"君子之风"德育课程的构建①

广东仲元中学创办于1934年，是为了纪念孙中山先生的得力助手邓仲元所创办的一所中学。80年来，仲元中学以其悠久的办学历史、执着的创业精神、卓著的办学成绩，屡获社会称颂。近年来，学校根据自身的办学历史、文化，结合社会主义核心价值观的内涵和意义，创建了"君子之风"德育课程体系，将仲元精华、儒学精髓、时代精神三者熔为一炉。它和学校"养浩然之气，扬君子之风"的办学理念一脉相承，是学校"德、毅、博、健"校训的核心价值反映，体现了学校的办学宗旨、办学目标和办学策略，以浓厚的文化氛围、理性的育人思路、独特的精神力量，引领着全校师生。

一、"君子"的内涵

"君子"的概念源自《论语》。几千年前孔子提出"君子"的概念并把它作为理想的人格标准，塑造了中华民族的一种道德观念和文人志士的一种情怀。学校倡导的"现代君子"，是在历史继承的基础上发展并蕴含现代人素养的"君子"，具体包括七个方面。

1.志存高远

君子应超凡脱俗，应具有超凡之志。当代学校培养的人才首先应该有鲜明的新时代的荣辱观："以热爱祖国为荣、以危害祖国为耻；以服务人民为荣、以背离人民为耻"，做到胸怀大志、心忧天下。

---

① 本文发表于广东教育杂志《广东教育》（综合版）2016年第9期。

2. 知书达礼

知书达礼指有文化，懂礼貌，在为人处世和信义方面有修养。学生刻苦求知、博览群书，既是实现个人宏图大志的途径，又是培养君子人格的前提。

3. 忠恕守信

"君子坦荡荡"是对君子人格深厚涵养的称赞，反映了一种厚德载物，有容乃大、包含天地间的宽广胸襟。君子为人之道，集中表现为"忠恕"二字。"忠"，是对国家、社会、父母、朋友的诚心，即尽心为人；"恕"，是"忠"的延伸和扩展，即推己及人。

4. 重义轻利

孔子说："君子喻于义，小人喻于利。"义与利相对，利是指对个人有利的事，义就是指对众人有利的事。教师之间、学生之间、师生之间应该倡导"以团结互助为荣，以损人利己为耻"的君子作风，形成重义轻利、先义后利、和谐发展的价值取向。

5. 勇而无畏

勇是指见义而为的勇气。孔子说："见义不为，无勇也。"见义勇为是君子的基本素质，见义不为非君子应有的道德素质。君子要勇于参与社会竞争，追求自强与进取。

6. 正大光明

孔子的"其身正，不令而行。其身不正，虽令不从"常被人们用来说明以身作则的必要性。君子本身就应是人群中的楷模，君子应当自尊自重，言行如一，俭以养德，光明磊落。

7. 和而不同

孔子说："君子和而不同，小人同而不和。"这就是说，作为君子，要善于与他人和谐相处，善于调和矛盾冲突，但自己要有不同于他人的独到见解，不能随大流。

二、"君子之风"德育课程体系

在《国家中长期教育改革和发展规划纲要（2010—2020年）》中，把"育人为本，德育为先"作为一个重要的战略课题，并特别强调要"创新德育形式，丰富德育内容，不断提高德育工作的吸引力和感染力，增强德育工作的针对性和实效性"。学校以科学发展观和新课改核心价值观引领学校德育工作，在已经积累的德育经验和形成的特色的基础上，立足学校实际和发展需要，寻求以实施德育课程化校本研究为抓手的德育创新与突破，确立了课程是教育的核心，充分发挥课程建设在学校德育工作中的重要功能，构建了系列德育课程，在转变教育发展方式的背景下进行了一次增强德育实效性的全新尝试。经过几年的探索和实践，"君子之风"德育课程已经形成了比较完整的课程体系，主要分为隐性课程与显性课程。

1. "君子之风"隐性课程

隐性课程是通过校园"景"的风格和教师"行"的风范去影响学生，以"君子"统摄整个校园的时空风情和人物，突显出"仲元人"的风骨。跨过仲元中学校门前的小桥，一股庄严肃穆的气息扑面而来，宏伟壮阔的仲元中学校门、高矗挺拔的钟楼和威武的邓仲元将军铜像，守护着这座书香飘逸、学子心驰的求知殿堂。邓仲元铜像是1934年著名雕塑家李金发先生所作，原矗立在广九车站邓仲元殉难的地方，后移至黄花岗七十二烈士陵园中的邓仲元墓中。仲元中学的这尊铜像是按照李金发先生的原作以1：1的比例塑造的。

本着"让每一块墙壁说话，每一寸土地育人"的思想，寓"君子"教育于校园环境之中，培养有创新意识的优秀人才，校园内各种建筑标识都充分体现了君子风范。学校统一布置楼道和场室内外的文化建设，相关的标语、名言和字画等均围绕"至善文化、君子风范"的特色布置。宏伟壮阔的校门，意在培养学子胸怀天下的领袖风范；仲元文化长廊旨在引导学生牢记学校的悠久历史，弘扬爱国、爱民精神；明德湖畔朱熹的《观书有感》及春风石、敬师亭，意在教化学生学会学习、学会生活、学会做人；运动场区开设的"惜晖园""健之园"，提醒学生要强身健体；现代教育中心两个单体建筑，形成一个"浩然正气"的巨人形象；正对学校大门口的威武的邓仲元将军铜像寓意"仲元人"以"铁血精神、兴世安邦"为己任，扬君子之风，育兴国之才；校史室中展示杰出校友，如科学家彭加木的卓越成就与照片，激励师生不断开拓进取。

2. "君子之风"显性课程

"君子之风"德育显性课程与学校"德、毅、博、健"的校训相呼应，包括四个方面的含义："君子之德"，即仁爱友善的品行；"君子之智"，即开拓创新的思维；"君子之勇"，即坚韧不拔的意志；"君子之艺"，即和而不同的个性。

具体内容如下图所示。

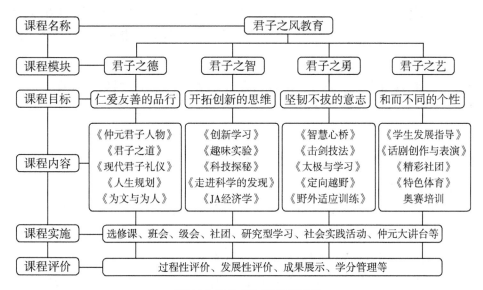

"君子之风教育"德育课程图

隐性课程与显性课程是相互渗透、相互补充、相互影响、相互转化的课程综合统一体。在德育过程中，二者凸现不同特质与表征：显性德育课程主要是通过知识传授、说服教育等方式加以实现，带有理论色彩及强制特征；而隐性德育课程则依靠环境育人的精神作用机制来实现德育目标，如利用情感陶冶、舆论监督、环境暗示、行为模式、人际交往、情绪感染等途径影响德育客体，具有不可替代性。

三、"君子之风"德育课程建设成果

经过几年的努力，结合学校历史及现状、师资、资源以及学生现在和未来的发展，对"君子之风教育"德育课程实施的途径、内容、方法、评价进行了探索，课程建设既促进了学生的成长，也促进了教师的发展，提升了学校的办学品位。

1. 学校文化得到彰显

在"君子"理念的影响下，全体师生焕发出一种超越寻常的风貌，教师爱岗敬业、无私奉献，把学校当成家来经营。近年来，学校有两位教师进入"广州好人"榜，两位教师被评为"广州市劳动模范"，一位教师被评为首届番禺"师德标兵"。学生彬彬有礼、明理达志，学风、校风焕然一新。生活中，纠纷少了，互助多了；行为上，不文明的现象少了，好人好事多了；学习上，自主学习、合作探究的学习方式多了。同时，"君子"风范也走出了校园，学生在家中能主动为父母分忧，在社会上自觉传递正能量。"君子之风教育"的理念日益深入人心，在番禺区甚至广州市都产生了较大的影响。

"穿越这所中学……总有一种精神贯穿始终，总有一种情怀连绵久远，总有一种'浩然正气'的君子风范让后人景仰、敬重、惊叹……"《中国教育报》2014年11月27日教育展台栏目以"君子摇篮"为题介绍了我校的办学成就及"君子之风"特色，引起了社会广泛的关注。

2. 学生个性得到发展

学校"君子之风"课程的实施，全面提高了学生的综合素质，拓宽了学生的视野，发展了学生的特长。合唱、模联、辩论、话剧、漫游、科普、舞蹈、竞技体育等活动开展得有声有色，甚至走出了国门，充分展现了仲元学生"君子"的风采。2014年6月至2016年8月，学生在市级以上竞赛中获奖达2358人次，其中国家级奖励达603人次。2016年高考，学校重点本科上线率达68.5%，本科上线率达98%，位居广州市各区属中学之首。

促进学校德育与学生心理零距离对接

——德育校本研究的实践探索[①]

社会的变迁、信息的开放、家庭教育的缺失或不足，对学校的德育教育提出了新的挑战。近年来，我校在实践中反思，在反思中实践，认为学校德育与学生心理有一定的距离，要弄清这种距离形成的原因，从而想办法消除或缩短这种距离，这是现实的需要。

一、困惑：现有德育与学生心理有距离

近年来，社会消极因素对学校的影响越来越大，再加上高中入学人数的猛增，学生德育水平的参差不齐，给学校的德育工作带来了极大的压力，也让德育工作者产生了许多困惑。德育地位依旧位于首位，德育工作依旧有条不紊，德育内容也日益翻新，但德育的实效性却令人担忧。为此，笔者在某中学进行了一些调查，发现当今学生中存在的问题主要有以下几点。

1. 贪玩厌学，游戏人生

"厌学"风再度在校园中盛行，一部分人是不想读书，另一部分人是对读书的目的不明。笔者在某班调查时发现，有24.1%的学生明确表示"不想读书"。问其原因，一名说："我家有的是钱，不读书我爸照样可以为我找一个好的工作，我相信将来过得并不比会读书的人差。"另一名说："读书太枯燥，太平淡，竞争也太激烈。"还有一名学生说："别人经常考90多分，而我老是不及格。"这时，一名学习很用功、成绩比较优秀的学生也说了一番与

---

① 本文发表于北京教育科学研究院《教育科学研究》2004年第10期。当时作者在湖南省
　某县城重点中学从事德育工作。

不想读书的学生几乎一样的话："读书为的是什么？还不是为将来有个好工作，拿一份高工资，建立一个美满的家庭。"对读书兴趣不浓，但每天总得要过，于是有的沉湎于网络、遨游于虚拟空间；有的钟情于小说，迷失在现实之外；有的痴情于早恋，陶醉于不成熟的感情里；有的逃学出走，跌倒在无奈的世界；有的追星捧星，浪迹在偶像的阴影之中；有的超前消费，满足于纸醉金迷。

2. 诚信缺失，考试作弊

对中学生网民的一项调查资料表明：对"在网络交往中，应遵守诚实守信的社会公德"这一观点，有38.3%的人表示"做起来很困难"，有5.3%的人认为"没有必要"。对网络黑客行为，有26.3%的人表示"黑客有高超的技术，令人佩服"，有16.7%的人认为"黑客的行为促进了网络技术的发展"，有24.4%的人认为"不好说"，只有24.2%的人明确表示"黑客的行为具有社会危害性，要严厉惩罚并尽力杜绝"。[①]在一项关于考试作弊的调查中，"有过作弊动机和行为"的有21人，占全班总数的30%；持"可以接受，不应处罚"观点的有36人，占50.1%；对此行为"深恶痛绝"的仅有4人，占5.7%。

3. 行为欠缺，规范无序

问卷调查中，98.3%的学生表示学校开展日常行为规范教育是必要的，87.6%的学生知道新颁发的《中学生日常行为规范》，77.2%的学生对学校的日常行为规范教育表示满意。但笔者却看到，某班有6人染发，3位女生戴首饰，2位男生蓄长发，某张课桌上写着"××三八"的字样，教学区的草地中间踩出了一条小道，校园里乱丢果皮纸屑的学生仍比较普遍。笔者找到戴首饰的一位女学生，问她为何戴首饰，她说："我知道中学生不能戴首饰，但很好看啊，关键的是这并不妨碍别人。"一位乱丢纸屑的学生理直气壮地说："这有什么，不就是一张纸吗？学校多请一个卫生工，不就行了吗？简直是小题大做。"在一次集会中，老师要求学生带椅子进会场，很多学生将椅子拖着走，老师看见时他们就提起，可老师转过身时，他们又拖着走。

---

① 韩宪洲：《从Internet的发展看青年问题》，载《中国青年政治学院学报》，1999年（4）：33-36页。

4. 染黄染赌，涉黑犯罪

笔者在某中学了解到，学生中有帮派组织"猎人帮""群龙会"等，他们对弱势学生进行"保护"，收取保护费，很多打架斗殴事件都是他们挑起的。学生中赌博、涉猎黄色信息的也大有人在。据有关资料统计，从20世纪80年代起，25岁以下的罪犯占全部罪犯的65%～70%。[①]

5. 爱国观念淡薄

在一次升国旗仪式上，笔者看到在集会的队列中有不少的男学生穿背心，汲拖鞋的更是比比皆是。当国歌声响起时，仍有一些学生匆忙跑进队伍中。升国旗的过程中，一部分人低着头，甚至还有少数学生在说着悄悄话。仪式结束后，笔者找到一名迟到的穿背心的学生，问他升国旗时应该怎么做，他一口气说出了很多。可当问他为什么穿背心时，他说："很多人都是这样，习惯了，其实我还是很爱国的。"一位历史教师对笔者抱怨说，当讲到日本在中国进行"细菌战"、制造"南京大屠杀"时，很多学生比较漠然，看不到那种愤怒的情绪。

中小学校在对未成年人进行思想道德教育中具有举足轻重的地位，它是德育的主阵地、主课堂、主渠道。从以上调查可以看出，中小学校也在尽力履行自己的职责，开展了正常的德育教育，学生也受到了真、善、美的熏陶，但德育和学生心理相距甚远，德育效果极不理想。

二、思考：导致距离的三个因素

理性思考，学生存在的问题不能仅仅责怪学生。问题的存在总是有原因的，应从家庭、社会、学校三方面来思考这个问题。

1. 家庭教育的缺失或不当使学生"先天不足"

家庭教育是启蒙教育，父母是孩子的启蒙老师，家庭教育的好坏很大程度上影响着学生的成长。而目前学生家庭教育却存在着下列情况：父母常年外出打工，把孩子交给了祖辈，形成了"隔代教育"，其显著特征是溺爱、呵护，这类学生常常以自我为中心，孤傲、瞧不起人，很难适应集体生活；父母

[①] 中宣部宣传教育局，教育部基础教育司等：《为了明天更美好——〈预防未成年犯罪法读本〉》，天津：天津科学技术出版社，2000年。

离异或不和，导致家庭破碎，形成"单亲教育"，不完整的家庭使学生得不到完整的教育，这类学生在校往往很自卑、性格孤僻，容易行为越轨、学业失败，心灵受到创伤；父母忙于生计，平常疏于对孩子管教，一遇问题大多是"拳脚教育"，这类学生往往行为偏激，在校极易犯大错，如离校出走、聚众斗殴等；父母整天无所事事，沉湎于麻将，对孩子是"放羊教育"，不闻不问，极易导致学生各种不良习气的滋长，如早恋、痴迷网吧等；父母自身文化程度较低，却对孩子寄予过高希望，为达到目标，想尽各种办法，什么都要管，实施"捆绑教育"，这类学生容易出现心理障碍；父母牢骚满腹，整天抱怨社会，这种"反社会教育"无形中让学生感觉到社会处处是陷阱，极易造成学生自我封闭，不相信任何人，不愿与人交流合作。在上述家庭环境中，学生很难形成健康的人格、正常的行为心理。这种"先天不足"使学校德育教育难以正常发挥作用。

2. 不良的社会环境容易使学生成为"迷途羔羊"

现在的社会大环境对青少年学生的成长有许多不利影响，如不健康的影视画面和网上信息（黄色、凶杀、恐怖等）、不道德的商业行为（尔虞我诈、掺杂使假等）、不当的休闲方式（赌博、酗酒、泡吧等）、不理智的行为习惯（打架斗殴、蓄长发等）、不正确的处世态度（消沉、厌世、冷漠）等，容易让分辨能力差、人生观和世界观尚未形成的青少年学生迷失方向。他们在学校接受的都是正面教育，感受的都是真、善、美的东西，可那些不良的社会现象就会让他们感到学校、老师传授的思想信条、道德情操单薄、脆弱，"不切实际"，他们可能会产生困惑：不知谁对谁错，何去何从。

3. 学校德育与学生心理"貌合神离"

从德育内容与目标上看，学校德育更多的是给青少年学生"嫁接"成人的观点，这往往是早已形成的，并具有一定时代特征的政治态度、思想倾向、道德品质、法律意识与行为习惯等。这种强行的"嫁接"忽视了青少年学生成长的规律和对其成长需要的满足。同时，教师用相同的行为规范标准来要求不同的学生，强调行为规范的整齐划一，忽略了学生个体差异的存在。

从德育途径和方法上看，学校德育的运行模式大多属于行政管理模式，即运用管理机构及教师的权威，通过行政命令或集体舆论的压力，结合一定的说服教育，达到德育目标。其最基本的方法是灌输、压服，并且大多采用的是"有形"的手段，侧重的是外部灌输和行为塑造，就是通过外在的努力促使学生接受，并以此来规范学生的行为，带有一种强制的性质。"师道尊严"的成分很浓，学生处于被动、顺从的地位。这种绝对权威的德育观念是不道德的，是一种典型的"人治"，它只强调学生对德育的责任和义务的服从，而忽略了对等的权利和义务。

从德育认识和评价上看，传统的德育观更多的是教导学生为社会、为他人，只付出不索取或多付出少索取。这种牺牲型德育使学生难以感受到德育的魅力，往往会使学生敬而远之。传统德育在评价时，往往把"老实""听话""服从"等作为好学生的衡量标准，而对学习不努力、成绩不理想、行为上有某种缺点的学生则严加批评。传统的德育评价中还存在着一个弊端，就是用成人的认识和行为标准来评价青少年学生，这种评价和甄别是单向的、"纸上谈兵"式的，因而是空洞的。因为成人的认识和行为标准与青少年学生的实际有很大差距。

三、对接：缩短距离的有效措施

1. "以理服人"——讲清德育的社会地位和价值

我们采用的说理方式通常有两种：一是从行为的后果出发来说理，包括正面说理和反面说理。给学生分析一定的道德规范所带来的不同后果，让学生从正反两个方面去体会。二是推己及人的说理方式。要求别人尊重你，你必须尊重别人；你痛恨别人欺骗你，你就不能欺骗别人。做到"己所不欲，勿施于人"。其主要途径有：一是学校以正面教育为主，始终坚持真、善、美的教学；二是外引社会有德之士、聘请校外德育辅导员对学生进行教育和引导；三是要求学生换位思考。

2. "润物无声"——实施无痕教育，构筑温馨的德育平台

西方教育家很早就提出了"无痕教育"。教师在知识上也许超越学生，但在道德上学生也有超越教师之处，因而教师应真诚地对待学生，做学生的朋友、旅伴和共享者，为德育营造一个宽松、和谐的氛围，在"润物细无声"中潜移默化、真正地实行德育，与学生心理零距离对接。我校尝试了以下做法：

（1）要求做专业化教师。所谓专业化教师，是指除了掌握任教学科的专业知识及相关的教学方法、教学手段、教学技术以外，还要有新的教育观、知识观、伦理观和高尚的人格等。也就是说，教师不仅要"学高为师"，而且更重要的应是"德高为范"，不仅要教书，而且更重要的是要育人。

——注重师道，掌握基本的教育理念。要求教师多钻研教育学、心理学，懂一些教育思想、教学原则。多研究学生，既要"有教无类"，又要注意个体差异；多研究教法和学法，形成自己独特的教学风格，不能仅做教书匠，更应做教育家。

——强化师德，做人类灵魂的工程师。"德为才之帅，师以德为本。"一方面，教师要讲师德、树师表，努力营造群体正气。教师要爱岗敬业、团结协作、严谨治教、热爱学生、先人后己、意志顽强、勤劳朴素、情趣高雅、仪表端正。另一方面，教师要具备从事德育工作的基本素质，包括对德育观念、德育理论的掌握和运用能力、德育的责任意识、对学生思想品德的认识能力、德育的科学研究能力等，即既懂德育，又能自觉进行德育工作。

——加强读书，锤炼教师的人文素养。要求教师对书籍广泛涉猎，多读书、读好书，以书本为友、与知识为伴、偕真理同行、和大师对话，在人类优秀文化遗产中净化自己的灵魂、升华自己的人格、锤炼自己的人文素养。

——要有仁爱之心，和谐师生关系。俗话说，尊人者受人尊，爱人者被人爱。孤芳自赏、妄自尊大、心浮气躁、待人凶狠、粗野无礼都难以让人接近。对教师而言，更应做到待人蔼然，爱生如己，师生感情方能逐渐深厚，传道、授业、解惑方能有所成就。

（2）加强校园环境建设，增强文化味。环境教育是一种效果十分明显的教育方式。我校近几年来花大力气改善校园环境，增添人文气息。教室内悬挂国旗和行为规范牌，走廊上有杰出人物的照片及介绍，教学区有名人铜像，校园中处处有名人名言、警示牌，学校大门和进入教学区、科技馆、图书馆和教研楼的大门都有楹联，还建设了长达40米的文化长廊，有大型壁画《长城》《黄山日出》。教室墙壁上镶嵌有《中小学生守则》和《中学生日常行为规范》及中国地图、世界地图。同时，充分发挥校园广播系统、学生电视台、校报的德育功能，常年开展心理健康教育和心理咨询活动，使学生处处感悟到德育的存在，让德育走出课堂、走向学生内心，让学生在不知不觉中受到教育。

（3）切实减轻学生课业负担。学生既是德育工作的对象，又是德育工作的主体，要切实减轻学生过重的负担，为学生全面发展留足时间和空间，以利于其自主接受教育。我校严格按照课程大纲开设课程，不多开课时，周六、周日不上课，每天的作业量控制在15分钟内能完成的量，每天留出两小时供学生自主支配。

3."以心育德,以德养心"——加强心育与德育同构共建

心理健康教育与德育不能等同,但如果把两者结合起来,实现"以心育德,以德养心",对加强和改进学校德育工作、提高德育的实效性不失为良策。我校采用的有效方式主要包括:

(1)角色演练。通过模拟、扮演各种社会成员所担任的角色,并尽可能使学生像各种社会角色那样去思想、感受和行动,对学生进行德育教育。在我校的学校管理中活跃着一支数量可观的学生干部队伍,除由班主任进行常规教育以外,其他各种管理、检查、评比都是由学生自己组成的各种检查部完成的:早晚自习有纪律检查部的检查;"三操"有体育部的检查;就餐和就寝有生活部和宿管部的检查;就寝后有保卫部的检查;日常行为规范有文明部的检查。每天公布检查结果,每周有小结,每月有月报,每月评出优秀班集体,优秀教室、寝室。这些做法强化了学校管理,培养了学生能力,也让学生受到了教育。充分挖掘学生潜能,办好一台一站一报。我校学生电视台从1994年开办以来一直是学生在操作,所有采、编、摄、播等人员都由学生组成,开设有十几个固定节目,每周播放时间在400分钟以上。校广播站每天早餐、晚餐后都会准时广播,播身边的人和事、播学生心语、播学习心得等。所有环节都由学生完成。校报《鼎山通讯》的所有编辑人员都是学生,主要刊登学生的习作,近三年来被各大刊物转载的文章达300多篇,去年被评为"全国十佳校报(刊)",充分展示了我校学生的水准。

(2)主题活动。丰富的校园活动是生生之间、师生之间对话的舞台,是促进品德发展的动力。例如,我校定期举办演讲比赛、"明心杯"电视辩论赛、校园歌手大赛、文艺节、科技周及各类征文比赛。学生积极踊跃参加。我校也向高校输送了一大批有辩才、能歌善舞、文采出众的优秀学生去参加各类文艺比赛。我校还积极开展社会实践活动,建立常年的德育基地,包括陶铸纪念馆、县特教学校、县福利院等。

(3)小课题研究。通过研究性学习,学生在思考中发现问题,在实践中发现事理,在感悟中发现方法,形成健全人格。其程序是:调查—选题—设计方案—解决—成果展示—激励。例如,要求学生开展社会调查、研究性小论文的写作等。每年都会不定期地组织学生利用节假日开展社会调查,写调查报告。这样将学生引入社会实践,培养其社会责任感,使其在社会活动中找到自信。

(4)充分利用校园网络优势,开放校园网。针对社会网吧对学校的冲

击，我们不是堵而是疏。向学生开放校园网，让学生在教室中上网，尽量不出校门，不进营业性网吧。在校园网中增设防火墙，及时更新学校网页，下载对学生成长有益的信息，发出"争做网络文明使者"的倡议："文明上网、上文明网，让网络成为我们美好的精神家园。"对学生提出文明上网的"三不"要求，即不健康的信息不浏览，不随便与网友约会，不破坏正常的网络秩序。同时，发起"远离网吧，拒绝不健康网上信息"的签名活动。现在学生上网吧人数大为减少。

4."同心合力"——实现学校、家庭、社会教育"互动"

我校主动与家庭、社会沟通。一是"请进来"：邀请村乡、居委会干部共同建立家长学校；邀请社会成功人士来校做专题报告；邀请家长参加学校的各项活动，组织家长开展人才观、家教观大讨论，召开家庭教育经验交流会，开展家庭教育咨询活动等。二是"走出去"：充分利用社会环境资源，如博物馆、青少年宫、文化馆、烈士陵园和主题公园等被誉为"立体的、凝固的教科书"，以此开展各项活动，让学生融入社会；把社会的不良现象作为反面典型，加强对学生的伦理、道德、法制教育，培养学生的鉴别能力，抵制和消除不良信息和影响；开展真正的家访，弄清学生的家庭教育情况，找出学生成长过程中的具体问题，向家长宣讲学生身心发展的特点和成长规律，共同寻找教的良好方法，以此架构家校沟通的桥梁。

弘扬传统文化，学校责无旁贷

习近平总书记指出："中华文明源远流长，孕育了中华民族的宝贵精神品格，培育了中国人民的崇高价值追求。自强不息、厚德载物的思想，支撑着中华民族生生不息、薪火相传。"中华民族几千年来能够屹立于世界，历经磨难，化茧成蝶，取得辉煌的成就，最根本的原因就在于这种"宝贵精神品格"和"崇高价值追求"。青年一代是祖国的未来、民族的希望，实现中华民族伟大复兴非他们莫属。广东仲元中学高度重视优秀传统文化教育，把优秀传统文化融入学校"立德树人"的教育教学实践之中。

一、精心设计，活化主流宣传

传统文化，博大精深。由于中小学生文言功底薄弱、辨识能力不强、考学压力较大，让他们自己从传统文化中汲取营养既有难度，时间也难以保证，因而要切实加强对他们的指导，要利用一切可以利用的宣传方式，精心设计宣传内容，精准强化宣传效果。

1. 宣传工作行政化

学校成立以校长为组长的宣传工作领导小组，成员包括办公室、德育处、教导处、科研处等部门人员，对学校门户网站、家校平台、微信平台、学生电（视）台、宣传板报、标语口号进行统筹组织、安排、审核。所有部门、班级、人员必须先将需要宣传的内容和要求上报给宣传管理部门，经审核批准后才能在规定的位置、规定的时间内公布，力求做到宣传及时、工作到位、责任到人。

2. 宣传内容主题化

为加强对宣传内容的规范和管理，学校根据实际情况，有选择地确定了不同时段的宣传主题，如春节前后的"传统节日、精致生活"、3—4月的"国学经典、文化精粹"、5—6月的"孝先、礼行、禅心"、9月的"师技、师道、师魂"，10—11月的"先贤理智、和谐共建"等。这种系统化的宣传，将传统文化的精髓融入学生的日常生活之中，既提升了学校的文化品位，也让学生受到了传统文化的洗礼，同时还让校园宣传呈现了生机与活力。

二、践行课改，优化课堂教学

弘扬和传承优秀传统文化不能流于形式，要入心入脑，要内化为每个人的日常言行。这要求我们发挥课堂主渠道的作用，在课堂教学中坚守中华民族的文化基因和精神命脉。教师在课堂上要自我践行、自觉担当，"用历史中的人，影响课堂中的人，成就生活中的人"，以弘扬和传承优秀传统文化的大旗来引领课堂教学。

1. 无缝对接教学过程

学校要求各个学科，尤其是人文学科要充分发挥学科优势，充分挖潜教学知识，在教学过程中要有机渗透优秀传统文化内容，以"神入"的方式，实现学科知识与传统文化知识"心灵相通"。例如，历史学科正在进行的"史学阅读促进学生历史核心素养提升"的研究，坚持以师生共读的方式培养学生良好的阅读习惯，激发学生学历史的兴趣和方法，取得了不俗的成绩，使学生受益终身。在语文学科开展的"一课一国学"活动中，教师们创造性地开辟了"课前5分钟学生讲经典""我读古诗词""传统文化大家谈"等活动形式，使每一节课都有传统文化内容的渗透，学生都能感受到国学的魅力，成效显著。政治教师设计的"核心价值观与时代发展"的主题，将枯燥的学科知识鲜活、灵动地展现在学生面前。其他学科也都有较好的探索和做法，传统文化进课堂已在全校形成共识。

2. 积极开发校本课程

在国家课程之外，学校利用广州市重点立项的"君子之风特色课程"平台，积极开发供学生选修的校本课程。近几年来，学校面向高一、高二学生每个学期都要开设5至10门有关传统文化的选修课程。学校通过专题培训、理论探讨、集体研讨等方式对教师进行课程开发的指导，通过反复修改和完善，已经形成了一系列体现课程目标、涵盖传统文化、深受学生欢迎、教学效果明显的精品课程，如禺山风情、文化番禺、仲元君子人物、现代君子礼仪、为文与为人、君子之道解读、太极与数学、君子风范的先生、读史明智、图书·悦读、戏剧基础表演、中西文化比较研究等，先后编辑出版了《仲元君子人物》《现代君子礼仪》《为文与为人》《浩然正气》《师说文心》《智慧心桥》《文化番禺》《发现身边的历史》等校本教材30多本。

三、用心筹划，强化专题教育

学校将继续秉承"课堂+活动、常规+专题、经典+现代"的传统教育方式，并结合时代的需要和学生的需求，不断创新，与时俱进，使优秀传统文化在仲元中学生根发芽。每学年伊始，学校都会组织相关部门、相关教师打造优秀传统文化教育的系列专题活动，力图让学生更深层次、全方位、多角度地了解传统文化。

近年来，学校组织的比较成功的专题教育活动主要包括：

（1）仲元讲坛——通过邀请杰出家长、知名校友、高校专家、社会成功人士开展讲座，给全校学生打造一个近距离触摸国学的平台，旨在丰富知识、开阔视野、跟进式成长。

（2）专题集会——通过主题班会、级会和各种节日纪念进行专题教育，包括邓仲元诞辰、孔子诞辰、宪法日、科技日、环保日、抗战纪念日、国家公祭日、诚信教育活动、爱国主义教育活动等。这些专题集会一般由学校统一安排，统一设计主题，通过集体研讨、示范引领等方式实现资源共享、协调发展。

（3）社团活动——学校现有学生社团20多个，涵盖了文学、科技、体育、艺术等多个领域。其中不少社团与传统文化息息相关，如话剧社、书法社、国学社、国画社等。社团活动开展得有声有色，成绩斐然。

（4）社会实践活动——走出校园，走进社区、博物馆、图书馆、爱国主义教育基地等，让学生从理论到实践、从知识到能力、从他人成功到自身努力等方面在正面感受中受到教育。

四、贴心服务，默化教育方式

清朝官员黄六鸿在《福惠全书·莅任·待绅士》中说："其于风教，默化潜移，正自不小。"教育的最高境界在于"不教而教"，让学生在潜移默化中自觉或不自觉地受到教育。中学生正处在人生观、世界观形成的时期（也是其思想叛逆、个性张扬的时期），过多的说教学生不一定接受，效果不一定明显，因而要重视境教、身教和行教。

1. 独具匠心的学习环境富含民族精神

正对学校大门的是邓仲元将军的铜像，将军着军装，右手叉腰，左手扶着指挥刀，在绿树掩映之下显得颇为英武。寓意仲元人以"铁血精神、兴世安邦"为己任，扬君子之风，育兴国之才。其威武形象给人一身正气之感，激励着一代代的学子奋发向上。校内有湖，名曰"明德"，遍植莲藕。方其仲夏漪澜，菡萏摇曳，芙蕖满池，暗香流溢，"莲叶何田田，雨戏莲叶间"，好一派沁人心脾的美景！莲是最具生命力的植物，莲又是最具风骨的花，俨然是正直高洁的民族精神的写照。明德湖的荷花托举起邓仲元将军的伟大形象，这幅浑然天成的画卷足以激励仲元学子磨砺自己，做"救世兴邦"的坦荡君子、热血青年！

2. 饱经风雨的人文环境蕴含高尚大义

抗战时期，梁镜尧校长带领师生英勇抗日，同报寇仇；解放战争、抗美援朝时期，许克、陈孔嘉等老师带领师生为正义、为真理而战；和平年代，著名科学家彭加木三闯罗布泊，在生命禁区用生命铸立丰碑；改革开放时期，以"教鞭诱导千般巧，粉笔书成百代功"自勉的丁树人老师诠释了人梯精神的真实内涵；"站三尺讲坛，想千秋伟业，教一班学子，拂两袖清风"的袁镜威老师感染了一代代的仲元师生；"德荫乡梓地、荣昭邑人心"的张德荣爵士一言一行都是以身垂范，堪称一世师表。他们以实际行动践行了仲元校歌所传唱的"青年读书，所学何事？献身报国，救世兴邦""守吾道，天下为公；养吾气，至大至刚""斯不愧时代之前驱，斯不愧国家之精干"。

3. 传承精神的仲元教师沿袭服务宗旨

"劳动模范""道德模范""羊城最美教师""师德标兵""中国好人""全国优秀志愿者"等称号体现了仲元教师的风格，也为学生树立了身教、行教的榜样。

优秀传统文化是中华民族的思想精神，又是一种社会意识形态。传承传统文化既是历史的发展，又是时代的需要，也是学生成长的精神食粮，中小学校责无旁贷，理应自觉担当。

以人为本、追求和谐、创新学校管理体制①

　　学校管理从根本上说是人的管理，其本质是调动学生的学习积极性和教师工作的积极性。这就决定了管理的核心在民主，管理的重点在教育、在引导、在激励，在有利于人和。在校内营造一种尊重人、理解人、信任人、关心人的和谐氛围，管理的目标才能真正实现。

一、在行政管理上

　　在行政管理上，学校从"封闭型"向"开放型"转变，构建"人人都是管理者和实施者"的管理体制，建立民主、平等、和谐的干群关系。

　　现行学校大多实行"校长负责制"，学校的办学思想、办学行为、发展规划，人、财、物的配置以及各项规章制度一般出自几个人甚至一个人之手，这样的"政令"在师生、员工中知情面不宽、知情人不多，需要反复解释说明，执行起来往往也是被动的。基于此，我们必须走出封闭，实现决策的开放性和民主的广泛性，充分体现教职员工在学校的主人翁地位。每学年前（暑期学习班），发动全校教职员工每人写一份学校新学年工作要点，同时科学安排学校的人、财、物；每隔三年，写一份学校发展规划，然后收集起来，形成初步意见后，再交教职工代表大会讨论，最终形成决议。实践证明，把学校交给教职员工，让他们每年做一回"校长"，挂帅点将，虽有缺失，但亲身体会其中的奥秘与困难，既有利于知情、理解，更有利于顾全大局，支持工作，许多不能说清的问题便能迎刃而解。在执行的时候，再不会出现各执一词、互不相让的情况，减轻了决策层的压力，使领导有时间、有精力参与教育教学、教研

---

① 本文发表于《湖南教育》2006年第3期。

教改，更实际地和教职员工交融在一起，"政令"畅通，校园和谐。

要实现决策的开放，争取人人都关注、关心学校，并非一朝一夕之功，关键是看平时教职员工的付出是否得到学校相应的回报及回报的多少，如尊重、关心、信任的程度等。我们必须明白，管理要管人，管人要管心，管心要关心，关心要真心。教师这个群体，由其职业性质决定是一个较封闭的群体（他们的活动范围不宽，社会交际的层面不高，工作重复且时效性强，超强的心理重负等），他们比其他群体更需要得到心灵的慰藉，哪怕是一点点的关心和鼓励。平常决策者们要礼贤下士，待人热情，充分听取他们的意见和建议，关心他们的专业特长，关心他们的家庭生活，信任、支持他们的工作，激励他们创新。多创造机会让他们外出参观学习，多创造条件为他们营造一个宽松和谐的工作环境。学校要建立教师俱乐部，开展丰富多彩、健康高雅的业余文化生活。这样既可建立民主、平等、和谐的干群关系，又可以得到教职员工的回报。这时，请教职员工参与学校决策，也就水到渠成了。

二、在教学管理上

在教学管理上，学校要从"以教师为主"向"以学生为主"转变，构建"引导学生学会学习"的和谐模式，确立学生的主体地位，以学论教。

在素质教育的大潮中，在新的课程环境里，应关注学生的个体差异及其不同的学习需要，实现新课标要求，培养学生的主动意识、创新精神和实践能力。而学生学习方式的改变是实现这一目标的真正举措。教学离不开课堂，课堂离不开师生。和谐课堂需要师生配合默契，其关键在于所有学生都配合。

我认为和谐课堂应具备下列特点。

（一）自主参与，主动性学习

新课标强调课堂教学应激发学生的学习兴趣，注重培养学生自主学习的意识和习惯，这就要求教师要在时空上为学生主动学习提供条件，搭建让学生尝试表现、创新的舞台，教给学生主动学习的策略，提高学生分析和解决问题的能力，同时，培养学生的效益意识及负责精神。教学时做到：学生能独立思考的，教师不揭示；学生能独立操作的，教师不示范；学生能独立解决的，教师不代替；能让学生讲的，教师不先讲。教学过程始终注重突出学生的主体地位、教师的主导作用，给学生提供较多的获取知识、解决问题的机会。

（二）优势互补，合作性学习

教学活动是师生之间、生生之间的心灵沟通和信息交流，是教与学统一的交互活动。合作学习的教学模式正体现了这一教学理论。教学时，教师要充分利用多方合作途径，引导学生开展合作性学习，让每一位学生积极参与，大胆表达自己的见解。例如，在编排座位时，根据学生的性别、成绩、技能、身高等，把全班学生"平均"分成若干小组，选好组长，同时要求每组进行工作分工和"三学会"（学会倾听他人的意见、学会评判他人的观点、学会鉴别他人的学法），以此实现组内合作、组际竞争、组际交流，使学生均衡地发展。

（三）善于质疑，探究性学习

探究是学生出于求知的需要，在教师的引导下，运用自己的思维行为亲自获得新知识的一种创造性活动。教师要善于引导学生以问题为中心开展探究性学习，还要善于鼓励学生敢于质疑问难，并教给学生质疑的方法，引导学生从多个角度、多个方面、多个对象找问题，使学生逐渐实现"四子"（敢于找老师的岔子、敢于钻书本的空子、敢于寻名人的漏子、敢于揭自己的底子），培养学生勤动手、动脑、动口的习惯和创新精神，以使其领悟科学思想。

（四）走进生活，体验性学习

体验是培养学生学习积极性的沃土，教师在教学过程中，应以参与、反思为基础，切实加强学生实践活动的开展，引导学生用自己的双手去操作、用自己的眼睛去观察、用自己的头脑去判别、用自己的语言去表达。这不仅是理解知识的需要，更是激发学生学习的活力、促进学生成长的需要。读书是学习，实践也是学习，而且是更重要的学习。开辟向社会学习的途径，建立学习的"第二课堂"，既可让学生休闲、娱乐，又可以让学生学习书本上学不到的知识。

（五）尊重个性，选择性学习

在多元理论和新课标的指导下，应承认每个学生的思考方式、学习需要、学习风格等存在差异。在普通中学里，不得不承认存在高考的压力，又不得不从内心承认片面追求分数的危害性。在现有政策下，到了高中三年级进行选修教学，将有体育、艺术特长（在高一、高二的兴趣爱好小组培养过程中就会发现）而文化基础较为落后的学生单独编班，进行特长培训，这对高三各班级的教学和特长学生的健康发展都是有好处的。

教学是一种艺术，同样的教材、同样的学生、同样的45分钟，不同的教师执教，学生的情感、态度，效果迥然不同。

三、在学生管理上

在学生管理上，学校应从"管教型"向"自治型"转变，构筑"无痕教育"平台，营造健康的集体舆论和榜样引导氛围，让学生在友善、民主、平等、互相理解、互相促进的环境下获得健全、充分、全面的发展。

（一）实施"无痕迹教育"

新生入校时，要求家长提供学生档案，包括身体素质（身高、体重、视力、病史等）、心理素质（性格特征、心理承受力、优点、缺点等）、发展素质（特长、爱好、兴趣等）。这样，教师能够很快地掌握学生的基本情况，能够迅速制定不同的教育方式，使学校教育在不知不觉中与学生实际接轨，在"润物细无声"中潜移默化。同时，学校要主动与家庭、社会沟通：邀请社会名流、知名人士来校对学生进行面对面的教育，邀请村乡、居委会干部共同建立家长学校，邀请社会成功人士来校做专题报告，邀请家长参加学校的各项活动等。

（二）营造健康的集体舆论

营造健康的集体舆论，要求教师注意文明用语，不使用谩骂、诋毁、蔑视、嘲笑等侮辱歧视性语言，避免语言暴力和软性伤害；通过"太阳鸟"学生电视台、"鼎山之声"广播站和《鼎山通讯》校报，宣扬真、善、美，报道于学生成长有益的人和事；建立各种有利于学生自治的班级制度，包括班干部民主选举制度、值日班长制度、班级行为规范制度（包括学生自主管理的一系列规范，如班级组织纪律规范、班级学习规范、班级活动规范、班级卫生体育规范）等；加强学生干部队伍建设，培养学生自我管理、自我教育的能力。

（三）开展各种有益活动

教育需要鲜活的"教育场"。所谓"鲜活"，就是真的生活、真的世界、真的经历，甚至真的痛苦。丰富的校内外活动是师生之间、学生之间对话的舞台，是促进学生全面发展的动力。学校组织各种主题活动，包括主题班会、团会、"国旗下的讲话"等，进行各种比赛，包括征文、书信、演讲、辩论赛及校园歌手大赛、小制作比赛等。开展各种社会实践活动，让学生"走出去"，到社区、到农村、到山区亲自参与，亲身体会。

办人民满意的教育，促示范性高中持续发展①

2004年以来，不少地方将"重点中学"的牌匾改为"示范性普通高级中学"的牌子。这种更换不仅仅是字面上的变化，更是教育观念上内在的转换，同时也为重点高中指明了可持续发展的方向——示范。重点高中必须适应时代的需要，发挥自身的办学理念、师资、管理、教育设施设备及社会影响力等优势，为更大范围内带动普通高中发展、扩大优质教育资源、满足人民对优质教育资源的强烈需求做贡献。笔者认为，重点高中的示范作用主要应体现在以下五个方面。

一、在坚持三个"面向"方针，培养"四有"新人方面起示范作用

教育的全面发展必须坚持"与生产劳动和社会实践相结合"，培养德、智、体、美全面发展的社会主义事业建设者和接班人，必须"坚持社会科学和自然科学并重""建立与社会主义市场经济相适应，与社会主义法律规范相协调，与中华民族传统美德相承接的社会主义道德体系"，在加强和改进未成年人思想道德建设方面起示范作用。

根据中共中央、国务院《关于进一步加强和改进未成年人思想道德建设的若干意见》的精神，重点高中要结合全面建设小康社会的实际，以理想信念教育为核心，以爱国主义教育为重点，以基本道德规范为基础，以学生全面发展为目标，坚持以人为本，贴近实际，贴近生活，贴近学生，努力提高德育的针对性、实效性，探索出一条学校德育与学生心理零距离对接的新路子，为培

---

① 本文完成于2004年国家启动课程改革之时，普通高中面临着新的发展机遇。

养有理想、有道德、有文化、有纪律的"四有"新人做表率。

二、在端正办学思想、规范办学行为方面起示范作用

毋庸讳言，重点中学建设在我国基础教育的历史上起了重要作用，但也存在一些不足，如少数重点中学下达升学指标、招收复读生、节假日补课、未按新课程计划开足课时、按学生成绩排队、组建重点班、高收费、乱收费等。这些现象的出现，既有社会原因，也有人为因素，从某种意义上说，玷污了"示范"的名义，与素质教育相违背，属办学思想不端正、办学行为不规范现象。面对教育改革和发展的新形势和新特点，重点中学要牢固树立为提高国民素质服务的教育目标观，树立学生综合素质全面发展、个性特长充分发展的质量观，完成从应试教育到素质教育的根本转变。在教育教学实践中，要自觉坚持"红与专"的结合、理论与现实的结合、全面发展与个性特长相结合，不得因高考的需要而随意增减教学内容，不得利用节假日补课，不得组建重点班、快慢班、提高班、超常班，不排斥差生等。示范性中学要在端正办学思想、规范办学行为方面成为楷模。

三、在教改教研和提高教育教学质量上起示范作用

改革创新是教育发展的不竭动力和永葆生机与活力的源泉。重点中学要进一步解放思想，更新观念，大胆探索，不断创新，尽快树立与21世纪我国经济和社会发展相适应的教育观、人才观，不断接受新知识、新技术、新信息和新思想，实现教育管理体制、模式和教育技术的创新，使学校始终保持旺盛的生命力和强劲的发展态势。

为加强教改教研，学校要举办现代教育理论、教研方法、现代教育技术培训，聘请专家到校兴办讲座和培训，更新和提高教师的理论水平和应用水平；定期举办各种教学竞赛活动，引领教师在实践中提升，激励教师在竞赛中前进。对教学业绩突出、发表了教学论文、参赛获奖或指导学生获奖的教师进行奖励。

教育质量是教育未来发展的生命线，全面提高教育质量，应该体现在数量与质量、普及与提高、全面发展与学生特长、纵向进步与横向领先、在校提高与终身发展上，示范性高中要成为用科学发展观评价教育质量的领头雁。

四、在学校管理上起示范作用

管理要出质量，管理要出效益。管理的真谛在于发挥人的价值，发掘人的潜能，发展人的个性，尤其在知识经济呼唤创新精神的时代下，教学管理更应当最大限度地发挥人的积极性、主动性、创造性。示范性中学要建立健全学校管理机构和管理工作制度，不断创新教育管理体制；要坚持"以人为本"的原则，狠抓目标管理、人本管理、校本管理；要进一步贯彻落实《中小学常规管理的基本要求》，加强学校常规管理工作，全面提高管理水平。教育常规管理是学校的形象工程，是营造育人氛围，树立良好校风、学风、班风的基础工作，是学校外塑形象、内部挖潜的着力点，同时也是学校教学质量提高的前提条件。示范性中学要不断探索，进一步完善学校的教学常规管理机制，使学校的教学常规管理逐步趋向有序化、科学化，真正达到规范化。

五、在教师队伍的建设与培养上起示范作用

百年大计，教育为本；教育大计，教师为本。建设一支现代化、专业化的教师队伍，既是教育改革和发展的需要，又是学校可持续发展的内在要求。只有这样，示范性高中才能步入发展快车道。

坚持教师以立德为本。道德为教育活动之本，师德是教师职业之魂。美国著名的教育心理学家吉诺特博士说过："身为教师，我具有极大的力量，能够让孩子活得愉快或悲惨，我可以是制造痛苦的工具，也可能是启迪灵感的媒介。我能让学生丢脸，也可能使他们开心；能伤人也能救人。"[1]因此身为教师，必须坚持以立德为本。师德的前提是要始终把握坚定正确的政治方向，师德的核心是奉献，师德的基础是对学习者的关怀，对待学生要"以爱动其心，以言导其行"。

坚持教育过程以人为本。人既是教育的对象，又是教育的归宿，树立"以人为本"或者说"以学生发展为本"的现代教育观，是时代赋予每一位教师的职责。建立新型的师生关系，即教师尊重、热爱、欣赏、宽容每一位学

---

[1] 海姆·G·吉诺特：《孩子，把你的手给我——与孩子实现真正有效沟通的方法》，张雪兰译，北京：京华出版社，2004年。

生，关心爱护每一位学生，不以成绩的优劣、品行的高低而区别对待。尊重学生的创造性，激发学生的探索精神，做到将传授知识与提高能力在课堂有机结合。这是新形势对教师的基本要求。

加强读书，坚持终身学习。苏联著名教育家苏霍姆林斯基说过："教师进行劳动和创造的时间好比一条大河，要靠许多小的溪流来滋养它。教师时常要读书，平时积累的知识越多，上课就越轻松。"[1]加强读书，既是现代教育发展的必然要求，又是知识更新、终身学习的需要。这是教师可持续发展和示范性高中可持续发展的不竭动力。

党中央发出"全面建成小康社会"的号召为高中阶段教育的发展提供了契机，同时又对学校教育提出了新的要求。作为示范性高中，我们必须顺应时代的要求，充分挖掘自身潜力，办人民满意的教育，以促进示范性高中可持续发展，从而带动整个高中教育均衡发展，以打破现阶段教育的"瓶颈"，为全面实现小康社会奠定坚实的基础。

---

[1] B·A·苏霍姆林斯基：《给教师的一百条建议》，周蕖，王义高，等译，天津：天津人民出版社，1981年。